Ross Thomas, *Dornbusch*

Ross Thomas, geboren 1926 in Oklahoma, richtete in den fünfziger Jahren das deutsche AFN-Büro in Bonn ein und arbeitete als Journalist, Gewerkschaftssprecher und Public-Relations- und Wahlkampfberater für Politiker in den USA. Seine vielfältigen Erfahrungen verarbeitete er in seinen Politthrillern, in denen er vor allem die Hintergründe des (amerikanischen) Politikbetriebs entlarvt und bloßstellt. Ihm wurden zweimal der Edgar Allan Poe Award und viermal der Deutsche Krimi Preis verliehen. Bis zu seinem Tod 1995 entstanden 25 Romane.

Ross Thomas

Dornbusch

Aus dem Amerikanischen
von Jochen Stremmel

Mit einem Briefwechsel zwischen
Jörg Fauser und Ross Thomas

Alexander Verlag Berlin

Die Ross-Thomas-Edition im Alexander Verlag Berlin
Herausgegeben von Alexander Wewerka

Umweg zur Hölle. Ein Artie-Wu-und-Quincy-Durant-Fall
Am Rand der Welt. Ein Artie-Wu-und-Quincy-Durant-Fall
Voodoo, Ltd. Ein Artie-Wu-und-Quincy-Durant-Fall
Kälter als der Kalte Krieg. Ein McCorkle-und-Padillo-Fall
Gelbe Schatten. Ein McCorkle-und-Padillo-Fall
Die Backup-Männer. Ein McCorkle-und-Padillo-Fall
Dämmerung in Mac's Place. Ein McCorkle-und-Padillo-Fall
Gottes vergessene Stadt · Teufels Küche · Die im Dunkeln · Der Yellow-Dog-Kontrakt · Der achte Zwerg · Fette Ernte · Der Messingdeal

Neuübersetzung 2015
Die deutsche Erstausgabe erschien 1986 unter dem Titel *Schutzwall* im Ullstein Verlag, Frankfurt am Main/Berlin.
Die amerikanische Originalausgabe erschien 1984 unter dem Titel *Briarpatch*. © 1984 by Ross E. Thomas, Inc.
© für die Neuübersetzung by Alexander Verlag Berlin 2015
Alexander Wewerka, Fredericiastr. 8, D-14050 Berlin
info@alexander-verlag.com · www.alexander-verlag.com
Published by arrangement with St. Martin's Press, LLC. All rights reserved. Dieses Werk wurde im Auftrag von St. Martin's Press LLC durch die Literarische Agentur Thomas Schlück GmbH, 30827 Garbsen, vermittelt.
Briefwechsel zwischen Ross Thomas und Jörg Fauser aus dem Bestand »Fauser« des Deutschen Literaturarchivs Marbach.
© by Osswald & Osswald und © by The Estate of Ross E. Thomas
Umschlaggestaltung: Antje Wewerka
Alle Rechte vorbehalten.
Druck und Bindung: Interpress, Budapest
ISBN 978-3-89581-375-7
Printed in Hungary (October) 2015

Der rothaarige Detective beim Morddezernat trat um 7:30 Uhr morgens aus der Tür, hinaus in die Augusthitze, die schon jetzt 31 Grad betrug. Gegen Mittag würde die Temperatur auf 38 Grad ansteigen, und zwischen zwei und drei Uhr nachmittags würde sie sich um 41 Grad bewegen. Angespannte Nerven würden dann anfangen zu reißen und dem Detective deutlich mehr Arbeit verschaffen. Brotmesserwetter, dachte der Detective. Brotmesser am Nachmittag.

Die Tür, aus der der Detective trat, führte auf die Terrasse der ersten Etage eines zweistöckigen, gelben Ziegelhauses mit einem grünen Kupferdach. Der Detective wandte sich noch einmal um, vergewisserte sich, daß die Tür verschlossen war, und ging dann die Außentreppe hinab. Das gelbe Zweifamilienhaus stand in dem noch immer eleganten Stadtteil Jefferson Heights und war vor zweiundfünfzig Jahren auf einem angenehm schattigen, zwanzig Meter breiten Grundstück an der südöstlichen Ecke der 32nd Street und Texas Avenue solide gebaut worden. Mit Hilfe halbwegs zweifelhafter, aber kreativer Finanzierungsmethoden hatte der Detective des Morddezernats das Wohnhaus vor siebzehn Monaten gekauft, bewohnte jetzt das obere Zweizimmerapartment allein und hatte die untere Etage für 650 Dollar im Monat an einen Verkäufer von Heimcomputern, der Mitte Dreißig war, und dessen Freundin vermietet, die beide normalerweise mit der Miete in Verzug waren.

Es war 7:31 Uhr am Morgen des 4. August, ein Donnerstag, als der Detective den Fuß der Außentreppe erreichte, sich nach links wandte, vor der Tür des Vertreters stehenblieb und die Klingel drückte. Nach ungefähr dreißig Sekunden wurde die Tür von einem unrasierten, verschlafen wirkenden Harold Snow geöffnet, der sein Bestes tat, um überrascht auszusehen, was ihm auch beinahe gelang.

»Oh-mein-Gott, Rusty«, sagte Snow. »Sagen Sie nicht, ich hätte sie schon wieder nicht gezahlt!«

»Sie haben sie nicht gezahlt, Harold.«

»Oh-mein-Gott, ich hab's vergessen«, sagte Snow. »Wollen Sie einen Moment reinkommen, während ich den Scheck ausstelle?« Snow trug nur die fleckige Jockey-Shorts, in der er geschlafen hatte.

»Ich warte hier draußen«, erwiderte der Detective, »hier ist es kühler.«

»Ich hab die Klimaanlage schon an.«

»Ich warte hier draußen«, wiederholte der Detective mit einem flüchtigen, nichtssagenden Lächeln.

Harold Snow zuckte mit den Achseln und schloß die Tür, um die Hitze draußen zu halten. Der Detective bemerkte eine verdächtig aussehende graue Blase von etwa fünf Zentimetern Durchmesser im braunen Lack eines der Pfosten des Türrahmens. Mit Hilfe einer Nagelfeile prüfte der Detective vorsichtig die Blase, da er argwöhnte, dahinter könnten sich Termiten verstecken. Ich kann mir keine Termiten leisten, dachte der Detective. Ich kann mir einfach keine leisten.

Die graue Blase stellte sich als das heraus, was sie war, eine graue Blase im Lack, und der Detective stieß einen kleinen Seufzer der Erleichterung aus, als Harold Snow, der jetzt ein blaues Polohemd, aber noch immer keine Hose trug, die Tür öffnete und den Scheck für die Miete herausreichte. Es war einer dieser bunt bedruckten Schecks mit einem hübschen Bildchen drauf. Der Detective fand Schecks dieser Art albern, nahm ihn jedoch entgegen und sah ihn sich genau an, um sicherzugehen, daß Harold Snow ihn nicht vordatiert, zu unterzeichnen vergessen oder sogar, wie schon einmal, unterschiedliche Beträge eingetragen hatte.

»Tut mir verdammt leid, daß er zu spät kommt«, sagte Snow. »Es ist mir einfach total entfallen.«

Der rothaarige Detective lächelte wieder schwach. »Klar, Harold.«

Harold Snow gab das Lächeln zurück. Es war ein schafsähnliches, offenkundig falsches Lächeln, das irgendwie zu Snows langem, schmalem Gesicht paßte, das der Detective ebenfalls für ziemlich schafsähnlich hielt, bis auf die gerissenen Kojotenaugen.

Noch immer lächelnd, sagte Snow dann, was er immer zu dem Detective des Morddezernats sagte: »Na ja, ich vermute, Sie müssen die üblichen Verdächtigen festnehmen gehen.«

Und wie immer machte sich der Detective nicht die Mühe, darauf zu antworten, sondern sagte nur: »Bis bald, Harold«, wandte sich um und ging über den zementierten Fußweg auf den dunkelgrünen, zwei Jahre alten Honda Accord mit Fünfganggetriebe zu, der in verkehrter Richtung am Bordstein geparkt war. Snow machte die Tür zu seinem Apartment zu.

Der Detective schloß den zweitürigen Honda auf, stieg ein, steckte den Schlüssel ins Zündschloß und trat die Kupplung durch. Es gab einen leuchtenden, weiß-orangefarbenen Blitz, dann einen laut prasselnden Knall und plötzlich Schwaden von dichtem, fettigem, weißem Rauch. Als er sich verzogen hatte, sah man, daß die linke Tür des Honda nur noch an einem Scharnier hing. Der Detective lag halbwegs außerhalb des Wagens, das rote Haar war jetzt ein rauchender Klumpen von schwarzem, verschmortem Draht. Das linke Bein endete unterhalb des Knies in etwas, das wie Cranberrygelee aussah. Nur die grüngrauen Augen bewegten sich noch. Sie blinzelten einmal ungläubig, noch einmal ängstlich, und dann, danach, starb der Detective.

Harold Snow war der erste, der aus der Tür seines Apartments im Erdgeschoß gerannt kam, dicht gefolgt von Cindy McCabe, einer dünnen braungebrannten blonden Frau Ende Zwanzig, die ihr Haar in grünen Lockenwicklern trug. Snow hatte jetzt eine Hose an, aber keine Schuhe. Cindy McCabe, ebenfalls barfuß, trug ein weißes Männer-T-Shirt in Übergröße und ausgeblichene Jeans. Snow hielt sie mit ausgestreckter Hand zurück.

»Bleib stehen«, sagte er, »der Benzintank könnte in die Luft gehen.«

»Herrgott, Hal«, sagte sie. »Was ist passiert?«

Harold Snow starrte auf den ausgestreckten Körper des toten Detectives vom Morddezernat. »Ich nehme an«, sagte er langsam, »ich nehme an, jemand hat gerade die Vermieterin in die Luft gesprengt.«

1

Das Ferngespräch des dreiundfünfzigjährigen Chief of Detectives erreichte Benjamin Dill drei Stunden später. Inzwischen war es in Washington, D.C. wegen der unterschiedlichen Zeitzonen fast halb zwölf. Als das Telefon klingelte, lag Dill noch immer im Bett, allein und wach in dem einzigen Schlafzimmer seines Apartments, das er in einem Haus drei Blocks südlich des Dupont Circle an der N Street gemietet hatte. Er war an diesem Morgen bereits um fünf aufgewacht und hatte feststellen müssen, daß es ihm nicht gelang, wieder einzuschlafen. Um 8:30 Uhr hatte er sein Büro angerufen und, eine Sommererkältung vorschützend, Betty Mae Marker mitgeteilt, daß er am heutigen Donnerstag nicht kommen würde und wahrscheinlich auch noch nicht am Freitag. Betty Mae Marker hatte ihm Ruhe, Aspirin und den Konsum großer Mengen Flüssigkeit verordnet.

Dill hatte nicht etwa beschlossen, an diesem Morgen seiner Arbeit fernzubleiben, weil er sich krank fühlte, sondern weil heute sein achtunddreißigster Geburtstag war. Aus einem unerklärlichen Grund betrachtete er inzwischen das achtunddreißigste Lebensjahr als Wasserscheide: auf der einen Seite verlief die Jugend, auf der anderen das Alter. Er hatte den Morgen im Bett verbracht und sich mit nur leichter Neugier gefragt, wie er es geschafft hatte, in diesen mehr als drei Dutzend Jahren so wenig zustande zu bringen.

Es stimmt, sagte er sich, du hast es geschafft, einmal zu heiraten und zweimal geschieden zu werden – keine schlechte Leistung. Ein Jahr nachdem seine Exfrau an jenem regnerischen Juniabend 1978 sang- und klanglos aus seinem Leben geschlichen war, hatte Dill im District of Columbia die Scheidung wegen böswilligen Verlassens beantragt. Offenbar fest davon überzeugt, daß Dill niemals etwas richtig machen konnte, hatte sie gleichzeitig in Kalifornien die Scheidung wegen unüberbrückbarer Differenzen beantragt. Keine der Scheidungen wurde angefochten, und beide wurden rechtsgültig. Die beiden Dinge, die Dill jetzt am klarsten vor Augen standen, wenn er an seine frühere Frau dachte, waren ihre langen und außergewöhnlich schönen blonden Haare und ihre unverzeihliche Angewohnheit, Tomatenscheiben mit Zucker zu bestreuen. Was allerdings ihr Gesicht betraf, so verblaßte es immer mehr und war für ihn nur noch ein Fleck – wenn auch ein herzförmiger.

Während dieser langen Morgenstunden, in denen er Bilanz zog, was sich als ebenso langweilig wie deprimierend erwies, ignorierte Dill klugerweise seinen Kontostand, weil dieser, wie üblich, lachhaft war. Er besaß keine Versicherung, keine Schatzbriefe oder Aktien, hatte keinen Pensionsanspruch und keinen Grundbesitz. Seine weltlichen Güter bestanden hauptsächlich aus einem Girokonto in Höhe von 5.123 Dollar und 82 Cent bei der Filiale der Riggs National Bank am Dupont Circle und einem gerade erst bezahlten 1982er VW-Kabrio (in einem unvorteilhaften Gelb), das in der Tiefgarage des Apartmenthauses geparkt war und dessen sportliches Aussehen Dill inzwischen peinlich fand. Er nahm an, diese neue Einstellung war nur ein weiteres Symptom eines galoppierenden Verfalls.

Dill brach diese wenig ersprießliche Nabelschau ab, nachdem das Ferngespräch des dreiundfünfzigjährigen Chief of Detectives sein Telefon zum siebten Mal klingeln ließ. Endlich nahm er den Hörer ab und meldete sich mit einem Hallo.

»Mr. Dill?« sagte die Stimme. Es war eine strenge Stimme, sogar scharf, voller Gebell und Biß, Mumm und Autorität.

»Ja.«

»Haben Sie eine Schwester namens Felicity – Felicity Dill?«

»Warum?«

»Mein Name ist Strucker. John Strucker. Ich bin hier der Chief of Detectives, und wenn der Name ihrer Schwester Felicity ist, dann arbeitet sie für mich. Darum rufe ich an.«

Dill holte tief Luft, atmete etwas davon aus und sagte: »Ist sie tot oder nur verletzt?«

Es gab keine Pause, bevor er Antwort erhielt – nur ein langer Seufzer, in dem schon eine Antwort lag. »Sie ist tot, Mister Dill. Tut mir leid.«

»Tot.« Dill ließ es nicht nach einer Frage klingen.

»Ja.«

»Ich verstehe.«

Und dann sagte Dill, da ihm klar war, daß er noch irgend etwas sagen mußte, um die Trauer wenigstens noch ein paar Momente aufzuschieben: »Heute ist ihr Geburtstag.«

»Ihr Geburtstag«, sagte Strucker geduldig. »Na, das hab ich nicht gewußt.«

»Heute ist auch meiner«, sagte Dill in fast nachdenklichem Tonfall. »Wir haben am gleichen Tag Geburtstag. Wir sind zehn Jahre auseinander, wurden aber am gleichen Tag geboren – am vierten August. Heute.«

»Heute, hmh«, sagte Strucker, seine barsche Stimme klang interessiert, überaus vernünftig und fast freundlich. »Nun, das tut mir leid.«

»Sie ist achtundzwanzig.«

»Achtundzwanzig.«

»Ich bin achtunddreißig.« Es gab eine lange Pause, ehe Dill ansetzte: »Wie ist –« Aber er brach ab und machte ein Geräusch, das entweder ein Husten oder ein Schluchzen sein konnte. »Wie ist es passiert?« fragte er schließlich.

Der Chief of Detectives seufzte wieder. Selbst über das Telefon klang es traurig und betrübt. »Autobombe«, sagte Strucker.

»Autobombe«, sagte Dill.

»Sie kam heute morgen zur gewohnten Zeit aus ihrem Haus, stieg in ihr Auto – eine dieser Blechkisten, ein Honda Accord –, wollte die Kupplung kommen lassen, und das war's dann, was die Bombe ausgelöst hat – die Kupplung. Sie haben C4 verwendet – Plastiksprengstoff.«

»Sie«, sagte Dill. »Wer zum Teufel sind die?«

»Nun, vielleicht handelt es sich gar nicht um mehrere, Mr. Dill. Ich habe es nur so dahingesagt, ebensogut kann es auch nur ein Kerl gewesen sein. Aber ob nur einer oder ein Dutzend, wir werden den oder die erwischen, die das getan haben. Das ist es, was wir tun – worin wir gut sind.«

»Wie schnell ist sie –« Dill ließ eine Pause entstehen und holte tief Luft. »Ich meine, hat sie –«

Strucker unterbrach ihn und beantwortete die unvollständige Frage. »Nein, Sir, hat sie nicht. Es war sofort vorbei.«

»Ich habe irgendwo gelesen, daß es nie sofort vorbei ist.«

Strucker war offenbar nicht so dumm, sich mit frischgebackenen Hinterbliebenen zu streiten. »Es ging ganz schnell, Mr. Dill. Sehr schnell. Sie hat nicht leiden müssen.« Er legte wieder eine Pause ein, räusperte sich und sagte: »Wir möchten sie beerdigen. Ich meine, das Department möchte das, sofern es Ihnen recht ist.«

»Wann?«

»Ist es Ihnen recht?«

»Ja, es ist mir recht. Wann?«

»Samstag«, sagte Strucker. »Die Leute werden von überall her anreisen. Es ist eine nette Zeremonie, wirklich nett, und ich bin sicher, daß Sie dabeisein möchten. Wenn wir also irgendwas für Sie tun können, eine Hotelreservierung oder dergleichen, dann sagen Sie mir einfach –«

Dill unterbrach ihn. »Das Hawkins. Ist das Hawkins Hotel noch in Betrieb?«

»Ja, Sir, ist es.«

»Reservieren Sie dort für mich, bitte?«

»Für wann?«

»Für heute abend«, sagte Dill. »Ich werde heute abend dort sein.«

2

Dill stand an einem der hohen, vom Fußboden bis fast zur Decke reichenden Fenster, die die Nordseite seines Wohnzimmers säumten, und beobachtete den alten Mann mit der Polaroidkamera dabei, wie er ein Foto der blauen Volvo-Limousine machte, die kurz vor der Ecke 21st und N Street falsch geparkt war.

Der alte Mann war der Besitzer eines leerstehenden vierstöckigen Apartmenthauses in der Straße gegenüber von Dills Fenstern. Vor geraumer Zeit hatte der alte Mann das gallegrüne Gebäude an den Stadtbezirk zur Durchführung eines Programms vermietet, in dessen Verlauf sich die Wohnungen mit Drogensüchtigen gefüllt hatten, die versuchten, von ihrer Sucht loszukommen. Nachdem die Mittel für das Programm erschöpft gewesen waren, waren die Süchtigen wieder ausgezogen – niemand wußte genau, wohin – und hatten einen Sack voll Zeichnungen zurückgelassen, die vom Müllwagen gefallen und durch die Nachbarschaft geweht worden waren.

Dill hatte eine der Zeichnungen aufgehoben. Sie war mit verschiedenen Buntstiften in grellen Primärfarben angefertigt und anscheinend das Selbstporträt eines der Junkies gewesen. Das Blatt hatte ein purpurfarbenes Gesicht mit runden Augen, in die Kreuze eingezeichnet waren, und einem großen grünen Mund mit Fangzähnen gezeigt. Die Zeichnung hätte von einem aufgeweckten Erst- oder Zweitkläßler stammen können. Unter dem Gesicht stand in mühseligen Druckbuchstaben: ICH BIN EIN NUTZLOSER VERDAMMTER JUNKEI. Dill fragte sich manchmal, ob die Therapie geholfen hatte.

Nachdem die Drogensüchtigen ausgezogen waren, wohnte der alte Mann allein in dem Haus und weigerte sich, es zu verkaufen oder zu vermieten. Seine Beschäftigung bestand darin, Polaroidfotos von den Autos zu machen, die verbotenerweise davor parkten. Er wählte bei seinen Schnappschüssen die Perspektive so, daß sowohl das Parkverbotsschild als auch das Nummernschild des Autos zu sehen waren. Mit seinem Beweisstück in Händen rief der alte Mann dann die Cops. Manchmal kamen sie; manchmal nicht. Dill beobachtete den Alten oft bei der Arbeit und bewunderte seine Wut.

Dill wandte sich vom Fenster weg, schaute nach unten und entdeckte, daß er eine leere Tasse samt Untertasse in der Hand hielt. Er konnte sich nicht erinnern, den Kaffee gemacht oder getrunken zu haben. Langsam durchquerte er das Zimmer in Richtung Küche – ein hochgewachsener Mann mit dem schlanken, wohlgebauten Körper eines Läufers, einem Körper, für den er praktisch nichts getan, sondern den er von seinem verstorbenen Vater zusammen mit dem scharf geschnittenen, beinahe häßlichen Gesicht geerbt hatte, das alle männlichen Dills seit 1831 an ihre Söhne weitergaben, als der erste Dill dem Schiff aus England entstiegen war.

Das markanteste Merkmal des Gesichts war die Nase: die Dill-Nase. Sie ragte heraus und knickte dann fast senkrecht nach unten ab, ohne sich dabei zu einem richtigen Haken zu krümmen. Darunter war der Dill-Mund: dünnlippig, breit und anscheinend erbarmungslos oder fröhlich, sofern der Witz gut und die Gesellschaft angenehm war. Kinn war gerade genug vorhanden, viel zu viel, um schwach, aber nicht genug, um willensstark genannt zu werden, so daß viele sich mit einfühlsam zufriedengaben. Die Dill-Ohren waren groß genug, um bei starkem Wind ins Flattern zu geraten, und lagen zum Glück dicht am Kopf an. Doch es waren die Augen, die das Gesicht davor bewahrten, häßlich zu sein. Die Augen waren groß und grau und sahen in einem bestimmten Licht sanft, freundlich und sogar unschuldig aus. Dann änderte sich das Licht, die Unschuld verschwand, und die Augen sahen aus wie Eis vom letzten Jahr.

An der Küchenspüle aus Edelstahl ließ Dill geistesabwesend volle zwei Minuten lang Wasser in die Tasse laufen, bis er begriff, was er tat, den Hahn zudrehte und Tasse und Untertasse auf das Ablaufbrett stellte. Er trocknete seine nasse rechte Hand, indem er mit ihr durch sein dichtes kupferrotes Haar fuhr, öffnete die Kühlschranktür, starrte mindestens dreißig Sekunden lang hinein, schloß die Tür und ging zurück ins Wohnzimmer, wo er, völlig in Gedanken an den Tod seiner Schwester versunken, stehenblieb, während ein anderer Teil seines Verstands sich zu erinnern versuchte, was er als nächstes tun sollte.

Packen, beschloß er und war schon auf dem Weg ins Schlafzimmer, als er merkte, daß der dunkelbraune Lederkoffer neben der Tür stand, die zum Flur abging. Das hast du schon getan, sagte er sich und erinnerte sich, wie der Koffer geöffnet auf dem Bett lag und er roboterhaft Socken, Hemden, Shorts und Krawatten aus den Schubladen, den dunkelblauen Anzug für die Beerdigung aus dem Kleiderschrank nahm und dann alles in den Koffer faltete, ihn schloß und ins Wohnzimmer schleppte. Danach hast du den Kaffee gemacht, dann hast du ihn getrunken; und dann hast du den alten Mann beobachtet. Er blickte an sich hinunter, um sich zu vergewissern, daß er sich tatsächlich angezogen hatte. Er stellte fest, daß er anhatte, was er als New-Orleans-Uniform betrachtete: graues Seersucker-Jackett, weißes Hemd, schwarzseidene Strickkrawatte, dunkelgraue Hose aus leichtem Stoff und schwarze genoppte Slipper, die sorgfältig poliert waren. Er konnte sich nicht erinnern, die Slipper poliert zu haben.

Dill prüfte, ob er die Armbanduhr übergestreift hatte, und klopfte seine Taschen nach Portemonnaie, Schlüsseln, Scheckbuch und Zigaretten ab, die er nicht finden konnte, bis er sich erinnerte, daß er nicht mehr rauchte. Er sah sich noch einmal im Apartment um, nahm den von vielen Flügen abgewetzten Koffer und ging. An der Südwestecke der Kreuzung 21st und N winkte er sich ein Taxi heran, pflichtete dem Fahrer, einem Pakistani, bei, daß es heute kühler sei als gestern, aber noch immer heiß, und ließ sich zuerst zur Bank und dann zur First Street 301, Northeast, fahren: das Carroll Arms.

Das Carroll Arms in der Nähe des Capitols war ein Hotel gewesen, das Politiker beherbergte und diejenigen, die für sie arbeiteten und auf sie Einfluß nahmen, über sie schrieben und manchmal auch mit ihnen ins Bett gingen. Inzwischen war es vom Kongreß übernommen worden, der dort einige seiner überschwappenden Aktivitäten unterbrachte, darunter ein obskurer, aus drei Mitgliedern bestehender Unterausschuß des Senats für Ermittlungen und Aufsicht. Eben dieser Unterausschuß zahlte Benjamin Dill für seine Beratertätigkeit 168 Dollar am Tag.

Dills Förderer und Rabbi – oder vielleicht Abt – in dem dreiköpfigen Unterausschuß war der stellvertretende Vorsitzende und zugleich das einzige Mitglied der Minderheitspartei im Ausschuß, der Child Senator von New Mexico, den man den Boy Senator von New Mexico genannt hatte, bis jemand einen offenbar ernstgemeinten Brief an die *Washington Post* schrieb, in dem Klage geführt wurde, die Bezeichnung »Boy Senator« sei sexistisch. Ein überregionaler Leitartikler hatte die Geschichte aufgegriffen und eine Kolumne daraus gestrickt, in der er zu bedenken gab, daß Child Senator in dieser aufgewühlten Zeit viel geeigneter sei. Zudem hatte er den Senator mit der Bemerkung getröstet, er werde allzu bald dieser Bezeichnung entwachsen sein. Der neue Spitzname war jedoch hängengeblieben, und der Senator war gar nicht unglücklich über das Medienecho, das ihm die Sache eingebracht hatte. Der Child Senator hieß Joseph Ramirez und stammte aus Tucumcari, wo er vor dreiunddreißig Jahren geboren war. Seine Familie hatte Geld, und er hatte noch mehr geheiratet. Er hatte auch ein juristisches Diplom aus Harvard und einen B. A. aus Yale, und er hatte noch keinen Tag seines Lebens gearbeitet, als er ein Jahr nach seinem juristischen Examen zum stellvertretenden Bezirksstaatsanwalt ernannt wurde. Er hatte sich vor Ort dadurch einen Namen gemacht, daß er dabei mitgeholfen hatte, einen County Commissioner ins Gefängnis zu bringen, weil der eine Bestechungssumme von angeblich 15.000 Dollar entgegengenommen hatte. Und obwohl alle schon seit Jahren wußten, daß der Commissioner ein krummer Hund war, hatten sie es trotzdem überrascht und beeindruckt zur Kenntnis genommen, als der junge Ramirez den alten Trottel tatsächlich in den Knast schickte. Der Bursche ist im Kommen, hatten sie übereinstimmend befunden, und allgemein wurde eingeräumt, daß der Bursche es mit all dem Ramirez-Geld (und vergeßt nicht die Frau, die hat auch Geld) weit bringen könnte. Ramirez schaffte es in den Senat von New Mexico, und dann gelang ihm mit zweiunddreißig Jahren der große Sprung in den US-Senat. Jetzt machte er kein Geheimnis mehr aus seinem Wunsch, der erste Latino-Präsident der Vereinigten Staaten werden zu wollen, was nach seiner Schätzung etwa 1992 oder 1996, vielleicht auch erst im Jahr 2000 der Fall sein würde, wenn »wir Bohnenfresser ohnehin die Mehrheit der Wähler stellen«. Nicht jeder dachte, der Child Senator mache einen Witz.

Für Benjamin Dill rochen die Flure des Carroll Arms noch immer nach der politischen Kumpanei alten Stils mit ihrem billigen Mief, lieblosem Sex, fünfzigprozentigem Bourbon und Zigarren, die in Zellophan verpackt und zu einem Vierteldollar einzeln oder zu zweit verkauft wurden. Obwohl Dill sich selbst für einen politischen Agnostiker hielt, mochte er die meisten Politiker – und die meisten Gewerkschaftsfunktionäre und Wichtigtuer von Verbraucherverbänden und Bürgerrechtskämpfer und professionelle Walbeobachter und Umweltapostel und Anti-Kernkraft-Irre und fast jeden, der sich in der Dienstagabendversammlung im Souterrain der Unitarischen Kirche aus einem der hölzernen Klappstühle erheben und ernsthaft wissen wollte, »was wir hier heute abend dagegen unternehmen können«. Dill hatte schon vor langer Zeit die Hoffnung aufgegeben, daß es irgendwas gab, gegen das irgend jemand irgendwas unternehmen könnte, doch diejenigen, die noch immer daran glaubten, interessierten ihn, und er fand, daß die meisten von ihnen amüsante Gesellschaft und geistreiche Gesprächspartner waren.

Dill ging durch die Tür mit der Nummer 222 und betrat das unaufgeräumte Empfangszimmer, wo Betty Mae Marker als Majordomus über den begrenzten Bereich des Unterausschusses herrschte. Sie schaute zu Dill auf, beobachtete ihn einen Moment und ließ dann Mitgefühl und Sorge ihr dunkelbraunes, hübsches Gesicht überziehen.

»Jemand ist gestorben, nicht wahr?« sagte sie. »Jemand, der Ihnen nahesteht.«

»Meine Schwester«, sagte Dill, während er den Koffer absetzte.

»O Gott, Ben, das tut mir so leid. Sagen Sie nur, was ich für Sie tun kann.«

»Ich muß nach Hause fliegen«, sagte Dill, »heute nachmittag.«

Betty Mae Marker hatte bereits den Hörer vom Telefon genommen. »Ist American okay?« fragte sie, während sie schon dabei war, die Nummer zu wählen.

»American ist prima«, sagte Dill, der wußte, daß sie ihn, falls ein Platz frei war, in der Maschine unterbringen und notfalls dafür sorgen würde, daß man jemand anders rausschmiß, falls sie ausgebucht war. Fünfundzwanzig ihrer dreiundvierzig Jahre hatte Betty Mae Marker auf dem Capitol Hill gearbeitet, fast immer für Männer mit großem Einfluß, und dementsprechend war ihr Ruf beeindruckend, ihr Kommunikationsnetz großartig und ihr Vorrat an offenen politischen Rechnungen praktisch unerschöpflich. Um ihre Dienste wurde oft lebhaft, sogar stürmisch geworben, und viele ihrer Freundinnen waren neugierig, warum sie sich von dem Child Senator in diesen Unterausschuß von Nichtstuern hatte locken lassen, der weitab dort unten im Carroll Arms untergebracht war.

»Rockschöße, Süße«, hatte sie erwidert, »dieser Mann hat die längsten Rockschöße, die ich hier seit Bobby Kennedy fliegen gesehen habe.« Nachdem Betty Mae Markers Einschätzung die Runde gemacht hatte, stiegen die politischen Aktien des Child Senators auf dem unsichtbaren Index des Capitol Hill um ein paar Punkte.

Dill wartete, während Betty Mae Marker leise ins Telefon murmelte, kicherte, etwas auf ein Stück Papier kritzelte, auflegte und den Zettel Dill hinüberreichte. »Abflug Dulles um zwei Uhr siebzehn, erste Klasse«, sagte sie.

»Erste Klasse kann ich mir nicht leisten«, sagte Dill.

»Die Touristenklasse ist ausgebucht, also wird man Sie zum selben Preis in die erste Klasse stecken, bei freiem Schnaps und mit den jüngsten Stewardessen, was Sie vielleicht ein bißchen aufheitern sollte, dachte ich.« Wieder erschien das echte Mitgefühl auf ihrem Gesicht. »Es tut mir so leid, Ben. Sie standen sich beide sehr nahe, nicht wahr – ich meine, wirklich nahe?«

Dill lächelte traurig und nickte. »Nahe«, stimmte er zu und zeigte dann auf eine der zwei geschlossenen Türen – diejenige, die ins Büro des Minderheitsberaters im Unterausschuß führte. »Ist er drin?«

»Der Senator ist bei ihm«, sagte sie und hatte schon wieder den Hörer von der Gabel genommen. »Ich will nur schnell Bescheid sagen, und dann müssen Sie nur noch den Kopf reinstecken, kurz hallo sagen, wieder verschwinden und diese traurige Angelegenheit regeln.«

Wieder murmelte Betty Mae Marker mit ihrer geübten Altstimme ins Telefon, die sie so tief gesenkt hatte, daß Dill, der keinen Meter entfernt war, kaum ausmachen konnte, was sie sagte. Sie hängte ein, nickte zur geschlossenen Tür hin, lächelte und sagte: »Achtung.«

Die Tür flog krachend auf. Ein kräftiger, blonder Mann von etwa sechsunddreißig oder siebenunddreißig Jahren stand da in Hemdsärmeln, mit gelockerter Krawatte und einem Gürtel, den er fast unterhalb der Hüftlinie zugeschnürt hatte, so daß für seinen überhängenden Bauch reichlich Platz blieb. Sein Gesicht zeigte den Ausdruck reinsten irischen Kummers.

»Gottverdammt, Ben, ich weiß nicht, was zum Teufel ich sagen soll, außer daß es mir gottverdammt leid tut.« Mit einer Hand fuhr er sich kräftig über die untere Hälfte seines rundlichen, merkwürdig gutaussehenden Gesichts, als wolle er die Trauermiene wegwischen, die jedoch fest an Ort und Stelle blieb. Dann schüttelte er bekümmert den Kopf, wies mit ihm zu seinem Büro und sagte: »Komm rein, damit wir einen Schluck darauf trinken können.«

Der Mann war Timothy A. Dolan, der Minderheitsberater des Unterausschusses und ein zwangsbeurlaubter Lieutenant nach einem der häufigen politischen Kriege in Boston. Sein Anteil an der Kriegsbeute war der Job des Minderheitsberaters. »Zwei Jahre da unten in Washington, das wird dem Jungen nicht schaden«, war in Boston beschlossen worden. »Und dann werden wir schon sehen. Werden wir sehen.« Dill war schon seit langem davon überzeugt, daß Boston für die amerikanische Politik das war, was der Truppenübungsplatz in Aberdeen für Rüstungsgüter war.

Als Dill nach Dolan das Büro betrat, erhob sich der Child Senator und hielt ihm seine Hand hin. Der Ausdruck in seinem jugendlich wirkenden Gesicht war von tiefer Betroffenheit. Und wieder dachte Dill, was er immer dachte, wenn er Ramirez sah: schlau wie ein Spanier.

Senator Joseph Luis Emilio Ramirez (D.-N. M.) sah größer aus, als er in Wirklichkeit war, vermutlich wegen seiner kerzengeraden Haltung und der hervorragend geschnittenen Nadelstreifenanzüge, die er bevorzugte. Dunkelbraunes Haar fiel ihm in einer Locke in die hohe Stirn, und er strich es sich ständig von glänzendschwarzen Augen zurück, die manchmal abgrundtief wirkten. Er hatte eine perfekte Nase, hellbraune Haut und einen breiten Mund mit einem leichten Überbiß. Sein Kinn zierte ein tiefes Grübchen, das die meisten Frauen und auch manchen Mann reizte, es zu berühren. Er war gutaussehend wie ein Schauspieler, nicht ganz so schlau wie ein Genie, äußerst reich und sah mit dreiunddreißig Jahren wie dreiundzwanzig, womöglich vierundzwanzig aus.

Seine Stimme paßte natürlich zu allem übrigen. Ein dunkler Bariton mit einer einprägsamen Heiserkeit. Er konnte sie dazu bringen, alles zu tun. Jetzt brachte er sie dazu, sein Beileid auszusprechen.

»Sie haben mein ganzes Mitgefühl, Ben«, sagte der Senator und ergriff Dills Rechte mit beiden Händen, »obwohl ich das Ausmaß Ihres Kummers nur erahnen kann.«

»Danke«, sagte Dill und entdeckte dabei, daß es eigentlich nicht mehr zu sagen gab, wenn jemand sein Beileid aussprach. Er setzte sich auf einen Stuhl neben dem, auf dem der Senator gesessen hatte. Dolan goß derweil hinter seinem Schreibtisch aus einer Flasche Scotch in drei Gläser.

»Sie war Polizistin, nicht wahr?« sagte der Senator, während er neben Dill Platz nahm. »Ihre Schwester.«

»Detective im Morddezernat«, sagte Dill. »Second grade. Sie war gerade befördert worden.«

»Wie ist es passiert?« fragte Dolan, der sich über den Tisch beugte, um die beiden Drinks hinüberzureichen.

»Sie sagen, es war eine Autobombe.«

»*Ermordet?*« fragte der Senator mehr überrascht als schockiert.

Dill nickte, trank seinen Whisky aus und stellte das Glas zurück auf Dolans Schreibtisch. Er bemerkte, daß der Senator nur einen kleinen Schluck nahm und das Glas dann abstellte. Dill wußte, er würde es nicht wieder in die Hand nehmen.

»Ich werde etwa eine Woche oder zehn Tage weg sein«, sagte Dill. »Ich dachte, ich komme besser vorbei und sage Ihnen Bescheid.«

»Brauchen Sie irgendwas?« fragte der Senator. »Geld?« Offensichtlich war das alles, woran er denken konnte.

Dill lächelte und schüttelte den Kopf. Dolan, der noch immer stand, starrte nachdenklich auf ihn herunter, legte seinen Kopf schief und sagte: »Sie sagen, daß Sie eine Woche, vielleicht zehn Tage dort unten sein werden?«

»So ungefähr.«

Dolan blickte den Senator an. »Vielleicht könnten wir Ben auf die Spesenliste setzen, da Jake Spivey sich noch dort unten verkrochen hat.«

Der Senator wandte sich zu Dill. »Sie kennen Spivey natürlich.«

Dill nickte.

»Teufel«, sagte Dolan, »Ben könnte doch Spiveys eidesstattliche Erklärung aufnehmen und uns damit die Mühe sparen, ihn hierherfliegen zu lassen, und dann könnten wir doch Bens Ausgaben mit der Brattle-Sache verrechnen.«

Schon halbwegs überzeugt, nickte der Senator. Er wandte sich wieder Dill zu. »Wären Sie bereit, das zu tun, während Sie dort unten sind, die eidesstattliche Erklärung von Spivey aufnehmen?«

»Ja, sicher.«

»Sie kennen doch die Brattle-Sache? Was für eine Frage! Natürlich kennen Sie die.« Der Senator schaute wieder zu Dolan hoch. »Dann ist das geregelt.«

Dill erhob sich. »Ich hole mir von Betty Mae Spiveys Akte.«

Auch der Senator erhob sich. »Spivey könnte uns enorm dabei helfen, dieses ... Problem zu lösen. Falls er nicht ganz und gar entgegenkommend ist, seien Sie – nun, Sie wissen schon – entschieden. Sehr entschieden.«

»Sie meinen, ich soll ihm mit einer Vorladung unter Strafandrohung drohen?«

Der Senator wandte sich zu Dolan um. »Ja, ich glaube schon. Meinen Sie nicht auch?«

»Scheiße, ja«, sagte Dolan.

Dill lächelte schwach zu Dolan hinüber. »Könnten wir das im Ausschuß durchbringen?«

»Niemals«, sagte Dolan. »Aber das muß Spivey ja nicht wissen, oder?«

3

Es war etwas mehr als zehn Jahre her, seit Dill das letzte Mal in seiner Heimatstadt war, die zugleich Hauptstadt eines Bundesstaats war, der weit genug im Süden und im Westen lag, um aus Gefängnis-Chili eine hochgeschätzte kulturelle Spezialität werden zu lassen. In dem Staat gab es Weizen und Klapperschlangen, genauso wie Sorghumhirse, Baumwolle, Sojabohnen, Schwarzeichen und Weißkopfrinder. Es waren dort außerdem Öl, Gas und ein bißchen Uran zu finden, und die Familien derer, die es gefunden hatten, waren oft wohlhabend und manchmal sogar reich.

Was die Stadt selbst anging, wurde behauptet, dort wäre in den dreißiger Jahren die Parkuhr zusammen mit dem Supermarkt-Einkaufswagen erfunden worden. Ihr internationaler Flughafen war nach dem fast in Vergessenheit geratenen Flugnavigator William Gatty benannt, der Wiley Post 1931 geholfen hatte, um die Welt zu fliegen. Weder in der Stadt noch im Staat gab es viele Juden, dafür aber eine Menge Schwarze, zahlreiche Mexikaner, zwei Indianerstämme, Baptisten ohne Ende und 1.413 Vietnamesen. Dem statistischen Bundesamt der USA zufolge hatte die Stadt im Jahr 1970 501.341 Einwohner. 1980 war diese Zahl auf 501.872 gestiegen. Im Durchschnitt gab es 5,6 Morde die Woche. Die meisten davon fanden in der Nacht von Samstag auf Sonntag statt.

Als Dill um kurz nach 16 Uhr den Gatty International Airport verließ, war die Temperatur auf 38 Grad gesunken, und ein scharfer heißer Wind fegte von Montana und den Dakotas herunter. Dill konnte sich nicht an eine Zeit erinnern, da der Wind nicht fast ununterbrochen geweht hätte, entweder von Mexiko nach oben oder von den Great Plains nach unten, glühend heiß im Sommer, eisig kalt im Winter und immer nervenzerreißend. Jetzt wehte er heiß und trocken und angereichert mit rotem Staub und Sand. Plötzliche Böen von über fünfzig Stundenkilometern nahmen Dill den Atem und zerrten an seiner Jacke, als er sich dagegenstemmte und zu einem Taxi stapfte.

Dills Heimatstadt war wie die meisten amerikanischen Städte rasterförmig angelegt. Die Straßen, die von Osten nach Westen verliefen, waren numeriert. Die, die von Norden nach Süden verliefen, trugen Namen – viele nach bahnbrechenden Grundstücksspekulanten und der Rest nach Bundesstaaten, Bürgerkriegsgenerälen (sowohl der Union als auch der Konföderierten), nach ein oder zwei Gouverneuren und einer Handvoll Bürgermeistern, deren Verwaltung man für relativ frei von Bestechung hielt.

Doch als die Stadt größer wurde, hatte die Phantasie an Schwung verloren, und die neueren Nord-Süd-Straßen wurden nach Bäumen benannt (Kiefer, Ahorn, Eiche, Birke und so weiter). Als die Bäume schließlich aufgebraucht waren – aus irgendeinem Grund hörte man mit Eukalyptus auf –, kamen die Namen von Präsidenten ins Spiel. Diese gingen mit der Nixon Avenue weite, weite 231 Blocks westlich der Hauptstraße der Stadt zu Ende, die nicht unerwartet Main Street genannt wurde. Die wichtigste, die Main kreuzende Durchfahrtsstraße war zwangsläufig der Broadway.

Als sich das Taxi dem Stadtzentrum näherte, stellte Dill fest, daß die meisten Sehenswürdigkeiten seiner Jugend verschwunden waren. Drei Filmtheater in der Innenstadt gab es nicht mehr: das Criterion, das Empress und das Royal. Auch Eberhardts Billardsalon war verschwunden. Nur zwei Türen neben dem Criterion im ersten Stock gelegen, war er ein wunderbar unheimlicher Ort gewesen, zumindest für den dreizehnjährigen Benjamin Dill, als er zum ersten Mal an einem Sonntagnachmittag vom schlimmen Jack Sackett dort reingelockt worden war, einem fünfzehnjährigen Bekannten, der sich angeschickt hatte, einer der besten Billard-Abzocker an der Westküste zu werden.

Der Bauboom in den ersten Jahren nach dem Zweiten Weltkrieg hatte die Innenstadt erst Mitte der siebziger Jahre erreicht, mit einer Verspätung von rund dreißig Jahren. Bis dahin war sie weitgehend so geblieben, wie sie war, als es sie beim großen Börsenkrach 1929 kalt erwischt hatte und zwei dreiunddreißig Stock hohe Wolkenkratzer fast fertig waren und ein dritter halb.

Die beiden dreiunddreißig Stock hohen Wolkenkratzer waren einander gegenüber an einer Straße errichtet worden, einer von einer Bank, der andere von einem Spekulanten, der später von dem Börsenkrach ruiniert wurde. Um die Fertigstellung hatte es ein Wettrennen gegeben – ein blöder PR-Gag, meinten Kritiker –, aus dem die Bank als Sieger hervorging. Einen Tag nachdem das Gebäude des ruinierten Spekulanten durch ein Syndikat von Ölmännern vollendet worden war, die es für ein Butterbrot gekauft hatten (manche meinten für weniger), fuhr der Spekulant mit dem Fahrstuhl bis ins oberste Stockwerk seines zerbrochenen Traums und sprang hinunter. Der dritte Wolkenkratzer, der nur bis zur halben Höhe fertig war, als der Krach kam, wurde nie zu Ende gebaut und schließlich Mitte der fünfziger Jahre abgerissen.

1970 sah die Innenstadt noch immer so aus wie 1940, nur gab es nicht mehr so viele Menschen. Die großen Kaufhäuser waren schon lange zusammen mit ihren Kunden in die Einkaufszentren am Stadtrand geflohen. Andere Firmen folgten ihnen, der Verfall ließ nicht lange auf sich warten, die Kriminalitätsrate schnellte hoch, und niemand kam mehr in die Innenstadt.

Die in Panik geratenen Stadtväter heuerten eine teure Beraterfirma aus Houston an, die einen Plan zur Stadterneuerung vorlegte, und machten dann einen riesigen Zuschuß aus Bundesmitteln vom Department of Housing and Urban Development in Washington locker. Der Erneuerungsplan verlangte die Einebnung des größten Teils der Innenstadt und an ihrer Stelle die Errichtung einer jener Städte von morgen. Fast alles wurde abgerissen, dann ging, wie üblich, das Geld aus, und die Innenstadt sah fast so aus wie die Innenstadt von Köln nach dem Krieg. Richtig begonnen hatte der Abriß aber erst Mitte 1974, und da war Benjamin Dill schon fort.

Dill merkte zu seiner Überraschung, daß ihm die Veränderungen, die stattgefunden hatten, eigentlich nichts ausmachten – nicht einmal die glänzenden Neubauten, die anstelle der Wahrzeichen seiner Jugend und Kindheit aus dem Boden zu schießen begannen. Du solltest alt genug sein, um der Veränderung zu mißtrauen, sagte er sich. Veränderung zeigt den Ablauf der Zeit an, und nur die Jungen mit sehr wenig Vergangenheit begrüßen das Neue widerspruchslos mit offenen Armen – nur die ganz Jungen und die, die davon profitieren können. Und da es absolut keine Möglichkeit gibt, wie du dabei einen Dollar machst, bist du vielleicht doch nicht so alt.

Der Taxifahrer, ein mürrischer Schwarzer von Anfang Vierzig, bog nach rechts in die Our Jack Street ein, die einen Einschnitt zwischen den beiden alten Wolkenkratzern bildete. Ursprünglich war die Our Jack Street während der zweiten Amtsperiode von Jack T. Warder Warder Street genannt worden, nach dem einzigen Gouverneur überhaupt, der zweimal wegen Amtsmißbrauchs angeklagt worden war, das erste Mal wegen der Annahme von Schmiergeldern, wo er freigesprochen wurde, weil er drei Mitglieder des Senats von Oklahoma großzügig bestochen hatte, und das zweite Mal wegen eben dieser Bestechungen. Er war 1927 zurückgetreten, aber nicht ohne sich vorher selbst zu begnadigen. Der blamierte Gouverneur hatte seine letzte Pressekonferenz mit einem verschmitzten Grinsen und einem einprägsamen, oft zitierten Witz beendet: »Teufel noch mal, Leute, ich hab nicht halb soviel geklaut, wie ich gekonnt hätte!«

Seitdem hieß er nur noch »Our Jack«, die Alteingesessenen dachten liebevoll und wehmütig an ihn, zitierten noch immer gern seinen Witz, grinsten und schüttelten den Kopf. Man änderte den Namen der Straße schließlich in United Nations Plaza, doch alle nannten sie weiterhin Our Jack Street, obwohl nur noch wenige wußten, warum und die andern sich selten die Mühe machten zu fragen.

Das Hawkins Hotel stand mitten im Stadtzentrum an der Ecke Broadway und Our Jack Street. Es war ein dunkelgraues, achtzehn Stockwerke hohes, sechzig Jahre altes Gebäude, vom Baustil her so unverkennbar gotisch wie die University of Chicago. Für geraume Zeit war das Hawkins praktisch das einzige Hotel der Stadt gewesen – zumindest der Innenstadt –, nachdem der Rest mit Dynamit und Abrißbirne dem Erdboden gleichgemacht worden war. Doch dann war ein neues Hilton hochgezogen worden, schnell gefolgt von einem Sheraton und, wie immer, einem riesigen Holiday Inn.

Der Fahrpreis für die siebzehn Meilen Taxifahrt vom Flughafen betrug einen Dollar die Meile. Dill reichte dem mürrischen Fahrer einen Zwanziger und sagte, er könne das Wechselgeld behalten. Der Fahrer meinte, das wolle er doch stark hoffen, und düste davon. Dill griff sich seinen Koffer und betrat das Hotel.

Er fand es nicht groß verändert. Nicht wirklich. Es hatte noch immer jene hohen, gewölbten Decken, die ihm die gedämpfte Atmosphäre einer selten besuchten, abgelegenen Kathedrale verliehen. Das Foyer war noch immer ein Ort, wo man sitzen, die Leute angaffen und in roten Ledersesseln und auf üppigen Sofas vor sich hin dösen konnte. Dann gab es noch niedrige Tische mit praktischen Aschenbechern und eine Menge heller, massiver Lampen, unter denen man leicht die Zeitungen lesen konnte, die noch immer in Haltern an Ständern hingen: die lokale *Tribune*, die *News-Post*, herausgegeben in der rivalisierenden Nachbarstadt, die sich viel auf ihr Ostküstenflair einbildete, das *Wall Street Journal*, der *Christian Science Monitor* und die Mini-Ausgabe der *New York Times*, deren Text via Satellit übermittelt, die am Ort gedruckt und noch am selben Tag von der Post zugestellt wurde, manchmal vor 12 Uhr, wenn man den richtigen Postboten hatte.

Das geräumige Foyer des Hawkins war keineswegs überfüllt: ein halbes Dutzend Männer in mittleren Jahren, die aussahen wie Zuhälter, mehrere Paare, eine junge Frau, die mehr als hübsch war, und eine ältere Frau Mitte Sechzig, die Dill aus irgendeinem Grund über ihr *Wall Street Journal* hinweg anstarrte. Dill fand, daß sie das Aussehen eines Dauergastes hatte. Im Foyer waren es kühle 21 Grad, und Dill spürte, wie sein schweißdurchtränktes Hemd abzukühlen und zu trocknen begann, als er auf die Rezeption zuging.

Der junge Angestellte an der Rezeption fand Dills Reservierung und fragte, wie lange er bleiben würde. Dill sagte, eine Woche, vielleicht länger. Der Mann an der Rezeption sagte, das sei schön, händigte Dill seinen Zimmerschlüssel aus, entschuldigte sich dafür, daß einer der Pagen nicht zum Dienst angetreten sei (er habe sich krank gemeldet), fügte aber hinzu, daß er, falls Dill Hilfe mit seinem Gepäck brauche, irgendwie jemanden auftreiben würde, der es später hinaufbringen könne. Dill erwiderte, er brauche keine Hilfe, dankte dem Angestellten, nahm seinen Koffer, drehte sich um und stieß fast mit der mehr als hübschen jungen Frau zusammen, die er vorhin bemerkt hatte.

»Sie sind Pick Dill«, sagte sie.

Mit einem leichten Lächeln schüttelte Dill den Kopf. »Seit der High-School nicht mehr.«

»In der Grundschule nannte man Sie Pickle Dill. Das war auf der Horace Mann, draußen an der Ecke Twenty Second und Monroe. Doch in der vierten Klasse hörte das alles eines Nachmittags auf, als Sie drei Ihrer was? – Quälgeister – verprügelten.«

»Meine Sternstunde«, sagte Dill.

»Danach nannte man Sie in all den Jahren auf der High-School Pick statt Pickle, aber das hörte auf, als Sie auf die Universität gingen, obwohl Ihre Schwester Sie immer so genannt hat. Pick.« Die junge Frau hielt ihm ihre Hand hin. »Ich bin Anna Maude Singe, und ich bin – war, verdammt! – eine Freundin von Felicity. Ich bin auch ihre Anwältin und dachte mir, daß Sie vielleicht die Familienberaterin gern zur Verfügung haben möchten, wenn Sie hier sind, falls es etwas gibt, das Sie geregelt haben wollen.«

Dill schüttelte Anna Maude Singe die Hand. Sie fühlte sich kühl und fest an. »Ich wußte nicht, daß Felicity eine Anwältin hatte.«

»Hatte sie. Mich.«

»Also, ich will tatsächlich etwas – einen Drink.«

Anna Maude Singe nickte zur linken Seite hinüber. »Ist die Sickergrube okay?«

»Prima.«

Die Sickergrube hieß ursprünglich Select Bar, doch Ölmänner hatten Anfang der dreißiger Jahre begonnen, die Bar Sickergrube zu nennen, weil es darin so dunkel war, und der

Name war hängengeblieben, bis ihn das Hotel schließlich 1946 mit einem diskreten Messingschild offiziell gemacht hatte. Der Raum war nicht sehr groß, äußerst dunkel, sehr kühl, mit einer U-förmigen Bar, niedrigen, schweren Tischen und dazu passenden Stühlen, die mehr oder weniger bequem waren. An der Bar waren nur zwei Männer, die etwas tranken, und an einem der Tische saß ein weiteres Pärchen. Dill und Anna Maude Singe suchten sich einen Tisch nahe der Tür. Als die Kellnerin zu ihnen kam, bestellte Singe einen Wodka on the rocks, und Dill sagte, er hätte gern dasselbe.

»Das mit Felicity tut mir sehr leid«, sagte Singe beinahe förmlich.

Dill nickte. »Danke.«

Sie schwiegen, bis die Kellnerin mit den Getränken kam. Dill merkte, daß Singe leichte Schwierigkeiten mit ihrem S hatte, so leicht, daß es ihm bisher kaum aufgefallen war. Dann sah er die feine weiße Narbe auf ihrer Oberlippe, wo sie, kaum noch sichtbar, von einem geschickten Chirurgen wegen einer Hasenscharte operiert worden war. Das S war der einzige Buchstabe, mit dem sie noch immer Schwierigkeiten hatte. Sonst war ihre Aussprache perfekt, eine regionale Dialektfärbung kaum wahrnehmbar. Dill fragte sich, ob sie eine Sprachtherapie gemacht hatte.

Der Rest von ihr in dem geraden dunklen Rock und der bunt gestreiften Bluse mit weißem Kragen und Manschetten schien gut gebräunt, hübsch zusammengebaut und sogar sportlich zu sein. Er versuchte sich zu entscheiden, ob sie regelmäßig lief, schwamm oder Tennis spielte. Er war sich ziemlich sicher, daß es nicht Golf war.

Er bemerkte außerdem, daß sie sehr dunkelblaue Augen hatte, so dunkel, wie blaue Augen nur sein können, ohne violett zu werden, und sie kniff sie immer ein bißchen zusammen, wenn sie etwas anschaute, das weiter weg war. Ihr Haar war von einem hellen Braun, das von blonden Strähnen durchzogen war. Sie trug es in einer Art, die, wie Dill glaubte, Pagenschnitt genannt wurde, ein Stil, der, wie er von jemandem (von wem? Betty Mae Marker?) erfahren hatte, gerade ein Comeback hatte oder sein Comeback schon gehabt hatte und bereits wieder auf dem absteigenden Ast war.

Anna Maude Singes Gesicht war oval geschnitten, und ihre Augenbrauen waren eine Spur dunkler als ihr Haar. Sie hatte eine leichte Stupsnase, was sie aussehen ließ, als wäre sie entweder scheu oder etwas arrogant – oder beides. Dill fand, daß oft beides zutraf. Ihre Lippen waren voll, der Mund ziemlich breit, und als sie lächelte, fiel ihm auf, daß sich ihre Zähne der liebevollen Pflege eines guten Zahnarztes erfreuten. Sie hatte einen langen schlanken Hals, recht hübsch, und Dill fragte sich, ob sie jemals getanzt hatte. Es war der Hals einer Tänzerin.

Nachdem die Getränke gebracht worden waren, wartete er, bis sie von ihrem Drink genippt hatte, und fragte dann: »Kannten Sie Felicity lange?«

»Ich kannte sie ein bißchen von der Universität, aber als sie ihren Abschluß machte, ging ich an die juristische Fakultät, und als ich dann hierher zurückkam und meine Kanzlei aufmachte, war sie eine meiner ersten Klientinnen. Ich habe ihr Testament aufgesetzt. Vermutlich war sie damals nicht älter als fünf- oder sechsundzwanzig, aber sie war gerade zum Morddezernat versetzt worden und – nun, sie dachte, es wäre vielleicht besser, ein Testament zu haben. Und dann, vor ungefähr – oh, ich würde sagen, vor etwa sechzehn, siebzehn Monaten – kaufte sie ihr Zweifamilienhaus, und ich half ihr dabei, aber inzwischen waren wir schon gute Freunde geworden. Sie schickte mir auch ein paar Klienten – meistens Cops, die eine Scheidung brauchten –, und sie hat viel von Ihnen geredet. Deshalb weiß ich, daß man Sie in der Grundschule Pickle nannte und so.«

»Hat sie je über ihre Arbeit gesprochen?« fragte Dill.

»Manchmal.«

»Hat sie zuletzt an irgendwas gearbeitet, das jemand veranlaßt haben könnte, ihr eine Bombe ins Auto zu legen?«

Singe schüttelte den Kopf. »Sie hat nie etwas in der Art erwähnt.« Sie machte eine Pause, nahm einen Schluck und sagte: »Ich glaube, es gibt da etwas, was Sie wissen sollten.«

»Was?«

»Sie arbeitete für einen Mann namens Strucker.«

»Den Chief of Detectives«, sagte Dill. »Er hat mich heute morgen angerufen.«

»Nun, das mit Felicity macht ihm ziemlich zu schaffen. Zwei Stunden nachdem sie gestorben war, rief er mich an, und als erstes, noch bevor er mir sagte, daß sie tot war, wollte er von mir wissen, ob ich Vollstrecker ihres Testaments wäre, nur daß er nicht Vollstrecker, sondern Vollstreckerin sagte.«

Dill gab nickend seine Wertschätzung dieser feinsinnigen emanzipatorischen Unterscheidung zu erkennen.

»Ich sagte ihm, ja, Sir, das bin ich, und darauf erzählte er mir, daß sie gestorben sei, und bevor ich fragen konnte, wie oder warum, oder auch nur Oh-mein-Gott-nein sagen konnte, forderte er mich auf, ihn bei Felicitys Bank zu treffen.«

»Schließfach?«

Sie nickte. »Na ja, ich war dabei, als sie es aufmachten, ich war ganz verheult und wütend über den ... den gottverdammten Verlust. Sie holten alles aus dem Fach raus, eins nach dem andern. Da war ihre Geburtsurkunde, dann ihr Testament, dann ein paar Bilder von Ihren Eltern und dann ihr Reisepaß. Sie hatte immer davon gesprochen, nach Frankreich zu fahren, aber sie ist nie dazu gekommen. Sie wissen ja, Französisch war ihr Hauptfach.«

»Ich weiß.«

»Nun, das letzte, was sie aus dem Fach rausnahmen, war der Versicherungsvertrag. Sie hatte ihn erst vor drei Wochen abgeschlossen. In der Police werden Sie als einziger Begünstigter genannt.«

Anna Maude Singe hörte zu reden auf und schaute weg.

»Wieviel?« sagte Dill.

»Zweihundertfünfzigtausend«, sagte sie und warf Dill einen schnellen Blick zu, als wollte sie seine Reaktion mitbekommen. Es gab keine, abgesehen von den Augen. In seinem Gesicht rührte sich nichts, nur die großen sanften grauen Augen waren plötzlich wie mit Eis überzogen.

»Zweihundertfünfzigtausend«, sagte Dill schließlich.

Sie nickte.

»Trinken wir noch was«, sagte er. »Geht auf mich.«

4

Um 17:45 Uhr hängte Benjamin Dill gerade seinen dunkelblauen Beerdigungsanzug in den Einbauschrank von Zimmer 981 im Hawkins Hotel, als sie an seine Tür klopften. Nachdem er aufgemacht hatte, stufte er sie automatisch als Polizisten ein. Beide waren in Zivil – in gut geschnittenen, offensichtlich teuren Anzügen –, doch die bemüht gelangweilten Augen, die gekonnt einschüchternde Haltung und der allzu neutrale Zug um den Mund verrieten ihren Beruf.

Beide waren hochgewachsen, gut über einen Meter achtzig groß, und der ältere war breit und kräftig, während der jüngere schlank wie eine Tanne, sonnengebräunt und ein wenig elegant war. Der Breite streckte seine Hand aus und sagte: »Ich bin Chief Strucker, Mr. Dill. Das ist Captain Colder.«

Dill schüttelte Struckers mit Sommersprossen übersäte Hand und dann die, die Colder ihm reichte. Sie war schmal und außerordentlich kräftig. Colder sagte: »Gene Colder, Morddezernat.«

»Kommen Sie rein«, sagte Dill.

Sie kamen ein bißchen vorsichtig ins Zimmer, wie Polizisten es tun, ließen ihre Augen schweifen und taxierten seine Einrichtung und seinen Bewohner nicht aus Neugier, sondern aus Gewohnheit. Dill winkte zu den beiden Sesseln seines mittelgroßen Zimmers hinüber. Strucker ließ sich mit einem Seufzer nieder. Colder setzte sich wie eine Katze. Strucker nahm eine Zigarre aus seiner Tasche, hielt sie hoch und sagte zu Dill gewandt: »Was dagegen?«

»Durchaus nicht«, sagte Dill. »Möchten Sie einen Drink?«

»Ich glaube schon, bei Gott«, sagte Strucker. »Das war ein harter Tag.«

Dill holte eine Flasche Old Smuggler aus seinem Koffer, zog die Plastikhüllen von zwei Gläsern auf dem Schreibtisch, holte noch ein Glas aus dem Badezimmer und goß drei Drinks ein. »Wasser?« fragte er. Strucker schüttelte den Kopf. Colder sagte: »Nein danke.« Dill reichte ihnen ihre Gläser, nahm sein eigenes mit ins Bad, ließ etwas Wasser hineinlaufen, kam zurück und setzte sich auf das Bett. Er wartete ab, bis Strucker seine Zigarre richtig zum Brennen gebracht und den ersten Schluck Scotch genommen hatte.

»Wer ist es gewesen?« fragte Dill.

»Das wissen wir noch nicht.«

»Warum haben sie es getan?«

Strucker schüttelte seinen massigen Kopf. »Auch das wissen wir nicht.« Er seufzte wieder – diesen langen, tiefen, verzweifelten Seufzer. »Wir sind hier aus zwei Gründen. Der eine ist, daß wir versuchen wollen, ihre Fragen zu beantworten, und der andere ist, Ihnen offiziell das Beileid der Stadt und des Departments auszusprechen. Es tut uns verdammt leid. Uns allen.«

»Ihre Schwester«, sagte Colder und machte eine Pause. »Na ja, Ihre Schwester war eine außergewöhnliche ... Person.«

»Wieviel hat sie im Jahr verdient?« fragte Dill.

Strucker schaute hilfesuchend zu Captain Colder hinüber. »Dreiundzwanzig-fünf«, sagte der Captain.

»Und die Jahresprämie für eine Lebensversicherung über zweihundertfünfzigtausend Dollar für eine achtundzwanzigjährige Frau in guter gesundheitlicher Verfassung ist schätzungsweise wie hoch?«

Strucker runzelte die Stirn. Als er das tat, stieß die Haube aus dichtem, drahtigem grauen Haar fast an die schwarzen Augenbrauen, die seine bereits wachsamen Augen bewachten, deren Farbe eher grün als haselnußbraun war. Es waren engstehende Augen neben einer unregelmäßigen Nase, die einmal gebrochen worden war. Vielleicht zweimal. Ein gutes Stück unter der Nase saß der schmale, dünnlippige Mund, der so gut wie alles zu mißbilligen schien, und unter dem Mund war das Türschwellen-Kinn. Es war ein erschöpftes, gezeichnetes, höchst intelligentes Gesicht, das mit dreiundfünfzig schon seinen dritten Besitzer hätte zieren können.

Struckers Stirn war noch immer gerunzelt, als er sagte: »Sie haben davon gehört, wie?«

»Ich hab davon gehört.«

Colder lächelte leicht, nicht so sehr, daß Zähne zum Vorschein kamen, aber immerhin genug, um leichte Mißbilligung und eine Spur Bedauern hineinzulegen. »Ihre Anwältin, stimmt's?«

Dill nickte.

Strucker trank seinen Whisky aus, setzte das Glas auf einem Tisch ab und wandte sich wieder Dill zu. »Laut Auskunft der Arbuckle Life Insurance betrug die Jahresprämie fünfhundertachtzehn Dollar, und sie zahlte den Gesamtbetrag am Vierzehnten vergangenen Monats in bar.«

»Keine sehr umsichtige Investition für jemanden, der keine Angehörigen hat«, sagte Dill. »Kein Rückkaufswert. Sie konnte sie nicht mal beleihen. Falls sie natürlich gewußt hat, daß sie sterben würde, könnte sie den Wunsch gehabt haben, jemandem, der ihr nahestand, etwas zu hinterlassen – in diesem Fall mir. Sie nehmen aber doch wohl nicht an, daß es Selbstmord gewesen ist, oder?«

»Es war kein Selbstmord, Mr. Dill«, sagte Colder.

»Das glaube ich allerdings auch nicht.« Dill stand auf, ging hinüber zum Fenster und schaute aus dem neunten Stock zur Ecke Broadway und Our Jack. »Und dann ist da noch ihr Haus.«

»Das Zweifamilienhaus«, sagte Captain Colder.

»Ja. Als sie mir vor etwa siebzehn Monaten davon schrieb,

sagte sie, daß sie sich ein kleines Haus kaufen wolle. Ich nahm damals an, es handelt sich um einen alten Bungalow für etwa sechzig- oder siebzigtausend Dollar. Zu dem Preis kann man sie hier doch immer noch kaufen, oder nicht?«

»So in etwa«, sagte Colder, »aber sie werden langsam rar.«

»Okay, wie hoch hätte die Anzahlung für ein Haus von sechzig- oder siebzigtausend Dollar sein müssen? Zwanzig Prozent? Das wäre zwischen zwölf- und vierzehntausend. Ich hatte ein paar Dollar übrig, nicht gerade viel, also rief ich sie an und fragte, ob sie zweitausend als Beitrag zu der Anzahlung brauchen könne. Sie sagte mir, daß sie nichts brauche, da der Kauf kreativ finanziert würde. Sie lachte ein bißchen, als sie kreativ sagte. Ich hakte nicht weiter nach. Ich nahm einfach an, daß sie fünf oder vielleicht zehn anzahlt, eine erste Hypothek von fünfzig oder weniger aufnimmt und den Rest mit einer hohen Abschlußzahlung abdeckt. Bei dreiundzwanzig-fünf im Jahr hätte sie es gerade noch hinbekommen.« Dill machte eine Pause, trank von seinem Scotch mit Wasser und sagte dann: »Aber das hat sie nicht gemacht, oder?«

»Nein, Sir«, sagte Strucker. »Hat sie nicht.«

»Was sie getan hat«, sagte Dill, »war, daß sie sich ein feines altes Zweifamilienhaus an der Ecke Thirty-second und Texas für einhundertfünfundachtzigtausend gekauft hat. Sie hat siebenunddreißigtausend in bar angezahlt und eine erste Hypothek über hunderttausend zu vierzehn Prozent aufgenommen, was bedeutete, daß sich ihre monatlichen Zahlungen dafür auf etwa dreizehnhundert beliefen – bloß, daß sie sechsfünfzig pro Monat von dem Typ bekam, an den sie die untere Etage vermietet hatte, was heißt, daß sie selbst nur sechs-fünfzig im Monat aufbringen mußte, allenfalls siebenhundert. Sie sagen, daß sie monatlich neunzehnhundert brutto verdient hat, was also wieviel wäre? – vierzehn-, fünfzehnhundert netto.«

»So in etwa«, sagte Colder.

»Blieben ihr also zum Leben rund sechs- oder siebenhundert monatlich. Na ja, setzt man dabei Steuervergünstigungen an, wäre es vermutlich zu schaffen, mit Coupons vom Supermarkt, Billigklamotten aus Junior-League-Läden, Büchern aus der Stadtbibliothek und Fernsehen zur Freizeitgestaltung. Aber dann war da noch die Abschlußzahlung zu leisten – die kreative Finanzierung. Ihre Anwältin sagte mir, daß sie am Ersten nächsten Monats fällig würde, also genau achtzehn Monate nachdem sie das Objekt gekauft hatte. Diese Abschlußzahlung beträgt achtundvierzigtausend Dollar – plus Zinsen.«

Dill wandte sich vom Fenster weg und schaute auf Strucker hinab. »Wieviel hatte meine Schwester auf dem Girokonto?«

»Dreihundertzweiunddreißig Dollar.«

»Was glauben Sie also: Wie hat sie zum Ersten nächsten Monats die rund fünfzigtausend aufbringen wollen?«

»Das ist es, worüber wir reden müssen, Mr. Dill.«

»Okay«, sagte Dill, ging wieder hinüber zum Bett, setzte sich darauf und lehnte sich gegen das Kopfende. »Reden wir.«

Strucker räusperte sich, paffte an seiner Zigarre, wedelte den Rauch weg und begann. »Detective Dill hatte eine feine Personalakte, ganz außergewöhnlich. In ihrer Altersgruppe war keiner besser – egal, ob Mann oder Frau. Nun bin ich der Erste, der zugibt, daß wir sie vom Betrug ins Morddezernat als eine Art Quotenfrau versetzt haben, zusammen mit drei Farbigen und zwei Mexikanern. Entweder das, oder man hätte uns Bundesmittel gestrichen. Aber bei Gott, sie war gut. Als wir sie zum Detective zweiten Grades beförderten, hat sie eine ganze Palette anderer Jungs übersprungen, von denen einige eine verdammte Menge mehr Dienstjahre auf dem Buckel hatten. Noch zwei Jahre oder vielleicht weniger, und sie hätte es spielend zum Sergeant gebracht. Was ich damit also sagen will, Mr.

Dill, ist, daß Ihre Schwester ein verdammt guter Cop gewesen ist, wirklich klasse, und sie wurde in Ausübung ihres Dienstes getötet – wenigstens glauben wir das –, und deshalb beerdigen wir sie am Samstag, genau wie ich Ihnen schon gesagt habe, und dann werden wir rausfinden, was zum Teufel da falsch gelaufen ist.«

»Sie meinen, warum sie auf die schiefe Bahn geraten ist«, sagte Dill.

»Das wissen wir doch gar nicht, oder?« sagte Captain Colder. Dill sah ihn an. Colders halbes Lächeln war wieder an seinem Platz – ein beinahe zaghaftes Lächeln voller Schüchternheit. Oder Täuschung, dachte Dill, denn außer seinem Lächeln war an Colder absolut nichts Schüchternes. Das ist seine Tarnung, entschied Dill. Er trägt es wie einen falschen Bart. Sein Lächeln vermochte nicht das Gesicht des wahren Skeptikers zu überdecken, die neugierige Nase, die kluge Stirn, die kalten blauen zweifelnden Augen und das Kinn, das fast sagte: »Beweise es.« Es war ein Gesicht, das mit einer etwas anderen Färbung vielleicht bei der Inquisition sein Glück gefunden hätte. Dill spürte, daß sein Träger als Captain beim Morddezernat ganz zufrieden war.

Als Chief Strucker sich erneut räusperte, wandte sich Dill wieder ihm zu. »Wir werden der Sache auf den Grund gehen, Mr. Dill«, sagte er. »Wie ich Ihnen am Telefon sagte: Das ist das, was wir tun. Darin sind wir gut.«

Dill nickte, stand auf und streckte die Hand zuerst nach Colders und dann nach Struckers leerem Glas aus. Die beiden Männer zögerten, schließlich seufzte Strucker und sagte: »Ich sollte nicht, aber danke.«

Nachdem Dill neu eingeschenkt und die Drinks herumgereicht hatte, sagte Colder: »Was genau machen Sie eigentlich in Washington, Mr. Dill?«

»Ich arbeite für einen Unterausschuß des Senats.«

»Und Sie machen was?«

Dill lächelte. »Ich gehe den Dingen auf den Grund.«

»Das muß interessant sein.«

»Manchmal.«

Strucker trank zwei Finger breit von seinem Scotch, seufzte wohlig auf und sagte: »Felicity und Sie haben sich sehr nahegestanden.«

»Ja, ich glaube schon.«

»Ihre Eltern sind tot.« Das war auch nicht als Frage gemeint.

»Sie kamen bei einem Autounfall oben in Colorado ums Leben, als ich einundzwanzig und sie elf Jahre alt war.«

»Was hat Ihr Daddy gemacht?« Zum ersten Mal fragte Strucker so, als wüßte er nicht schon die Antwort.

»Während des Kriegs war er Kampfflieger bei der Army«, sagte Dill. »Und danach war er vier Jahre lang im Hauptberuf Student, eben so lange, wie er nach der G. I. Bill Geld bekam. Er studierte an der Sorbonne, der Universität von Mexiko und an der Universität von Dublin. Er hat nie einen Abschluß gemacht. Als das schließlich zu Ende war, hat er ein Sprühflugzeug geflogen, dann Autos für Kaiser-Frazer verkauft, und hin und wieder spielte er auch Mr. Peanut – Sie wissen schon, für Planters Peanuts. Dann wurde er Veranstalter – Stockcar-Rennen, Baseball auf Eseln, solche Sachen eben, und schließlich kaufte er eine fast bankrotte Fernschule für Fremdsprachen. Die betrieb er immer noch, als er nach Colorado hinauffuhr, weil er vielleicht in eine Geisterstadt investieren wollte. Da ist dann auch der Unfall passiert. Sie sind beide dabei umgekommen. Manchmal denke ich, daß es für meine Mutter eine Erlösung gewesen sein muß.«

Strucker nickte mitfühlend. »Er hat also nicht viel hinterlassen.«

»Keinen einzigen Dime.«

»Dann haben Sie Felicity praktisch großgezogen.«

»Ich hab im ersten Jahr Jura an der Uni studiert. Ich hab aufgehört und einen Job bei der UPI angenommen, wo ich für die Berichterstattung über das Repräsentantenhaus zuständig war. Felicity war elf, und ich versuchte mich darum zu kümmern, daß sie regelmäßig zur Schule ging und ihre Hausaufgaben machte. Mit zwölf besorgte sie schon das Einkaufen und Kochen und die meiste Arbeit im Haus. Mit achtzehn bekam sie ein Vollstipendium für die Universität, und ich kriegte ein Angebot, nach Washington zu gehen. Danach war sie dann ziemlich auf sich allein gestellt.«

»Nun ja, Sir«, sagte Strucker, »ich würde sagen, das haben Sie wirklich großartig gemacht, wie Sie sie großgezogen haben. Wirklich großartig.«

»Wir haben uns immer gemocht«, sagte Dill. »Wir waren – nun, gute Freunde, nehme ich an.«

»Sind Sie in enger Verbindung geblieben?« fragte Colder.

»Für gewöhnlich habe ich sie einmal die Woche oder alle zehn Tage angerufen. Sie rief mich fast nie an, sie schrieb mir statt dessen Briefe, Briefe von zu Hause, wie sie das nannte. Sie dachte, daß jeder, der weggezogen war, Briefe von zu Hause bekommen müßte, und das waren sie. Klatsch. Wilde Gerüchte. Kleine Skandale. Wer Pleite gemacht hatte und wer reich geworden war. Wer starb. Wer geschieden wurde und warum. Es war eine Art Tagebuch, vermute ich, weniger über sie als über die Stadt. Aus irgendeinem Grund hat sie diesen Ort wirklich geliebt.«

»Ich nehme an, Sie nicht«, sagte Colder.

»Nein.«

»Sie haben diese Briefe nicht zufällig aufgehoben, oder?« fragte Strucker.

»Ich wünschte, ich hätte es getan.«

»Yeah. Wir ebenfalls. Sie hat auch keine Kopien aufgehoben. Wir haben heute ihre Wohnung durchsucht. Nichts.«

»Wie steht's mit eingelösten Schecks?«

»Wieder Fehlanzeige«, sagte Colder. »Strom und Wasser, Zahlungen für das Haus, Telefonrechnungen, Lebensmittel von Safeways, Zahlungen für das Auto und zwei Kundenkonten in Kaufhäusern. Das Übliche.«

»Kein Beleg über den Betrag, den sie für das Haus angezahlt hat?«

»Die siebenunddreißigtausend in bar?« sagte Colder. »Wir wissen nur, daß alles in Hundertdollarscheinen gezahlt worden ist, die inzwischen fast so verbreitet im Umlauf sind wie früher die Zwanziger.«

»Also keine Spur«, sagte Dill.

»Keine einzige.«

»Auf wen läuft die Hypothek?«

»Auf die frühere Eigentümerin, die gegen all das Bargeld nicht das geringste einzuwenden hatte«, sagte Colder. »Sie ist eine siebenundsechzigjährige Witwe, die das Haus an Felicity verkauft hat und dann nach Florida gezogen ist. St. Petersburg. Ich habe heute mit ihr gesprochen. Von ihr kommen keine Klagen. Die monatlichen Zahlungen treffen fast immer pünktlich ein, aber sie ist jetzt ein bißchen besorgt wegen der Abschlußzahlung.«

»Kann ich ihr nicht verdenken«, sagte Dill.

Strucker suchte in seinen Hosentaschen herum und fischte schließlich einen Schlüssel heraus. Er reichte ihn Dill.

»Wofür ist der?« fragte Dill.

»Ihr Hausschlüssel. Die obere Etage ist jetzt noch versiegelt, aber morgen gegen Mittag werden unsere Leute mit allem durch sein, weshalb nichts dagegen spricht, wenn Sie danach reingehen und sich dort, nun, umschauen – dort bleiben, wenn Sie möchten.«

Dill stand auf, nahm den Schlüssel und setzte sich wieder auf das Bett. Er sah erst Strucker an und dann Colder. »Woran hat sie gerade gearbeitet?«

Diesmal war Colders Lächeln nicht sein schüchternes. Es war die sardonische Variante, bei der die linke Hälfte seines Mundes nach oben gezogen und drei oder vier sehr weiße Zähne entblößt wurden. »Sie meinen den Fall, bei dem der größte Kokaindealer der Stadt umgenietet worden ist – oder den, wo man den Ölmillionär unten auf dem Grund seines Swimmingpools gefunden hat?«

»Ich weiß nicht, was ich meine«, sagte Dill. »Aber einer davon würde schon reichen.«

Colder schüttelte fast bedauernd den Kopf. »Sie bearbeitete den Fall eines Schnapsladenbesitzers, der spät an einem ruhigen Dienstagabend wegen dreiunddreißig Dollar erschossen worden ist. Dann hatte sie noch den, bei dem eine Ehefrau drüben in Deep Four verschwitzt und müde vom Saubermachen bei einer weißen Familie nach Hause kam und ihren Mann mit der fünfzehnjährigen Tochter im Bett vorfand. Sie hat beide mit dem Brotmesser umgebracht. Der Fall ist so gut wie abgeschlossen. Dann war Felicity noch mit der anderen Sache beschäftigt, wo dieser Typ, der draußen in Packingtown arbeitete, bei Rot an einer Ampel an der Ecke Thirteenth und McKinley anhält. Und dieser andere Typ, der auf einer Bank an der Bushaltestelle Däumchen dreht, steht auf, geht zu ihm, schiebt seine Zweiundzwanziger Sportpistole durchs Fenster, schießt viermal auf den Typ im Wagen und schlendert dann in aller Seelenruhe davon. Auch diesen Fall haben wir Felicity gegeben. Erst neulich sagte sie mir, sie käme damit vielleicht etwas weiter.«

»Sie mußte in irgendeine faule Sache verwickelt gewesen sein«, sagte Dill. »Oder verwickelt worden sein.«

Strucker seufzte wieder und stemmte sich aus dem Sessel hoch. »Nun, vielleicht ja und vielleicht nein. Aber erst müssen wir mal rausfinden, wer sie getötet hat. Wenn wir das rausfinden, finden wir den Rest raus. Wissen Sie, Mr. Dill, Mord ist normalerweise das am einfachsten aufzuklärende Verbrechen, weil der Typ meistens anruft und sagt: ›He, ihr kommt besser her, weil ich gerade meine Freundin mit dem Baseballschläger hier umgebracht habe.‹ Und wenn man dann hinkommt, sitzt er auf der Bettkante, mit ihr neben sich, hat vermutlich noch immer den Schläger in der Hand und heult wie ein Zweijähriger. Das ist der übliche Mord. Aber dann und wann kriegt man einen kniffligen Fall. Wie den hier.«

Wieder stieß Strucker aus tiefstem Herzen einen Seufzer aus. »Die Trauerfeier wird Samstag um zehn Uhr in der Trinity Baptist abgehalten. Eine Limousine wird Sie abholen, oder Sie können, falls Sie wollen, auch mit mir und dem Captain hier fahren.«

»Ich weiß nicht«, sagte Dill. »Ich glaube, ich mach das lieber allein.«

»Klar.«

Dill runzelte die Stirn. »Warum Trinity?« sagte er. »Felicity war keine Baptistin. Eigentlich war sie so gut wie gar nichts.«

»Aber ich«, sagte Colder. »Ich bin Diakon.«

»Sie?«

Endlich zeigte sich so etwas wie Trauer auf Colders Gesicht und verdrängte die chronische Skepsis. »Ihre Schwester und ich«, sagte er, »nun, sobald in zwei Monaten meine Scheidung durch ist, wollten wir heiraten.« Er studierte Dills Gesicht. »Sie hat Ihnen nichts davon erzählt, oder?«

»Nein«, sagte Dill. »Sie hat mir nichts davon erzählt.«

5

Während der vergangenen zehn Jahre hatte Dill unterschiedlich lange in New York, Los Angeles, London, Barcelona und zweimal in Washington gelebt. Selten träumte er von einer dieser Städte, nicht einmal von Washington, wo er am längsten gewohnt hatte, aber hin und wieder geschah es doch, und dann vermischten sich seine Träume von den fernen, manchmal auch fremden Städten unweigerlich mit der Stadt, in der er geboren war. Der Wilshire Boulevard, die Third Avenue, die Edgware Road und selbst die Ramblas zogen irgendwie verträumt an den Häusern vorbei, in denen er als Kind gelebt, an den Schulen, die er besucht, und an den Kneipen, die er später frequentiert hatte.

Vor vielen Jahren, manche sagten 1926, war in der Innenstadt eine riesige Milchflasche auf ein einstöckiges Gebäude gesetzt worden, das auf einem kleinen dreieckigen Grundstück stand, wo die Ord Avenue, die 29th Street und der TR Boulevard zusammenliefen, wie die Einheimischen die nach dem ersten Roosevelt benannte kurvenreiche Durchgangsstraße nannten. Es war eine gigantische Milchflasche, mindestens neun Meter hoch, und oben am Flaschenhals war deutlich der Streifen aus abgesetzter Sahne zu sehen. Sie hatte beinahe sechzig Jahre lang auf dem winzigen Lebensmittelladen gehockt, der nach Dills Erinnerung Eigentum einer Molkerei gewesen war. Springmaid Dairy. Er vermutete, daß 7-Eleven inzwischen sowohl Flasche als auch Laden übernommen hatte. Aus irgendeinem Grund tauchte die Riesenmilchflasche ständig in Dills Träumen von fernen Gefilden auf. Muß irgendwas mit Freud zu tun haben, dachte er: irgendwas Freudianisches, Fröhliches und Phallisches, wie er ergänzte, beglückt wie stets, wenn ihm eine aparte artistische Alliteration in den Sinn kam.

Um 19:15 Uhr, am Abend des Tages, an dem seine Schwester durch eine Bombe umgekommen war, fuhr Dill in dem großen gemieteten Ford den TR Boulevard entlang, eine der drei Durchgangsstraßen, die den rasterförmigen Bauplan der Stadt auf ihrem kurvenreichen und gewundenen Weg von Süden nach Norden durchschnitten. Einst waren Straßenbahnen über den Mittelstreifen des TR Boulevard gesurrt, doch sie waren in den späten vierziger Jahren abgeschafft worden. Inzwischen räumte jeder ein, was für ein dummer Fehler das gewesen war, und spielte dunkel auf ein Komplott von General Motors und den Ölkonzernen an, die Straßenbahnen zugunsten der Busse zu verschrotten. Es war eine Verschwörungstheorie, die seit fast vierzig Jahren bestand.

Dill hatte den großen Ford von Budget gemietet. Es war der größte Ford, den sie hatten, und er hätte einen Lincoln gemietet, wenn er verfügbar gewesen wäre. Dill mietete als VW-Fahrer immer große Autos aus Detroit mit dem ganzen Hydraulik-Zeug, weil er glaubte, eine solche Gelegenheit nicht auslassen zu dürfen – es war irgendwie so, als mietete man sich seinen eigenen Dinosaurier.

Kurz hinter der langen Biegung von 27th und TR kam schließlich die Riesenmilchflasche in Sicht, aber sie war nicht mehr weiß. Statt dessen war sie mattschwarz. Dill wurde langsamer und starrte darauf. Das kleine Gebäude stand bis auf einige verstaubt aussehende Glasvitrinen leer. Über dem Eingang hing ein großes Ladenschild in verblassenden psychedelischen Farben mit der Aufschrift: Nebuchadnezzar's Head Shop, aber es sah so aus, als sei Neb vor langer Zeit pleite gegangen. Dill kam zu dem Schluß, daß der gescheiterte Laden ein weiterer Nagel im Sarg der sechziger und siebziger Jahre war.

Drei Blocks hinter der schwarzen Milchflasche, an der Ecke 32nd und TR, stand ein großes dreistöckiges viktorianisches

Haus, mit zwei Schattierungen pastellgrüner Farbe, die bereits abzublättern begann, aufgebrezelt. Das Haus beherbergte den angeblich dritt- oder viertältesten Presseclub westlich des Mississippi. Während der ersten rund sechzig Jahre seines Bestehens hatte der Club sich ein Gebäude in günstiger Innenstadtlage mit dem Benevolent and Protective Order of Elks geteilt. Aber der Bürgermeister war (nicht ohne Grund) sauer auf die Medien gewesen, als der Plan für die Stadterneuerung gerade in die Gänge kam, und das Clubhaus der Presse und der Elche war als erstes für den Abriß markiert worden.

Der Club hatte eigentlich nie viel geboten außer einer Bar, die häufig nach der Sperrstunde offen hatte, Steaks von bemerkenswerter Qualität aus einer geheimnisvollen Quelle drüben in Packingtown und einer lange laufenden Pokerrunde mit Tischlimit, die pünktlich jeden Samstag um 12 Uhr begann und ebenso pünktlich jeden Sonntag um 17 Uhr aufhörte, damit alle nach Hause gehen und zuschauen konnten, wie sich die bereitwilligen Opfer in *60 Minutes* ihrer wöchentlichen Selbstverbrennung unterzogen.

Tatsächlich gehörten aktive Presseleute zu dem Club. Mindestens dreißig Prozent seiner Mitglieder hatten irgendwas mit dem Nachrichtengeschäft zu tun. Die anderen kamen aus der Werbung, der Juristerei, der Politik oder der Öffentlichkeitsarbeit. Man nannte sie außerordentliche Mitglieder, und ihre Jahresbeiträge waren fünfmal so hoch wie die der aktiven Presseleute. Die Minderheit war der Ansicht, daß die nicht stimmberechtigte Mehrheit sehr wohl für das Privileg bezahlen konnte, wenn sie mit Mitgliedern der Presse abhängen wollte. Das inoffizielle Motto des Clubs war auf ein Messingschild graviert, das jahrelang hinter der Bar gehangen hatte: *Ich war früher selber Zeitungsmann.*

Seitdem der Club umgezogen war, hatte Dill ihn nicht besucht. Er war beinahe Stammgast des Lokals gewesen, als sich der Verein das fünfstöckige Gebäude im Zentrum mit den Elchen geteilt hatte – der Presseclub die beiden oberen Stockwerke, der wohltätige und Schutz bietende Orden darunter. Als Dill Nachtschicht bei UPI schob, war er tatsächlich oft der letzte Gast gewesen.

Er parkte den Ford möglichst nahe an dem viktorianischen Haus – einen Block entfernt – und versuchte sich zu erinnern, ob er seine letzte Rechnung bezahlt hatte. Falls nicht, war er überzeugt, daß ihn dort jemand daran erinnern würde. Der Grieche, falls sonst keiner.

Es war eine Stunde vor Sonnenuntergang, als Dill die sechs Stufen zur überdachten Veranda hinaufstieg. Er ging zur Tür und drückte auf den Summer. Eine blecherne Stimme, gereizt wie immer, stellte die übliche einsilbige Frage: »Was?«

»Ben Dill.«

»Herrgott«, sagte die Stimme. Einen Moment später ertönte der Summer und entriegelte die Tür. Ein kleines Vorzimmer führte in einen Raum, der von der Küche im hinteren Teil abgesehen das ganze erste Stockwerk des großen alten Hauses einzunehmen schien. Tische und Sitzbänke standen auf der rechten Seite. An das Vorzimmer schloß sich ein Gesellschaftsraum an, dessen Schwerpunkt ein großes Erkerfenster bildete, wo man, dachte Dill, wie überall auf der Welt in privaten Clubs sitzen und, wie mal jemand gesagt hatte, zuschauen konnte, wie es auf die verdammten Leute regnete. Er glaubte, das könnte sogar der Grund sein, warum Privatclubs erfunden worden waren.

Dill ging auf die L-förmige Bar zu, die sich links von dem Gesellschaftsraum befand. Ihm fiel auf, daß es dieselbe Mahagonitheke war, die sie in dem Haus im Zentrum gehabt hatten. Man hatte sogar das alte Messinggestänge mitgebracht, das über der Theke verlief. Von diesem hingen die Lederschlaufen der ausgeschlachteten Straßenbahnen herab, um denen bequemen Halt zu bieten, die zu lange am Gin genippt hatten.

Der Mann, der hinter der Theke stand und sich mit beiden Händen darauf stützte, stand dort bereits seit dreißig Jahren in seiner Doppelrolle als Clubmanager und Chefbarkeeper. Er hieß Christos Levides oder Christus der Grieche oder meist nur der Grieche. Er war Mitte Fünfzig und sah heute nicht viel anders aus als mit fünfundzwanzig. Die schwarzen Augen waren immer noch voll List, der elegante Schnurrbart war noch genauso gut gestutzt und der Ausdruck leiser Verachtung noch genauso schlau und odysseushaft wie immer. Natürlich gab es einige neue Falten, die sich tief von der bemerkenswerten Nase abwärts eingegraben hatten und waagerecht über die Stirn liefen. Es war ein reiflich gelangweiltes Gesicht, das offenbar die meisten Lügen und alle Ausreden schon gehört hatte.

Levides redete und bewegte sich nicht, bis Dill sich auf einen Hocker gesetzt und sich umgeschaut hatte, um zu sehen, ob noch jemand da war, den er kannte. Da war niemand. Zwei Männer waren am anderen Ende der Bar, aber sie sahen wie Anwälte aus. Rund ein Dutzend Essensgäste saßen an Tischen.

»Also«, sagte Levides endlich. »Sie sind wieder da.«

»Ich bin wieder da«, pflichtete Dill ihm bei.

Levides nickte nachdenklich, als sähe Dill so furchtbar aus, wie er erwartet hatte. »Ich hab das von Ihrer Schwester gehört.« Es entstand eine lange Pause, in der Levides zu erwägen schien, was er als nächstes sagen solle. »Es tut mir leid.«

»Danke.«

»Üble Geschichte.«

»Ja.«

»Ich erinnere mich, wie Sie sie immer in den alten Laden mitgebracht haben, als sie nicht größer als so war.« Er hielt eine Hand in Schulterhöhe, um zu zeigen, wie groß Dills tote Schwester gewesen war. »Zehn oder elf war sie damals?«

»So ungefähr«, sagte Dill. »Jedenfalls nicht viel älter.«

Levides nickte düster und sagte, als seine kurze Trauer vorüber war: »Was soll's sein?«

»Ein Bier. Beck's, falls Sie welches haben.«

Levides nickte wieder, wirbelte herum, zog schwungvoll eine Flasche aus dem Kasten, hebelte den Kronkorken ab, wirbelte wieder herum und stellte sie zusammen mit einem geeisten Glas vor Dill auf die Theke. »Zwei Dollar«, sagte er, »und Sie schulden mir noch achtunddreißig Dollar zweiundachtzig von Ihrem letzten Deckel, den Sie irgendwie zu bezahlen vergessen haben, als Sie nach Washington aufgebrochen sind – wann war das? Vor zehn Jahren?«

»So ungefähr«, sagte Dill, nahm einen Fünfzigdollarschein aus seiner Brieftasche, schob ihn über die Theke und wies Levides an, alles damit zu verrechnen.

Levides wandte sich zur Registrierkasse, tippte den Betrag ein und kam mit dem Wechselgeld für Dill zurück. »Wie läuft's denn so?« fragte Dill.

»Immer derselbe Scheiß.«

Dill schaute sich um. »Sieht ganz hübsch aus.«

»Ja, wenn man Trockenfäule mag.«

»Sind die Steaks noch immer passabel?«

Levides zuckte mit den Achseln. »Ich hab vorgestern eins gegessen und bin noch nicht tot.« Er schaute zur Seite. »Wer ist es gewesen?«

»Sie wissen es nicht.«

»Wen haben sie denn auf die Sache angesetzt?«

»Ich hab mit dem Chief of Detectives gesprochen«, sagte Dill. »Strucker.«

»Den kenn ich.«

»Und?«

Der Grieche zuckte mit den Achseln. »Klug. Nicht direkt college-klug, aber ein kluger Cop. Ist seit mindestens fünfundzwanzig Jahren bei der Polizei. Vielleicht länger. Hat Abendkurse in Jura besucht. Hat Rhetorik-Kurse bei Dale Carnegie mitgemacht. Hat beim zweiten Mal sehr viel Geld geheiratet. Lebt gut, zieht sich fein an. Und hat eine weiße Weste.«

»Captain Colder«, sagte Dill. »Gene Colder?«

»Ach der.«

»Der.«

»Also, den kenn ich fast gar nicht. Sie haben ihn vor zwei Jahren aus dem Osten hergeholt – Kansas City oder Omaha, glaube ich, irgend so ein Ort. Sie bauen ihn auf, hab ich gehört.«

»Für Struckers Job?«

»Falls Strucker geht, und es geht das Gerücht, daß er für irgendwas kandidieren will, könnte Colder ihn übernehmen, aber er wird nicht lange auf seinem Stuhl bleiben. Colder wird bis ganz nach oben gehen, wenn der alte Rinkler endlich pensioniert wird.«

»Rinkler ist noch immer Polizeichef?« Dills Tonfall verriet mehr als nur eine Spur Ungläubigkeit.

»Immer noch.«

»Mann, das sind dreißig Jahre. Mindestens dreißig.«

»Fast«, sagte Levides. »Sie haben ihm den Job zugeschanzt, als er fünfunddreißig war, und heute ist er mindestens vierundsechzig. Auf jeden Fall wird er mit fünfundsechzig gehen. Das ist die Regel.«

Dill nahm einen Schluck von seinem Bier und fragte: »Wer ist heute Polizeireporter für die *Trib*?«

»Wer denn wohl«, sagte Levides, »Freddie Laffter.«

»Herrgott, ändert sich hier denn gar nichts?«

Der Grieche schien eine Weile darüber nachzudenken und zuckte dann mit den Achseln. »Verdammt wenig.«

»Kommt Laffter noch immer jeden Abend?«

»Punkt acht Uhr – direkt nach der Frühausgabe.«

»Er müßte über Colder Bescheid wissen, oder?«

»Wenn überhaupt einer, dann er.« Der Grieche wandte den Blick ab, bevor er seine nächste Frage stellte. Dill erinnerte sich, daß Levides das gern tat, um seine Fragen beiläufig, sogar gleichgültig klingen zu lassen. »Woher kommt Ihr Interesse an Colder?« fragte er mit gelangweilter Stimme.

»Weil er behauptet, daß er meine Schwester heiraten wollte.«

Der Grieche schaute Dill wieder an und lächelte. »Yeah«, sagte er, »das ist ein ziemlich guter Grund. Möchten Sie noch ein Bier?«

»Warum nicht«, sagte Dill.

Dill war noch mit seinem zweiten Bier beschäftigt, als der alte Mann hereinkam. Mindestens siebzig inzwischen, dachte Dill, vielleicht sogar noch älter. Er bewegte sich in einem täuschend schnellen, watschelnden Gang in den hinteren Restaurantbereich. Seine Augen waren hinter einer Bifokalbrille mit Stahlgestell starr geradeaus gerichtet. Auf seinem Kopf saß ein Hut, ein schmuddeliger Panama mit ausgefranster Krempe, vielleicht einer der vier echten Panamas, die es in der Stadt oder sogar im Staat gab, und er trug ihn mit rundherum nach unten gebogener Krempe.

Der gestreifte Sommeranzug des Alten schien aus Bettzwillich gemacht zu sein. Er trug ein weißes Seidenhemd, das vom Alter gelblich verfärbt und am Kragen mindestens zwei Größen zu weit war. Sein Schlips war alt und grau und wirkte speckig. Ein Spiralnotizblock ragte aus der linken Tasche seines Jacketts heraus. Die Frühausgabe der *Tribune* steckte in der rechten. An den Füßen trug der alte Mann ein Paar neue Gucci-Slipper. Dill nahm an, daß sie nachgemacht waren.

»He, Chuckles«, rief der Grieche.

Freddy Laffter unterbrach seine überstürzte Flucht in den hinteren Bereich, wandte sich um und warf Levides einen verächtlichen Blick zu. »Was zum Teufel willst du?«

»Jemand hier möchte mit dir sprechen.«

»Wer?«

Der Grieche nickte zu Dill hinüber. »Er.«

Laffter drehte den Kopf. Es war ein eiförmiger Kopf, das dicke Ende glücklicherweise oben, und blaß rosafarben, bis auf die Nase, die ein fast purpurner Knopf war. Die Augenbrauen waren weiß und fast unsichtbar über Augen, die von ihrem früheren Blau fast bis zur Farblosigkeit verblichen waren. Der Mund war eine dünne gemeine Linie und überraschend zimperlich. Das hohe Alter hatte ein feines Netz in das Gesicht gegraben, aber die ausgewaschenen blassen Augen waren noch immer wachsam, neugierig, und sie musterten jetzt Dill voll Interesse.

»Dill«, sagte Laffter. »Ben Dill.«

»Stimmt.«

»Sie waren früher bei UP.«

»UPI.«

»Scheiß drauf, ich nenn den Laden noch immer UP. Worüber wollen Sie reden? Ihre Schwester?«

»Falls Sie ein paar Minuten Zeit haben.«

»Ich hab noch nicht gegessen.«

»Ich auch nicht. Vielleicht könnten wir zusammen essen. Ich lade Sie ein.«

»Ich wollte ein Steak essen.«

»Chuckles«, sagte der Grieche. »Du hast hier seit fünf Jahren kein Steak bestellt.«

Laffter ignorierte Levides. »Ich wollte ein Steak essen«, sagte er wieder. »Ein großes dickes Steak mit frischem Spargel, und als Vorspeise vielleicht einen Krabbencocktail.«

»Fein«, sagte Dill. »Ich nehme dasselbe.«

Laffter wandte sich zu Levides. »Hast du gehört, du ignoranter Päderast? Sag Harry dem Kellner, daß der Gentleman und ich zwei große Steaks haben wollen, Porterhouse, denke ich. Englisch. Vorher Krabbencocktail. Spargel. Zuerst allerdings zwei Wodka-Martini, um den Appetit anzuregen. Doppelte, würde ich sagen. Und außerdem eine Flasche Wein – zur Abwechslung mal was Anständiges. Vielleicht einen Burgunder. Hinterher natürlich Cognac und vielleicht sogar eine Zigarre, was ich aber erst später entscheiden werde.«

»Wenn du den ganzen Mist ißt, landest du wieder auf der Intensivstation«, sagte Levides.

Laffter hatte sich schon Dill zugewandt. »Wissen Sie, er hat seine wahre Berufung verfehlt«, sagte der alte Mann und nickte leicht mit dem Hinterkopf zu dem Griechen. »Er sollte als Zuhälter in Piräus die Ärsche kleiner Griechenjungs an türkische Matrosen auf Landgang verkaufen.«

Mit gelangweilter Stimme sagte Levides etwas Vulgäres über die Mutter des Alten und ging zur Theke, um nachzusehen, ob die beiden Anwälte Nachschub brauchten.

6

Sie saßen an einem Ecktisch im Restaurantbereich. Nachdem die doppelten Wodka-Martini gebracht worden waren, zog Laffter die zusammengefaltete Ausgabe der *Tribune* aus seiner Tasche und reichte sie Dill. »Seite drei«, sagte er.

Dill blätterte auf Seite drei zu der linksbündigen einspaltigen Schlagzeile in 36 Punkt rechts oben, die lautete:

DETECTIVE
VON BOMBE
ZERFETZT

Dill überflog den mit Laffters Namen gezeichneten Bericht und fand, daß er nicht viel enthielt, was er nicht schon wußte. Er faltete die Zeitung wieder zusammen und gab sie Laffter zurück. »Sie war achtundzwanzig, nicht siebenundzwanzig«, sagte Dill.

»Mir hat man gesagt: siebenundzwanzig.«

»Heute ist ihr Geburtstag. Sie ist heute achtundzwanzig geworden.«

»Oh.«

»Erzählen Sie mir von Captain Colder.«

»Ihrem Beinahe-Schwager.«

»Sie wissen also schon davon.«

Der alte Mann zuckte mit den Achseln. »Die beiden haben nicht gerade versucht, daraus ein Geheimnis zu machen.«

»Hatten sie schon ein Hochzeitsdatum festgesetzt?«

Laffter schaute Dill voll Interesse an, aber es erlosch rasch. »Er war noch nicht geschieden, also trafen sie sich gesellschaftlich, wie man es in der guten alten Zeit zu formulieren pflegte, die unwiderruflich vorbei ist. Aber ich glaube nicht, daß sie schon einen gemeinsamen Haushalt eingerichtet hatten. Wenigstens nicht so, daß jemand was gemerkt hätte.« Das Interesse flackerte wieder in den blassen Augen des alten Mannes auf, erlosch aber wieder. »Sie hat Ihnen nichts von Colder gesagt, oder?«

»Nein.«

»Na ja, sie wird ihre Gründe gehabt haben.«

»Und welche?«

»Woher zum Teufel soll ich das wissen? Fragen Sie Colder.«

»Er sagt, er glaubte, sie hätte es mir gesagt.« Das war nicht gerade das, was Colder gesagt hatte, aber Dill war an der Reaktion des alten Mannes interessiert.

»Nannte sie eine Lügnerin, wie?«

»In gewisser Weise.«

»Das war nicht sehr nett, aber wer gibt heutzutage schon was auf Nettigkeiten!«

Laffter trank seinen Martini mit einem Schluck aus und hielt Ausschau nach Harry dem Kellner. Dill nahm seinen noch unberührten Martini und setzte ihn vor dem alten Mann ab. »Hier«, sagte er, »ich hab noch nicht davon getrunken.«

»Gott, wenn ich etwas nicht ausstehen kann, dann ist es ein kontrollierter Trinker.«

Laffter hob sein neues Glas und brachte einen spöttischen Toast aus: »Auf unseren zählebigsten Mythos – den trinkfreudigen Zeitungsmann.« Er nahm einen Schluck von dem Drink, stellte ihn ab, zog ein Päckchen mit filterlosen Pall Malls hervor, bot sie Dill an, der ablehnte, und zündete sich mit einem neuen Zippo eine an.

»Raten Sie mal, wie lange ich in diesem Geschäft bin«, sagte der alte Mann.

»Hundert Jahre?«

»Am dritten September werden es fünfzig. Ein halbes Jahrhundert, bei Gott. Ich war zweiundzwanzig, seit mehr als einem Jahr ohne Arbeit und runter vom College, als der alte Hartshorne mich für siebzehn Dollar fünfzig die Woche einstellte – und damals war das eine Achtundvierzigstundenwoche. Ein Tag frei. Ich bekam den Dienstag. Wer zum Teufel will am Dienstag frei haben? Den gibt's noch immer, wissen Sie.«

»Wen?«

»Hartshorne.«

Dill schüttelte den Kopf. »Kann nicht sein.«

Der alte Mann grinste. Dill sah, daß er ein paar blitzblanke neue Zähne hatte. »Geht jeden Morgen zu Fuß zur Arbeit, siebenundneunzig Jahre alt. Schlenkert die Grant runter bis zur Fifth und biegt an der Our Jack nach Süden, während der Cadillac mit Old Pete hinterherschleicht, seinem farbigen Chauffeur hinterm Steuer, der selber mindestens achtzig sein muß. Siebenundneunzig, und Hartshorne ist jeden Morgen um acht bei der Arbeit. Deswegen bin ich noch immer da. In seinen Augen bin ich Young Laffter.«

»Was ist mit Jimmy junior?«

»Verteufelte Geschichte, siebenundsechzig Jahre alt zu sein und immer noch von jedem Jimmy junior genannt zu werden. Er ist Chefredakteur und Präsident, und der alte Mann ist noch immer Vorstandsvorsitzender und Herausgeber und besitzt zweiundsechzig Prozent der Aktien, so daß Sie sich denken können, wer bestimmt, was geschieht.«

Harry der Kellner kam an den Tisch und servierte die beiden Krabbencocktails. Harry der Kellner, mit bürgerlichem Namen Harold Pond, war schwarz, vierzig und fett und hatte mit sechzehn im Presseclub als magerer Tellerwäscher angefangen. Er hatte sich wohl zum besten Kellner der Stadt entwickelt. Der Cherry Hills Golf & Country Club hatte mindestens ein dutzendmal versucht, ihn abzuwerben, doch Harry der Kellner lehnte immer ab und blieb im Presseclub, wo er so tat, als verachtete er Journalisten. Oder so tat, als täte er so. Er beschimpfte ihre Hervorbringungen, machte sich über ihre Intelligenz lustig und verhöhnte ihre Überheblichkeit. Die Mitglieder betrachteten ihn als Juwel und wiederholten seine Beleidigungen voller Stolz.

Nachdem er den Krabbencocktail vor Laffter gestellt hatte, begann Harry der Kellner mit einer seiner Tiraden: »Wenn du die Krabben ißt, alter Mann, bist du gegen zwei oder drei wach und greifst wie immer nach dem Gelusil. Kann ums Verrecken nicht begreifen, wie jemand in deinem Alter und mit dem Grips, den Gott 'ner Gans gab, Sachen essen und trinken kann, die ihn, wie sein Arzt meint, umbringen werden. Irgendwann bring ich dir deinen Chili-Mac, den du immer ißt, statt dem feinen Porterhouse-Steak, das du dir heute abend verschafft hast, und du steckst deinen Löffel rein und schiebst ihn dir in dein großes häßliches Maul und schluckst, und dann quellen deine Augen so raus und du wirst ganz rot im Gesicht, noch röter als von den Drinks, die du intus hast, und dann fällst du tot um, und rat mal, wer alles aufwischen darf? Ich. Der Sohn meines Vaters. Der Grieche meinte, du willst einen französischen Burgunder. Du hast keinen Schimmer von französischem Wein. Ich bringe dir einen hübschen alten Napa Pinot noir, der gerade richtig sein sollte.« Harry der Kellner wandte sich zu Dill. »Wie geht's, Ben? Tut mir leid, die Sache mit deiner Schwester. Furchtbare Sache. Ich wollte vorhin schon was dazu sagen, hatte aber keine Gelegenheit.«

»Danke, Harry«, sagte Dill.

»Geh weg«, sagte Laffter. »Geh wieder in die Küche und spuck in die Suppe oder was du sonst machst.«

»In die Suppe spucken?« sagte Harry der Kellner. »Allmächtigerherrgott, daran hab ich noch nie gedacht! Das muß ich den andern Niggern erzählen.«

Als er gegangen war, fragte Laffter: »Wie kommt es, daß er Sie wie einen Weißen behandelt?«

»Harry und ich kennen uns schon lange.«

»Wie lange?«

»Fünfzehn, sechzehn Jahre etwa. Wir waren damals beide pleite und haben uns Geld geliehen. Manchmal hat er mich nach Hause gefahren.«

»Warum?«

»Warum er mich nach Hause gefahren hat?«

Laffter nickte interessiert.

»Weil ich kein Auto hatte«, sagte Dill.

»Oh.« Laffter spießte eine der großen Golf-Krabben auf, tauchte sie in die Tabasco-Ketchup-Meerrettich-Sauce, biß eine Hälfte ab und kaute gründlich darauf herum. »Ihre Schwester ist bei der Polizei ziemlich schnell aufgestiegen«, sagte er um den Rest der Krabbe herum.

»Man sagte mir, sie sei gut gewesen.«

Laffter zuckte mit den Achseln. »Sie war okay. Wieso ist sie überhaupt Cop geworden?«

»Entweder das oder Französischunterricht für Mittelstufen-Kids, die keine große Lust hatten, Französisch zu lernen. Außerdem die Pension. Ihr gefiel die Vorstellung, mit zweiundvierzig oder dreiundvierzig in Pension zu gehen.«

»Gefiel es ihr beim Morddezernat?«

»Sie sagte, es sei besser als beim Betrug.«

Der alte Mann leckte sich Sauce von den Fingern. »Ich hab vor rund einem Jahr – vielleicht ein bißchen mehr – einen Artikel über sie geschrieben, aber sie haben ihn nie gebracht.«

»Warum?«

»Ich weiß nicht, es war ein ziemlich guter Beitrag. Das neue weibliche Wunderkind beim Morddezernat und ähnlicher Schmus. Ich hab's irgendwie vermeiden können, sie als neuen Sherlock Holmes zu bezeichnen, aber es war ein harter Kampf. Sie hatte gerade zwei Verhaftungen vorgenommen, eine davon ziemlich spektakulär, und ich dachte mir, sie wäre einen Artikel wert, aber sie haben ihn abgewürgt.«

»Wer?«

»Ich frage nicht mehr. Ich frage nicht, weil es mir egal ist. Ich glaube, es ist mir seit etwa 1945 egal. Nachdem ich von den *Stars and Stripes* mit dem Schiff zurück nach New York gekommen bin.«

Dill ließ einige Zeit verstreichen, seufzte und fragte schließlich: »Was ist in New York passiert?«

Laffter hörte auf zu kauen und starrte auf einen Punkt über Dills linker Schulter. »Haben Sie mal von *PM* gehört?«

»Das war ein New Yorker Boulevardblatt mit leichter Linksneigung, bis es umkippte.«

Laffter nickte, und sein Blick konzentrierte sich wieder auf die Krabben. Er nahm eine in die Hand und biß sie entzwei. »Na ja, in Frankreich war mir Ralph Ingersoll über den Weg gelaufen, der das Ding praktisch gegründet hatte, *PM*, und der hatte was von meinem *Stars and Stripes*-Kram gesehen, also arrangierte er für mich ein Treffen mit diesem Kerl von *PM*, als ich nach New York zurückkam. Ich war zum ersten Mal dort.« Er machte eine Pause. »Und zum letzten Mal.«

Der alte Mann wartete darauf, daß Dill etwas sagte. Als fast eine Minute verstrichen war, sagte Dill: »Und?«

»Oh, der Kerl bot mir einen Job an, so ungefähr zum Dreifachen dessen, was ich hier verdient hatte. Redete sogar von einer Kolumne, aber das war mehr so ins Unreine – das mit der Kolumne, meine ich. Nun, ich ging in mein Hotel zurück und dachte darüber nach. Das war meine Chance auf den großen Wurf. So nannten wir das damals. Großer Wurf. Ich glaubte nicht, daß *PM* es je zu was bringen würde, aber ich hätte zu den *News* oder sogar zur *Times* wechseln können. Ich hab damals ziemlich gut geschrieben. Na ja, ich hab den Kerl nicht mehr zurückgerufen. Statt dessen hab ich versucht, das nächste Flugzeug zu nehmen, aber es war ausgebucht, also nahm ich den Zug. Salonwagen, den ganzen Weg bis hierher.«

Der alte Mann brach wieder ab und wartete darauf, daß Dill etwas dazu sagte. Er will, daß ich ihn frage, warum, dachte Dill. »Chuckles«, sagte er.

»Was?«

»Ich wollte diese Geschichte schon vor fünfzehn Jahren nicht richtig glauben, als ich sie zum ersten Mal mit dreiundzwanzig hörte und Sie außer mir keinen mehr hatten, dem Sie sie erzählen konnten. Aber damals haben Sie eine blonde New Yorker Schauspielerin drin untergebracht, die Sie angefleht hätte, zu bleiben, und als Sie nicht wollten, hat sie sich entweder umgebracht oder ist nach Hollywood gegangen. Ich weiß nicht mehr, was.«

Der alte Mann starrte Dill kühl an. »Nie im Leben habe ich diese Geschichte jemand anderem erzählt.«

»Nie im Leben hat wer was erzählt?« fragte Harry der Kellner, der mit zwei großen Zinntellern auf dem linken Arm an ihrem Tisch auftauchte. Geschickt entfernte er die Krabbencocktail-Schalen, stellte sie auf einen anderen Tisch und servierte schwungvoll die beiden großen Steaks. Laffter starrte seins hungrig an.

»*PM*, Ingersoll und die letzte Chance in New York«, sagte Dill und nahm Messer und Gabel in die Hand.

»Mensch, die hab ich selber rund zwei dutzendmal gehört. Hat er die blonde Schauspielerin eingebaut?«

»Er hat sie weggelassen.«

»Das macht er in letzter Zeit manchmal, aber vor zwei, vielleicht drei Wochen hat er sich diese neue Kleine vom AP-Büro gekrallt, sie mit seiner blonden Schauspielerin und allem zu Tränen gerührt und dazu gebracht, daß sie ihm die halbe Nacht Drinks spendiert hat.«

Lafter funkelte Harry den Kellner wütend an. »Du hast den Wein vergessen.«

»Ich vergesse nichts«, sagte Harry der Kellner, griff hinter sich, holte wie durch Zauberei eine Flasche hervor, zog den Korken heraus und goß einen Schluck in Dills Glas. Dill probierte und lächelte.

»Gut, wie?« sagte Harry und schenkte beide Gläser voll.

»Sehr.«

Harry der Kellner überprüfte sorgfältig den Tisch, nickte befriedigt und ging. Lafter schnitt in sein Steak, schob sich ein Stück in den Mund und sagte: »Mit der Geschichte habe ich für eine Menge Speisen und Getränke bezahlt.« Er schwieg, kaute und schluckte. »Ich bin allerdings nie wieder nach New York zurückgegangen. Vielleicht hätt ich's tun sollen. Was denken Sie?«

Diese Bitte um Rat überraschte Dill. »Ich weiß nicht«, sagte er. »Vielleicht schon.«

Lafter nickte und machte sich wieder an seinem Steak, dem Salat, dem Spargel und der gebackenen Kartoffel zu schaffen, die er mit sechs Portionen Butter bestrich. Er redete erst wieder, als er fertig war. Er hob die fast leere Flasche Wein hoch und blickte Dill fragend an, der den Kopf schüttelte. Lafter goß den Rest der Flasche in sein Glas und trank. Er rülpste leise, zündete sich eine Zigarette an und beugte sich leicht vor, so daß beide Unterarme auf dem Tisch lagen. Es war eine Haltung, die zum Austausch von Vertraulichkeiten, sogar von Geheimnissen einlud. Dill fragte sich, wie viele tausendmal der alte Mann schon so dagesessen hatte.

»Okay«, sagte Laffter, »was wollen Sie wirklich wissen?«

Dill starrte ihn eine Weile nachdenklich an und machte sich dann wieder daran, das letzte Stück Filet vom Knochen seines Steaks abzuschneiden. Dill aß das Filet immer zuletzt. Aus irgendeinem Grund mißtraute er denen, die das nicht taten. Seine Exfrau, so erinnerte er sich, hatte es zuerst gegessen. »Meine Schwester«, sagte er. »Wer hat sie Ihrer Ansicht nach umgebracht?«

»Sie meinen, wer im exemplarischen Sinn?«

»Richtig.«

»Jemand mit Geld.«

»Warum?«

Laffter blies Pall-Mall-Rauch in die Luft. »Diese Bombe. Das war ein Profi. Der C4-Plastiksprengstoff. Das Quecksilberfulminat. Sehr stilvoll. Das heißt vermutlich, jemand von außerhalb, und das kostet Geld. Ergo, jemand Reiches.«

»Okay«, sagte Dill. »Das ist Wer. Was ist mit Warum?«

»Soll ich raten?«

»Klar.«

»Sie hatte irgendwas rausgefunden, das den, der den Bombenleger angeheuert hat, daran gehindert hätte, reich zu bleiben.«

»Was?«

»Sie meinen, was sie rausgefunden hat?«

Dill nickte.

»Nun, sie war beim Morddezernat, also hat sie vielleicht rausgefunden, wer John getötet hat – natürlich unseren exemplarischen John.« Er machte eine Pause. »Ich hab von dem Zweifamilienhaus und dem Geld und allem gehört. Ich hab's nicht verwendet. Jedenfalls noch nicht. Aber vielleicht muß ich es tun.«

»Glauben Sie, sie war korrupt?« fragte Dill und schnitt das letzte Fitzelchen Filet vom Knochen.

»Ich weiß nicht«, sagte Laffter.

»Ich auch nicht – und sie ist meine Schwester.« Dill schob sich das letzte Stückchen Steak in den Mund, kaute, schluckte und legte Messer und Gabel ordentlich zurück auf seinen Teller.

»Sie essen das Filet immer zuletzt?« fragte Laffter.

»Immer.«

»Aha«, sagte der alte Mann. »Ich esse meins immer zuerst.«

7

Die computergesteuerte Zeit- und Temperaturanzeige an der First National Bank behauptete 23:12 Uhr und 30 Grad, als Dill das Foyer des Hawkins Hotel betrat, nachdem er seinen gemieteten Ford in der Tiefgarage abgestellt hatte. Die nicht mehr ganz junge Frau, die Dill für einen Dauergast hielt, saß noch immer da und las ein Buch. Dill versuchte, im Vorbeigehen den Titel zu erkennen. Das tat er immer. Sie ertappte ihn dabei, senkte schnell das Buch und funkelte ihn an. Dill lächelte ihr zu. Auf dem Buchrücken hatte gestanden *The Oxford Book of English Verse*.

Hinter dem Pult der Rezeption stand ein neuer Angestellter. Dill blieb kurz stehen, um nachzusehen, ob etwas in seinem Fach lag. Es war nichts drin, also lächelte er dem Mann aufmunternd zu und ging zu der Reihe von vier Fahrstühlen hinüber. Er tippte auf den Knopf, schaute auf die Leuchttafel und stellte fest, daß die nächste abwärtsfahrende Kabine im vierten Stock war. Er spürte eine leichte Berührung an der Schulter, und eine Männerstimme sagte: »Mr. Dill?« Die Stimme war ein äußerst tiefer Baß mit einem weichen südlichen R im Mister. Als Dill sich umdrehte, entdeckte er, wie gut die Stimme zu ihrem Besitzer paßte, der so aussah, als brauche er den Baß zur Ergänzung für seine Statur: Er war so groß und breit wie ein Garagentor. Außerdem war er extrem häßlich. Herrgott, dachte Dill, der ist sogar noch häßlicher als ich. Doch dann lächelte der große Mann und war nicht mehr häßlich. Das stimmt auch nicht, entschied Dill. Er ist immer noch häßlich, aber das Lächeln ist so herrlich, daß es einen blendet.

»Ich wette, daß Sie oft lächeln«, sagte Dill.

Noch immer lächelnd, nickte der große Mann. »Dauernd.

Wenn ich's nicht tue, werden erwachsene Männer blaß, und kleine Kinder ergreifen die Flucht.« Er hörte auf zu lächeln und wurde wieder häßlich und entweder gemein oder extrem hart.

»Clay Corcoran«, sagte der große Mann und musterte Dills Gesicht erwartungsvoll.

Dill schüttelte den Kopf. »Da klingelt bei mir nichts.«

»Das hatte ich gehofft. Dann müßte ich nicht erklären, wie lächerlich ich bin.«

»Lächerlich?«

»Abgelegte Liebhaber sind immer lächerlich. Genau das bin ich. Clay Corcoran, der abgelegte Liebhaber. Vielleicht sogar ein Hahnrei, was sogar noch lächerlicher ist, außer daß ich mir nicht sicher bin, ob man ein Hahnrei sein kann, wenn man nicht verheiratet ist.«

»Wir könnten es nachschlagen«, sagte Dill.

»Inzwischen müssen Sie kapiert haben, daß ich von Ihrer Schwester rede.«

Dill nickte.

»Die Sache mit Felicity tut mir mehr als leid«, sagte Corcoran. »Ich bin völlig am Boden zerstört.« Und als wollte er es beweisen, rollte aus dem linken Augenwinkel eine Träne die gebräunte Wange hinab. Beide Augen waren grün, obwohl das linke mit kleinen gelben Pünktchen durchsetzt war. Es waren kleine Augen, die zu tief im Schädel lagen und zu weit weg von einer Nase, die ungeschickt umgemodelt zu sein schien. Der Kopf selbst war ein würfelförmiger Klotz, der mit einem sich lichtenden Büschel flachsblonder, fast weißer Haare bedeckt war. Die Haare waren so fein, daß sie bei der kleinsten Bewegung des großen Körpers in sanfte Schwingungen versetzt wurden, sogar die Baßstimme ließ sie leicht erzittern. Unterhalb des Haaransatzes waren knapp zweieinhalb Zentimeter der Stirn zu sehen, die sich dauerhaft in finstere Falten gelegt hatte. Und weit darunter war das Kinn, das einem zerbrochenen Pflug ähnelte. Der Gesamteindruck konnte die Tapferen beunruhigen und die Furchtsamen erschrecken, bis dieses blendende Lächeln auftauchte und alles in seinem warmen, beruhigenden Glanz badete.

Corcoran verfolgte tastend die Spur der vereinzelten Träne und wischte sich den Finger abwesend an seinem weißen, kurzärmeligen Leinenhemd ab, das seine mächtigen Schultern und die Brust bedeckte. »Na ja, ich wollte einfach vorbeikommen und mein Beileid aussprechen«, sagte er.

»Danke«, sagte Dill.

Der große Mann zögerte. »Vermutlich ist es besser, wenn ich Sie jetzt allein lasse, damit Sie noch ein bißchen Schlaf bekommen.«

»Möchten Sie gern über sie reden?«

Als das Lächeln zurückkam, dachte Dill, daß er jetzt das richtige Wort dafür gefunden hatte: engelsgleich. Der massige Kopf nickte eifrig und drehte sich auf dem Hals mit Kragenweite fünfundvierzig, als seine Augen wie suchend umhergingen. »Die Sickergrube ist noch offen«, sagte Corcoran.

»Schön.«

Sie machten sich auf den Weg zur Bar, und Corcoran sagte: »Das ist wirklich anständig von Ihnen, Mr. Dill.«

»Wie alt sind Sie?« fragte Dill.

»Dreißig.«

»Was dreißig und drüber ist, nennt mich Ben.«

»Felicity war was – zehn Jahre jünger als Sie? Siebenundzwanzig?«

»Achtundzwanzig«, sagte Dill. »Heute war ihr Geburtstag.«

»O Gott«, sagte Corcoran und hörte auf zu lächeln.

Sie nahmen denselben Tisch, an dem Dill früher am Tag

mit der Anwältin Anna Maude Singe gesessen hatte. Er bestellte bei der Kellnerin einen Cognac. Corcoran bat um einen Bourbon und Wasser. Als sie ihn fragte, welche Marke Bourbon, sagte er, es sei ihm egal. Die Gleichgültigkeit des großen Mannes gefiel Dill.

Als die Drinks gekommen waren und Dill den ersten Schluck genommen hatte, sagte er: »Wo haben Sie Felicity kennengelernt?«

»An der Universität. Ich war im vierten Studienjahr und sie ein Erstsemester, und ich hatte ein kleines Problem mit meinem Französisch Eins-Null-Zwo, weil ich ein Jahr davor im roten Trikot verbracht hatte und – «

»Im roten Trikot?«

»Ein Sportfan sind Sie nicht.«

»Nein.«

»Ich war ein Jahr lang von der Uni beurlaubt, weil mein Knie angeknackst war, und durch die Beurlaubung konnte ich meine Berechtigung erhalten.«

»Um was zu tun?«

»Football zu spielen.«

»Wenn das Knie geheilt war. Ich verstehe.«

»Also, mir fehlte ein Jahr zwischen meinem Französisch Eins-Null-Eins und dem Eins-Null-Zwo, das ich für mein Examen brauchte. Also fragte ich den Chef der Romanisten, ob er mir einen Tutor empfehlen könne. Er schlug Felicity vor. Wir sind damals ein paarmal miteinander ausgegangen, aber es war keine große Romanze oder so, und nach meinem Examen wurde ich von den Raiders gezogen, und ich ging zu ihnen.«

»Zu ihnen heißt Oakland, richtig?«

»Damals Oakland, heute L.A.«

»Die sind umgezogen?«

Corcoran machte ein finsteres Gesicht. Unwillkürlich wollte

Dill zurückweichen. Corcoran bemerkte es und lächelte. »Keine Angst, das ist nur mein berufsmäßiger mürrischer Blick, wenn ich's nicht fassen kann. Gibt's irgendwas, was Sie am Football nicht mögen?«

»Nein. Es ist nur so, daß ich Mannschaftssportarten nicht aufmerksam verfolge, wahrscheinlich weil ich nie selbst gespielt habe.«

»Nie?« Corcoran schien fast schockiert. »Nicht mal Baseball – Little League?«

»Nicht mal das. Man muß etwas dran drehen, aber man kann tatsächlich durchs Leben gehen, ohne in einer Mannschaft zu spielen.«

»Sie wollen mich ein bißchen verscheißern, nicht?«

»Ein bißchen.«

Corcoran lächelte. »Macht nichts, das trauen sich nicht viele. Irgendwie mag ich das.«

»Sie haben für Oakland gespielt.«

»Stimmt. Und diesmal war das Knie nicht nur angeknackst, sondern richtig kaputt, und das war das Ende meiner Karriere als vielversprechender Linebacker. Na ja, ich hatte meinen Abschluß in Philosophie, einen brandneuen Pontiac GTO, zwei Anzüge und keinen Beruf – wenn ich kein Philosoph sein wollte, worin ich wirklich nicht besonders gut bin. Also kam ich nach Hause und ging zu den Cops, und da war Felicity. Und dann fing es mit uns richtig an, und das war dann sehr, sehr gut. Eigentlich war es gottverdammt fast perfekt.«

»Was ist passiert?«

Corcoran schnaubte. »Captain nenn-mich-Gene Colder, der ist passiert. Felicity und ich, na ja, Sie wissen schon, gingen miteinander – «

»Trafen sich gesellschaftlich«, sagte Dill, der sich an die Wendung des alten Polizeireporters erinnerte.

»So kann man's auch nennen, aber es war verdammt viel mehr. Wir hatten sogar schon überlegt, ob wir heiraten sollten – oder jedenfalls so was ähnliches.« Er sah Dill neugierig an. »Sie hat nie irgendwas von mir gesagt?«

»Nein. Kein einziges Mal. Soweit ich weiß, lebte sie wie eine Nonne. Ich hab sie nie ausgefragt, weil es mich schließlich nichts anging. Aus demselben Grund hat sie mich nie nach meinen Freundinnen gefragt, nehme ich an. Sonst standen wir uns ziemlich nahe. Zumindest hab ich das geglaubt.«

»Sie hat viel von Ihnen gesprochen«, sagte Corcoran.

Dill nickte. »Was ist zwischen Ihnen beiden vorgefallen?«

»Das ist es ja. Nichts ist vorgefallen. An einem Tag war alles großartig, und am nächsten war es vorbei. Sie sagte, sie müßte mit mir reden, aber wir hatten damals in der Woche verschiedene Schichten, und sie hatte nie vor elf Uhr Schluß. Also trafen wir uns wieder in dieser Bar, in die wir oft gegangen sind, und sie sagte: Tut mir leid, aber ich hab jemand anderen kennengelernt, und ich werde mich nicht mehr mit dir treffen können. Na ja, ich saß erst mal ein, zwei Minuten da und hab versucht, den Schock und den Schmerz zu verarbeiten – und lassen Sie sich nichts vormachen, es tut wirklich weh –, und dann fiel mir ein, daß ich irgendwas sagen mußte, also fragte ich sie nur, wer. Sie sagte, das wäre nicht wichtig, und ich sagte, für mich schon. Sie schüttelte nur den Kopf, als täte ihr alles wirklich leid. Und ich saß da wie ein Trottel, und mir fiel nichts ein, was ich noch sagen konnte. Sie stand auf, beugte sich zu mir rüber und küßte mich auf die Stirn – bei Gott, auf die Stirn! – und sagte: Ich danke dir, Clay. Dann ging sie, und das war das Ende.«

»Wann ist das alles passiert?« fragte Dill.

»Um sechs Minuten vor zwölf, am zwölften Februar vor anderthalb Jahren. Achtzehn Monate. Es war ein Freitag.«

»Sie war also damals schon beim Morddezernat.«

»Seit zwei oder drei Monaten. Vom Betrug dahin versetzt.«

»Haben Sie aufgegeben?«

Corcoran schüttelte den Kopf. »Einmal hab ich mich betrunken und versucht, sie zu sehen, und hab alles verpatzt. Dann hab ich sie noch dreimal angerufen. Beim ersten Mal sagte sie: ›Tut mir leid, Clay, ich kann nicht mit dir reden‹, und legte auf. Als ich sie das zweite Mal anrief, sagte ich: ›Hey, ich bin's‹, und sie sagte: ›Ruf mich nicht mehr an‹, und legte auf. Das dritte Mal, als ich anrief und sagte, ich wär's, hat sie nichts mehr gesagt. Sie hat nur aufgelegt. Ich hab nicht mehr angerufen.«

»Kann ich Ihnen nicht verdenken. Waren Sie mit ihr zusammen im Betrugsdezernat?«

»Wir haben nie zusammengearbeitet oder dergleichen. Sie wurde oft bei verdeckten Ermittlungen eingesetzt, solange sie im Betrug war. Ich machte Öffentlichkeitsarbeit, und so ziemlich alles, was ich tat, war, herumlaufen und mit Schulkindern – mit den ganz kleinen – darüber reden, was für wunderbare Leute Polizisten sind. Ich hatte einen Diavortrag ausgearbeitet. Die Stelle für Öffentlichkeitsarbeit dachte, wenn die Kids es schaffen, sich an mich zu gewöhnen, werden sie mit normal aussehenden Cops keine Probleme haben. Irgendwie gefiel mir das. Aber dann sah ich Felicity immer wieder mit Captain Colder, und das konnte ich nicht ertragen, also hab ich gekündigt.«

»Und was machen Sie jetzt?«

»Ich schüchtere Leute ein.« Corcoran setzte seine finstere Miene auf, und wieder wollte Dill sich verdrücken. Der große Mann lächelte und kicherte ein bißchen. »Was ich im Augenblick mache, ist fast so lächerlich, wie ein Hahnrei zu sein. Ich bin Privatdetektiv, und Sie werden mich fragen, wie zum Teufel jemand mit meiner Größe unauffällig bleiben kann.«

»Ich wollte tatsächlich nach oben gehen und darüber nachdenken.«

»Nun ja, also, ich arbeite oft als Bodyguard, meistens für Ölgesellschaften, die in Ländern arbeiten, wo die Politiker ein bißchen merkwürdig sind – Angola, Indonesien, solche Länder.«

»Sie fahren dorthin?«

»Nein, sie setzen mich dann ein, wenn diese Leute hierherkommen, und mein Job besteht darin, dafür zu sorgen, daß keiner der einheimischen Irren ihnen zu nahe kommt. Sie zahlen mir eine Honorarpauschale – die Ölgesellschaften –, und die deckt meine Betriebskosten ab, die gar nicht so hoch sind, mit Ausnahme des Telefons. Als jemand, der Leute einschüchtert, erledige ich viel am Telefon.«

»Wen schüchtern Sie denn ein?«

»Versager. Nehmen wir an, irgendein Bursche drüben in Packingtown verliert seinen Job und kommt mit seinen Raten fürs Auto in Verzug. Na, er ist doch ein Versager, richtig? Einige Leute würden jetzt wohl sagen, er ist das Opfer eines veralteten ökonomischen Systems, das Menschen genauso verschrottet wie alte Autos, aber Sie und ich wissen es besser, nicht wahr? Sie und ich wissen, daß jeder in diesem unserem großartigen und ruhmreichen Land losziehen und selbst einen Job finden kann, wenn er nur ein sauberes weißes Hemd anzieht und sich umsieht. Ich meine, ein Typ von vierundfünfzig Jahren, der draußen in Packingtown siebzehn Jahre lang für Wilsons Speck verpackt hat und entlassen wird, nun, zum Teufel, der kann irgendwo anders Speck verpacken. Ich würde ihn einstellen, wenn ich Speck zu verpacken hätte, Sie nicht? Klar würden Sie das.

Also, dieser Typ, dieser erfahrene Ex-Speckpacker, gerät mit den Raten für sein Auto in Rückstand, und die Teilzahlungsgesellschaft übergibt ihn mir. Und wenn dann sein Telefon nicht abgestellt ist, rufe ich ihn an und sage mit meiner echt tiefen, furchterregenden Stimme: ›Mein Name ist Corcoran, Kumpel, und du schuldest uns Geld, und falls du nicht zahlst, werden wir irgendwas unternehmen müssen – verstanden?‹ Ich bin wirklich ziemlich gut als jemand, der Leute einschüchtert. Na ja, manchmal bezahlt der Typ dann – ich weiß nicht, wie, aber das ist nicht meine Sorge. Tut er's nicht, na ja, dann schnapp ich mir diesen Jungen, der sich seinen Lebensunterhalt damit verdiente, Autos zu knacken, und wir gehen los und stellen den Wagen sicher, so daß der Typ den Bus nehmen kann, wenn er sich aufmacht, um sich nach einem Job als Speckpacker umzusehen.« Corcoran machte eine Pause. »Wie gesagt, ich bin ein bißchen lächerlich.« Er machte eine längere Pause. »Ich glaube, ich nehme noch einen Drink.«

Corcoran mußte nur einen Blick über die Schulter werfen, damit die Kellnerin herbeieilte. Nachdem sie mit der Bestellung abgezogen war, sagte er: »Es gibt Tage, an denen ich losziehen und etwas kaputtschlagen möchte, wissen Sie, was ich meine?«

Dill nickte. »Ich denke schon.« Er nahm einen Schluck Cognac. »Der Gottesdienst soll Samstag um zehn in der Trinity Baptist stattfinden.«

»Warum da? Felicity war eine echte Atheistin vom harten Schlag.«

»Nach dem, was ich von ihr gehört habe«, sagte Dill, »war sie eine Art wohlmeinende Agnostikerin.«

»Das war vor dem Morddezernat. Nach zwei oder drei Samstagnächten auf dem South Broadway hatte sie diesen plötzlichen Sinneswandel und wurde radikal. Wir waren damals noch zusammen. Ich erinnere mich, wie sie mich einmal Sonntagmorgen gegen sechs Uhr anrief. Ich sagte hallo, und sie sagte:

›Es gibt keinen Gott‹, und legte auf. Ich fand später heraus, daß irgendein Typ gerade seine Familie mit einem Pfadfinderbeil ausgelöscht hatte. Es waren sechs, ohne die Frau. Sechs Kinder, meine ich. Das älteste war acht. Felicity war als erste am Tatort.«

»Sie schicken mir eine Limousine«, sagte Dill. »Wollen Sie mitfahren?«

Der große Mann dachte mindestens fünfzehn Sekunden darüber nach, bis er den Kopf schüttelte. »Ich will nicht respektlos sein – Teufel, das ist nicht das Wort. Abgestumpft ist das Wort. Ich bin nicht abgestumpft, aber ich möchte nicht auf Felicitys Beerdigung gehen. Beerdigungen sind schrecklich endgültig, und ich will mich noch nicht verabschieden. Aber danke, daß Sie mich gefragt haben.«

»Gibt es noch jemanden, den ich fragen könnte – jemand, der ihr nahestand?«

Corcoran überlegte. »Nun, Sie könnten Smokey fragen.«

»Wer ist Smokey?«

»Anna Maude Singe, Smokey. Felicitys Anwältin. Meine auch. Sie waren eng befreundet. Es war Smokey, die mir gesagt hat, daß Sie hier sind.«

»Sie haben heute mit ihr gesprochen?«

Corcoran nickte.

»Hat sie Ihnen auch von der Zweihundertfünfzigtausend-Dollar-Lebensversicherungspolice erzählt, die Felicity abgeschlossen hat und die mich als den einzigen Begünstigten nennt?«

»Nein, wann?«

»Wann sie die abgeschlossen hat?« sagte Dill. »Vor drei Wochen.«

»Smokey hat mir nichts davon erzählt.« Der Gesichtsausdruck des großen Mannes wurde nachdenklich, während er auf seinen Drink starrte. Als er aufblickte, erkannte Dill, daß sich etwas an seinen ungleichen grünen Augen verändert hatte. Vorhin waren sie zu klein, zu tiefliegend und zu weit auseinanderstehend gewesen, aber schlau. Noch immer stimmte vieles an ihnen nicht, aber jetzt waren sie mehr als schlau. Sie waren klug geworden, vielleicht sogar brillant. Er versucht es hinter dem massigen Körper und der Häßlichkeit zu verstecken, dachte Dill, aber hin und wieder kommt es zum Vorschein.

»Es gab keinen Grund für Smokey, das zu tun, oder?« sagte Corcoran. »Es mir zu erzählen, meine ich.«

»Wohl nicht.«

»Aber es bedeutet, daß Felicity es wußte, oder?«

»Wußte?«

»Daß jemand sie umbringen würde.«

»Vermutete.«

»Richtig, vermutete. Wenn sie es gewußt hätte, hätte sie etwas unternommen.«

»Was?«

Corcoran lächelte, doch es war nur ein schwaches Lächeln, das ihn nur traurig aussehen ließ. »Sie war ein Cop. Es gab eine Menge Dinge, die sie hätte tun können, und sie kannte sie alle.«

»Außer sie hat irgendwas gemacht, was ein Cop nicht tun durfte.«

Diesmal war die grimmige Miene nicht aufgesetzt. Corcoran lehnte sich über den Tisch, die grünen Augen wütend, der Gesichtsausdruck ziemlich furchterregend. Dill blieb ruhig sitzen, entschlossen, nicht zurückzuweichen. »Sie sind ihr Bruder«, sagte Corcoran, wobei er die Worte fast flüsternd herausbrachte, was sie irgendwie noch furchtbarer machte. »Wenn Sie nicht ihr Bruder wären und das gesagt hätten, müßte ich Ihnen den verdammten Kopf abreißen. Vielleicht erklären Sie das besser.«

»Ich will Ihnen eine Geschichte erzählen«, sagte Dill. »Sie handelt von einem Zweifamilienhaus, einer Anzahlung in bar und einer Abschlußzahlung von fünfzigtausend Dollar, die am nächsten Ersten fällig ist.«

Corcoran, dessen Miene noch immer mißtrauisch war, lehnte sich in seinem Stuhl zurück. »Okay«, sagte er. »Erzählen Sie.«

Dill brauchte zehn Minuten, um zu sagen, was er wußte. Als er geendet hatte, blieb Corcoran stumm. Schließlich seufzte er und sagte: »Das klingt nicht so gut, wie?«

»Nein.«

»Vielleicht sehe ich mir die Sache besser mal an. Wissen Sie, ich bin wirklich ein ganz guter Schnüffler. Das ist wie eine Recherche. Ich hab immer gern recherchiert. Irgendwelche Einwände, wenn ich mir die Sache ansehe?«

»Es ist mir eigentlich egal, was sie getan hat«, sagte Dill. »Ich will nur rausfinden, wer sie getötet hat.«

»Und warum.«

»Richtig«, sagte Dill. »Und warum.«

8

Am Freitag, dem 5. August, wachte Dill kurz nach sieben auf, stand auf und ging ans Fenster. Acht Stockwerke tiefer konnte er gerade noch die Zeit- und Temperaturanzeige an der First National Bank erkennen. Es war 7:06 Uhr. Die Temperatur betrug 31 Grad. Während er noch hinsah, sprang die Anzeige auf 32 Grad. Dill zuckte zusammen, wandte sich vom Fenster ab und ging zum Telefon. Er wählte den Zimmerservice und bestellte ein Frühstück, eine Mahlzeit, die er sonst selten zu sich nahm. Er bestellte zwei pochierte Eier auf Vollkorn-Weizentoast, Speck und Kaffee.

»Was für einen Saft?« fragte die Frauenstimme.
»Danke, kein Saft.«
»Der Saft gehört zum Frühstück.«
»Ich möchte keinen, danke.«
»Kartoffelpuffer oder Maisgrütze?«
»Weder noch.«
»Die sind auch umsonst.«
»Ich passe.«
»Na ja«, sagte die Frau zögernd, »okay.«

Während Dill auf sein Frühstück wartete, duschte er und rasierte sich. Weil er sonst nur noch den blauen Beerdigungsanzug dabeihatte, zog er wieder das graue Seersucker-Jackett und die leichte dunkelgraue Hose an. Er stellte fest, daß die klimatisierte Luftfeuchtigkeit über Nacht die meisten Knitterfalten aus seiner Hose gebügelt hatte. Als er angezogen war, ging Dill zur Tür, öffnete sie und hob das mit den Anzeigen für das Wochenende gemästete Freiexemplar der örtlichen *Tribune* auf. Er zählte vier Rubriken und 106 Seiten.

Die *Tribune* hatte immer (und immer war für Dill so weit

zurück, wie er sich erinnern konnte, also 1949 oder 1950) drei Viertel ihrer Titelseite Nachrichten aus der Stadt und dem Bundesstaat gewidmet. Nationale und internationale Nachrichten stritten sich um den Rest. Morde, Verbrechen aus Leidenschaft, interessante Tätlichkeiten und andere pikante Meldungen, die man für keine geeignete Frühstückslektüre hielt, waren auf Seite drei verbannt. Dill schlug Seite drei auf und stellte fest, daß der Mord an seiner Schwester noch immer die Spalte rechts oben einnahm.

Dill ging den Rest der Zeitung durch und bemerkte auf den Seiten fünf und neun zwei Agenturnachrichten mit zwei Absätzen, die sowohl in der *New York Times* als auch in der *Washington Post* auf der Titelseite erschienen wären. Er hielt sich bei der Kommentarseite der *Tribune* auf, um zu sehen, was sich verändert hatte, und entdeckte zu seiner perversen Genugtuung, daß sich nichts verändert hatte. Sie waren noch alle da: Buckley, Kilpatrick, Will, Evans und Novak – wie eine alte Anwaltskanzlei, die für immer ihren trostlosen Fall vor den Schranken der Geschichte vorträgt.

Als er die Seiten durchblätterte, bemerkte Dill, daß die *Tribune* keinen Gesellschaftsteil mehr enthielt – zumindest wurde er nicht mehr so genannt. Dafür hieß er jetzt Lokales – aber er bedeutete noch immer sechs Seiten Partys, Hochzeiten, Verlobungen, Kochrezepte und Ann Landers. Dill kam zu dem Schluß, daß die *Tribune* alles in allem noch das gleiche erfolgreiche Käseblatt war wie immer.

Es klopfte an der Tür, und Dill ließ den Zimmerkellner ein, der das Frühstückstablett auf den Schreibtisch stellte und lächelte, als Dill ihm zwei Dollar Trinkgeld gab statt des einen, den er normalerweise bekam. Dill trödelte bis neun Uhr mit dem Frühstück herum, trank Kaffee aus der großen silbernen Thermoskanne, sogar als der Kaffee schon kalt war. Um neun

Uhr stand er auf, ging zu seinem Koffer hinüber, nahm die Jake-Spivey-Akte heraus, die ihm von Betty Mae Marker gegeben worden war, öffnete sie, notierte sich eine Telefonnummer, ging zurück zum Schreibtisch und wählte die Nummer am Telefon. Auf das dritte Klingeln wurde sein Anruf von einer weiblichen Stimme beantwortet, die sich nur mit den letzten vier Ziffern der Telefonnummer meldete. Dill hatte diesen Brauch schon immer irritierend gefunden.

»Mr. Spivey, bitte.«

»Mr. Spivey ist im Moment nicht erreichbar, aber wenn Sie Ihren Namen und Ihre Telefonnummer hinterlassen, wird er Sie gewiß zurückrufen.« Es war eine junge Stimme, dachte Dill, kühl und geschäftsmäßig, mit einem schwachen Oststaatenakzent, irgendwo aus der Gegend von Massachusetts.

»Würden Sie mir einen Gefallen tun?« sagte Dill.

»Ich will's versuchen.«

»Würden Sie bitte Mr. Spivey ausrichten, daß hier Mr. Dill spricht und daß er, falls er nicht sofort ans Telefon kommt, der bedauernswerteste Hurensohn aller Zeiten sein wird.«

Die Frau sagte nichts. Es klang in der Leitung so, als hätte sie den Durchstellknopf gedrückt. Und dann kam die runde, laute Stimme mit fröhlichem Gedröhn über das Telefon: »Bist du das, Pickle, kein Scheiß?«

»In der vierten Klasse hab ich dir den Arsch versohlt, weil du mich so genannt hast, und ich nehme an, das kann ich immer noch.«

Dann ertönte das Lachen, ein herrliches hupendes Hurra, so ansteckend, daß Dill fand, es sollte unter Quarantäne gestellt werden. Es war das total ungehemmte Lachen eines Mannes, der das Leben für eine viel zu kurze Überfahrt hielt, bestehend aus Regenbogen, blauen Himmeln, Schalen voller Kirschen, und außerdem einem großen Vorsprung bei der Jagd nach dem Glück. Das hupende Hurra gehörte zu John Jacob Spivey. Plötzlich brach das Lachen ab. »Ich hab gestern abend keine Nachrichten gesehen, Pick. War es drin?«

»Ich weiß nicht«, sagte Dill.

»Ich habe es erst vor fünf Minuten in der *Tribune* gelesen. Ich war fassungslos. Bei Gott, das war ich. Ich saß einfach da und las es noch mal, und dann dachte ich, nein, die müssen von jemand anderem reden. Nicht von Felicity. Dann las ich noch mal, richtig langsam, und dann mußte ich es glauben. Ich war gerade dabei, dich in Washington anzurufen, als dein Anruf kam. Verdammt, tut mir das leid!«

Dill sagte: »Danke.« Das war alles, was er sagen konnte. Offenbar erwartete niemand, daß er etwas anderes sagte.

»Felicity«, sagte Spivey, wobei er den Namen dehnte und jede Silbe sorgfältig und gefühlvoll betonte. »Der kleine Dickschädel. Sie war ein unabhängiger Fratz, sogar als sie noch richtig klein war, gleich nachdem eure Eltern gestorben waren. Sie war gerade mal zehn oder elf, und dann benahm sie sich plötzlich, als wäre sie achtzehn, na, jedenfalls sechzehn.« Spivey seufzte. »Wo bist du abgestiegen, Junge?«

»Im Hawkins.«

»Mensch, Pick, niemand übernachtet da.«

»Ich schon.«

»Sieht dir ähnlich. Wann bist du angekommen?«

»Gestern abend«, log Dill. »Spät.«

»Wie schnell kannst du hier zu mir rauskommen?«

»Nun, ich weiß nicht, Jake, ich – «

Spivey unterbrach ihn. »Laß mich raten. Mal abgesehen davon, daß es kein Ratespiel ist oder besser keins sein sollte, bei all dem Geld, das ich diesen blöden Anwälten in Washington zahle. Du bist geschäftlich für den Kid-Senator hier, stimmt's? Verdammt, das sieht dir wieder mal ähnlich, Pick, das Geschäftliche mit der Trauer zu verbinden. Na ja, das können wir uns ja für später aufheben. Gerade jetzt solltest du mit deinen Freunden zusammensein, und du hast keinen älteren Freund als mich, stimmt's? Keinen älteren und auch keinen besseren.«

»Du bist ein Pfundskerl, Jake.«

»Benutzt du also immer noch die altmodischsten Wörter. Pfundskerl! Bist du sicher, daß du es richtig buchstabierst? Seit zwanzig Jahren hab ich das niemand mehr sagen hören. Vielleicht seit dreißig. Vielleicht noch nie. Aber du bist ja auch der einzige Mann, ob weiß oder farbig, den ich je gehört habe, wie er jemanden Schätzchen nennt. Du hast Lila Lee Cady so genannt, damals in der – was? – elften Klasse? Du erinnerst dich an Lila Lee?«

»Ich erinnere mich.«

»Sie ist so dick geworden wie Pat's Schwein. Hab sie vorletzte Woche über die Straße gehen sehen. Watscheln – du weißt, was ich meine? Ich hab mich geduckt, damit sie mich nicht sieht.« Da war das Lachen wieder, gefolgt von einer Frage. »Soll ich dich abholen lassen?«

»Ich hab einen Wagen gemietet.«

»Wie schnell kannst du hier sein?«

»Ich weiß noch nicht mal, wo du bist, Jake. Alles, was ich habe, ist deine Telefonnummer und ein Postfach.«

»Mein Gott, wir haben uns aus den Augen verloren. Na, wenigstens muß ich dir nicht den Weg beschreiben. Rat mal, was ich gemacht habe?«

»Keine Ahnung.«

»Vor ungefähr sechs Monaten hab ich den alten Dawson-Kasten gekauft.«

»Herr im Himmel!«

»Nicht schlecht, was? Der kleine Jake Spivey wohnt in Ace Dawsons Haus.«

»Die Dawson-Villa«, sagte Dill.

»Yeah, das stimmt – so nannten sie es immer in der *Tribune*, oder? Die Dawson-Villa mit einem großen V. In dem gottverdammten Kasten gab es Termiten. Kannst du dir das vorstellen? Hat mich ein Vermögen gekostet, das Ding bewohnbar zu machen.«

»Du kannst es dir leisten, Jake – und es genießen. Ich kann mir niemand vorstellen, der es mehr genießen würde.«

Spivey lachte wieder sein herrliches Lachen. Dill lächelte. Es ging nicht anders. Noch immer glucksend, sagte Spivey: »Es hat sechsunddreißig Zimmer. Sechsunddreißig, bei Gott. Was zum Teufel mach ich mit sechsunddreißig Zimmern?«

»Du kannst dich in ihnen verstecken.«

»Du meinst, wenn sie mich suchen kommen?«

»Klar.«

»Das wird nie passieren.«

»Hoffen wir's«, sagte Dill.

»Wie lange brauchst du, um hier herauszukommen?«

»Eine Stunde etwa. Ich muß unterwegs anhalten und mir was besorgen.«

»Was?«

»Ein Tonbandgerät.«

»Das wirst du nicht brauchen«, sagte Spivey. »Du kannst eins von meinen nehmen. Ich hab ein Dutzend Tonbandgeräte.«

»Okay«, sagte Dill. »Wir nehmen eins von deinen.«

9

Im Jahre 1915, zwei Jahre vor dem Eintritt der USA in den Ersten Weltkrieg, kaufte ein wohlhabender Zahnarzt namens Dr. Mortimer Cherry sieben zusammenhängende Parzellen Buschland zehn Kilometer nördlich der Stadtgrenze und machte sich daran, das anzulegen, was schließlich zum exklusivsten Vorort im Bundesstaat wurde. Er nannte ihn Cherry Hills.

Es sollte, so entschied Dr. Cherry, keine geraden Straßen geben – nur sanft geschwungene Wege, winklige Gassen und vielleicht zwei oder drei mächtige Boulevards. Außerdem sollten alle Straßennamen einen ausgesprochen englischen Tonfall haben: Drury Lane, Sloane Way, Chelsea Drive usw. Die minimale Grundstücksfläche – für die bloß Wohlhabenden – sollte dreißig Meter breit und fünfundvierzig Meter tief sein. Die Reichen konnten auf Grundstücken mit einer Fläche zwischen vier und sieben Hektar bauen.

Bis 1917 waren die Parzellen erschlossen, die Straßenführung festgelegt, und die Planierung sollte beginnen, als das Land in den Krieg eintrat. Dr. Cherry faßte den weisen Entschluß, die weitere Entwicklung bis nach Kriegsende aufzuschieben.

In der ersten Februarwoche 1919 brachte die *Tribune* eine Titelgeschichte, in der enthüllt wurde, daß Dr. Cherry von Geburt wäre, was sie als hebräischen Glauben bezeichnete, und als Mordechai Cherowski entweder in Polen oder in der Ukraine das Licht der Welt erblickt hätte. Die *Tribune* legte den exakten Ort nicht fest. Aber es gelang ihr, fast jeden davon zu überzeugen, daß Dr. Cherry kein richtiger Zahnarzt sei. Tatsächlich, gab die *Tribune* zu, habe er unten in Texas eine Menge Zähne gezogen, doch dazu wäre es gekommen, als er Sanitäter im Huntsville State Prison gewesen sei, wo er zwei

Jahre wegen Betrugs abgesessen habe. 1909 entlassen, hätte Dr. Cherry dann seinen Namen geändert und wäre hierher in die Stadt gezogen, wo er seine Praxis eröffnete. Seine Referenzen bestanden aus einem Diplom von einer zahntechnischen Fachhochschule in Wichita Falls, das stolz sein Empfangszimmer zierte. Seine Praxis florierte, und es herrschte die fast einhellige Meinung, daß er ein ungeheuer guter Zahnarzt wäre. Die *Tribune* enthüllte, daß das Diplom eine Fälschung sei. Am 1. März 1919 fuhr Dr. Cherry von seiner nun nicht mehr existierenden Praxis nach Hause, verriegelte hinter sich die Tür des Badezimmers und schoß sich in den Kopf. Er war neunundvierzig Jahre alt.

Im Spätsommer 1919 wurde das unter dem Namen Cherry Hills bekannte Erschließungsprojekt für so gut wie nichts von dem Ölmillionär Phillip K. »Ace« Dawson erworben, einem ehemaligen Schnapsschmuggler und Falschspieler aus Beaumont, der einmal selber sechs Monate in Huntsville abgerissen hatte. Ace Dawson hielt zwei Drittel der Anteile an diesem Entwicklungsprojekt. Das restliche Drittel gehörte seinem stillen Teilhaber James B. Hartshorne, dem neunundzwanzigjährigen Chefredakteur und Herausgeber der *Tribune*.

Um 1920 waren die Straßen von Cherry Hills gepflastert, die Versorgungsleitungen verlegt, der Bau des Cherry Hills Golf & Country Club näherte sich seiner Vollendung, und Ace Dawsons Villa im Prärie-Tudorstil mit ihren sechsunddreißig Zimmern erhob sich inmitten von sieben Hektar hervorragenden Landes, wo früher nur Schwarzeichen und Milchorangenbäume gestanden hatten. Ace Dawson lebte bis ersten Weihnachtsfeiertag 1934 in dem Haus, als er von dem Zwillingspaar Dan und Mary Jo McNichols gekidnappt wurde, die 50.000 Dollar Lösegeld verlangten und bekamen und Ace Dawson dann neunmal in den Rücken schossen. Dan und Mary Jo wurden am 3. Juni 1935 selbst von Texas Rangers in Galveston erschossen, kurz nach dem fünfundzwanzigsten Geburtstag der Zwillinge und lange nachdem sie das ganze Geld ausgegeben hatten.

Die Witwe Dawson hatte eine drei Meter hohe geschwungene Mauer aus Ziegelsteinen um das ganze Anwesen ziehen lassen, nachdem der Leichnam ihres Mannes schließlich direkt außerhalb von Liberal, Kansas, auf dem Rücksitz einer verlassenen Essex Super Six Limousine, Baujahr 1929, gefunden worden war. Sie und ihr siebzehnjähriger Sohn Ace jun. lebten allein in der Villa, abgesehen von den Dienstboten. Sie starb 1973 im Alter von fünfundachtzig Jahren und hinterließ alles, einschließlich der Villa mit ihren sechsunddreißig Zimmern, Ace jun., der schon vor langer Zeit nach Marin County in Kalifornien geflohen war. Ace jun. versuchte über Jahre erfolglos, sein altes Elternhaus abzustoßen, bis Jake Spivey erschien und es ihm zu einem nicht genannten Preis abnahm – manche sagten, es seien weniger als zwei Millionen gewesen, und manche sagten mehr. Viel mehr.

Dill kannte den größten Teil der Geschichte von Cherry Hills und dem Selbstmörder-Zahnarzt und Ace Dawson und dem Rest. Sie war Teil der Folklore, mit der er aufgewachsen war. Er dachte sogar über einiges davon nach, als er auf dem Lee Boulevard nach Norden fuhr. Der Lee war – neben dem TR und dem Grant Boulevard – eine der drei gewundenen Durchgangsstraßen, die das langweilige Raster der Stadt durchbrachen. Während er automatisch dahinfuhr, ohne nachdenken zu müssen, welche Richtung er nahm, versuchte Dill sich zu erinnern, ob er schon mal jemanden Mitgefühl für den unglückseligen Dr. Cherry hatte bekunden hören. Es kam ihm so vor, als habe sein Vater das einmal fast beiläufig getan, aber Dills Vater war auch eine empfindsame Seele gewesen und hatte seine Alltagsphilosophie trotz seiner lang andauernden Erziehung im Ausland zumeist aus den Schlagertexten der dreißiger und vierziger Jahre bezogen. Dill senior hatte die Zeilen von »September Song« für ausgesprochen tiefgründig und ergreifend gehalten. Sohnemann war froh, daß Dad gestorben war, bevor Hard Rock richtig in Fahrt kam.

Als er von der North Cleveland Avenue abbog, die auch in südlicher Richtung bis nach Packingtown verlief, stellte Dill fest, daß man schließlich das Torhaus abgerissen hatte. Das Torhaus war am Grant Boulevard an der Einfahrt nach Cherry Hills kurz nach der Entführung Ace Dawsons errichtet worden. Bis 1942 hatte ein uniformierter privater Wachdienst wahllose Stichprobenkontrollen bei allen Autos durchgeführt, die in den Vorort einfahren wollten. Aber dann kam der Krieg, und die Wachmänner kündigten alle und gingen entweder zur Armee oder zu Lockheed und Douglas in Kalifornien. Das alte Torhaus, das so aussah, als wäre es von einem Disney-Fan entworfen worden, hatte danach leergestanden, aber jetzt war es verschwunden und Dill vermutete, es war erst kürzlich abgerissen worden, weil der Boden immer noch wund aussah.

Ihm fiel auf, daß die Bäume am Grant Boulevard sich gut entwickelt hatten. Sie waren höher, zehn Jahre höher. Die Säulenpappeln waren am höchsten aufgeschossen, langsamer gefolgt von den Ulmen, den Pekannußbäumen, den Kakibäumen und den Platanen. Als er den Cherry Hill Brook überquerte, der einmal Split-Tail Creek geheißen hatte, sah er, daß auch die Zitterpappeln üppig ins Kraut geschossen waren, und das freute ihn aus irgendeinem Grund am meisten.

Dill bog vom Grant Boulevard nach Osten in die Beauchamp Lane ein. Hier waren die Grundstücke größer, anfangs ein, dann zwei, drei und schließlich sieben Hektar groß, wie das, auf dem die alte Dawson-Villa stand. Die Häuser entlang der

Beauchamp Lane (ausgesprochen, wie es dasteht: Beau wie in *bow* und champ wie in *champion*) waren ein gemischter Haufen, von ausladender Ranch bis simpel mediterran, und gemeinsam hatten sie so gut wie nichts außer ihrer Größe, die durchweg immens war.

Dill fuhr an der geschwungenen Ziegelsteinmauer des Dawson-Besitzes entlang, die jetzt oben mit Glasscherben gespickt war, bis er zu einem verschlossenen schmiedeeisernen Tor kam. Er drückte auf den Knopf einer Rufanlage, und eine weibliche Stimme sagte: »Ja.« Dill sagte: »Ben Dill.« Das Tor schwang auf. Dill fuhr hindurch und folgte der gewundenen, asphaltierten Auffahrt, vorbei an den Rasensprengern, die der gewalzten Rasenfläche sogar in der Augusthitze ein sattes Grün verliehen, die laut Radio bereits 37 Grad erreicht hatte und mittags auf 38 steigen sollte. Es gab soviel hohe Bäume mit dichtem Laub, daß das riesige alte Pseudo-Tudorhaus fast kühl wirkte. Kein einziges seiner Mittelpfosten-Fenster war geöffnet, und Dill wußte, daß Spivey die Klimaanlage auf vollen Touren laufen hatte.

Als er an der offenen Garage mit sechs Stellplätzen vorbeifuhr, zählte er einen Rolls, ein Mercedes 500 SEL Coupé, einen Chevrolet-Pickup mit hoher Radaufhängung, einen alten offenen Morgan, ein Mustang Cabrio und einen großen Ford-Kombi Country Squire. Kein Auto, mit Ausnahme des Morgan, sah älter als sechs Monate aus.

Dill brachte seinen Wagen vor einer breiten Haustür aus geschnitzter Eiche mit gehämmerten schwarzen Metallangeln zum Stehen. Er stieg aus dem 24-Grad-Ford in den 37-Grad-Sonnenschein und legte sofort seine Seersucker-Jacke ab. Er drapierte sie über seinen linken Arm, der auch den braunen Briefumschlag an seine Seite drückte. Der Umschlag enthielt die Jake-Spivey-Akte. Mit dem rechten Zeigefinger betätigte

Dill die Türklingel. Irgendwo tief im Inneren spielten Glockenschläge »How dry I am«. Dill fragte sich, wer das Glockenspiel hatte einbauen lassen, Ace Dawson oder Jake Spivey, und befand schließlich, daß es beide hätten sein können.

Die Frau, die die Tür öffnete, wäre Dill unerreichbar erschienen, hätte seine Exfrau nicht fast genauso ausgesehen. Seitdem war er zu dem Schluß gekommen, daß alle derart unerreichbar wirkenden Frauen doch nicht ganz so schlank, nicht ganz so langgliedrig und nicht ganz so schön sind. Sie sehen allerdings klug und leicht gelangweilt aus. Sie sehen auch reich aus oder als wären sie es mal gewesen. Und, davon war er fast überzeugt, sie strömten alle einen gewissen schwachen Duft aus, den er, wenn er ihn nur hätte in Flaschen füllen können, Klassenunterschied genannt hätte.

Diese hier, die hauptsächlich aus langen gebräunten Beinen und nackten gebräunten Armen zu bestehen schien, starrte Dill einige Sekunden an und sagte schließlich in einem gedehnten Tonfall, der sich sowohl nach den Oststaaten als auch teuer anhörte: »Sie sind Mr. ... Dill, stimmt's?«

»Stimmt.«

»Sie waren furchtbar unhöflich am Telefon.«

Dill lächelte. »Ich hab versucht, Jakes Aufmerksamkeit zu gewinnen.«

»Ja, nun, das haben Sie eindeutig getan.« Sie öffnete die wuchtige Tür weit. »Sie kommen wohl am besten rein.« Dill ging rein.

Sie trug kurze weiße Shorts, ein blau-weiß gestreiftes, ärmelloses Oberteil mit weit ausgeschnittenen Armlöchern und sonst nichts, soweit Dill sehen konnte, nicht einmal Schuhe. Ihre Fußnägel waren in einem matten Korallenrot lackiert, sie hatte von der Sonne gebleichtes, honigfarbenes Haar, abschätzende braune Augen, einen leicht amüsierten Mund und eine leicht sonnenverbrannte Nase. Sie trug kein Make-up. Dill nahm an, daß sie es nie tat, weil sie keins brauchte. Sie drehte sich um, um ihn noch einmal zu mustern, und er starrte zurück, wobei er entschied, daß sie nach altem Geld aussah, das längst verschwunden war.

»Sie starren mich an«, sagte sie.
»Ja.«
»Erinnere ich Sie an jemanden?«
»An meine Exfrau – ein wenig.«
»War sie nett?«
»Sie seufzte viel und streute Zucker auf ihre Tomatenscheiben.«
»Ja, ich kann verstehen, warum sie das tat – viel seufzen, meine ich. Ich heiße Daffy.« Sie reichte ihm nicht die Hand.
»Wie in Duck oder in Daffodil?«
»Wie in Daphne. Daphne Owens.«
»Natürlich. Hätte ich wissen müssen.«
»Ich arbeite für Mr. Spivey.«
»Ich verstehe.«
»Ich bin seine Chefassistentin, falls Sie in Titel vernarrt sind.«
»Es muß hier angenehm sein – die zwanglose Atmosphäre und so.«
»Ja. Ist es. Natürlich wohne ich auch hier.«
»Natürlich.«
»Am besten machen wir uns auf die Suche nach Jake.« Sie wandte sich ab und ging durch eine lange breite, getäfelte Vorhalle, an deren Seitenwänden lange schmale Tische standen, auf denen unbenutzte glasierte Vasen standen. Es war eine sehr lange Vorhalle, und falls man eine Verschnaufpause brauchte, gab es ein Dutzend hochlehniger schwarzer Holzstühle mit verblichenen roten Plüschsitzen. An beiden Wänden hingen gut gemachte Ölporträts bärtiger Männer in der Tracht des

neunzehnten Jahrhunderts. Die Männer sahen alle äußerst anständig aus, und Dill war sich ziemlich sicher, daß keiner von ihnen irgendwie mit Ace Dawson oder Jake Spivey verwandt war.

»Kennen Sie das Haus?« fragte Owens über die Schulter.

»Jake und ich waren vor langer Zeit mal hier.«

»Tatsächlich? Wann?«

»Immer zu Weihnachten bis 1959, glaube ich, gab Mrs. Dawson eine Party für die hundert bedürftigsten Kinder der Stadt. Jake und ich mogelten uns auf die Liste.« Er machte eine Pause. »Das war Weihnachten 1956.«

»Aber das waren Sie nicht wirklich, nicht wahr?«

»Was?«

»Zwei der einhundert Bedürftigsten.«

»Wer weiß?«

»Auf jeden Fall ist es eine reizende Geschichte.«

»Fragen Sie Jake danach«, sagte Dill.

Sie blieb stehen und drehte sich um. Zu seiner Überraschung fand Dill, daß sie ohne Sonnenlicht älter wirkte. Näher an dreißig als an fünfundzwanzig. »Ich möchte Ihnen noch eine Frage stellen«, sagte sie.

»Nur zu.«

»Haben Sie vor, ihm Schwierigkeiten zu machen?«

»Ich weiß nicht«, sagte Dill, »es könnte sein.«

10

Am Ende der langen Vorhalle blieb Daphne vor einer zwei Meter vierzig hohen Doppeltür stehen und ließ sie rechts und links in die Wand zurückgleiten. Dill folgte ihr in einen großen Raum, der offenbar die Bibliothek der Villa war und an drei Wänden Bücherregale hatte. Sechs hohe Bleiglasfenster am anderen Ende des Raums hatten runde, für Ventilatoren ausgesparte Öffnungen. Durch die Fenster sah man auf einen Garten, einen ziemlich kunstvoll angelegten, wo gerade drei Mexikaner etwas ausgruben. Während Dill zusah, hörten zwei von ihnen auf zu graben, wischten sich die schweißnassen Gesichter ab und fingen an, den dritten Mann zu überwachen. Hinter den Mexikanern und durch verblassende weiße Rosen war das Blau des Swimmingpools zu sehen.

John Jacob Spivey erhob sich hinter dem großen altmodischen schwarzen Schreibtisch aus Walnußholz, der vor den hohen Fenstern stand. Er lehnte sich vor, die Handflächen auf den Tisch gestützt, den großen Kopf leicht nach links geneigt und die gerissenen Augen fest auf den sich nähernden Dill gerichtet. Er ist noch immer rund, dick und rosa, dachte Dill, und von hier sieht er noch immer aus wie der Rüpel aus der Nachbarschaft, der größer und klüger als jeder andere ist. Dann lächelte Jake Spivey und gluckste und verwandelte sich in den sympathischsten Mann der Welt.

In dem Lächeln lag Wärme, im Gesichtsausdruck echtes Interesse und in den Augen begeisterte Erwartung, sobald sie das berechnende blaue Starren ablegten und zu zwinkern anfingen. Er hat kein Fitzelchen Befangenheit, dachte Dill. Er ist sich seiner selbst nicht mehr bewußt als seines dicken Zehs. Du bist es, für den er sich interessiert, Dill! Was möchtest du haben?, will er gleich wissen, und wie geht es dir? Und was denkst du? Und wo um alles in der Welt bist du gewesen?

Spivey hatte begonnen zu nicken, als Dill auf den Schreibtisch zuging. Es war ein Nicken erfreuter Bestätigung. »Weißt du, was wir gemacht haben, Pick?« fragte er. »Wir sind einfach beide älter geworden.«

»Das kommt vor«, sagte Dill, als er die Hand ergriff, die Spivey ihm über den Schreibtisch hinweg entgegenstreckte.

»Du hast Daffy kennengelernt?«

»Ich habe Daffy kennengelernt.«

»Sie kommt aus dem Osten«, sagte Spivey. »Massachusetts. Ist da zur Schule gegangen.«

»Holyoke«, riet Dill und lächelte Daphne Owens an.

»Nicht mal in der Nähe«, sagte sie.

»Setz dich, Pick. Du bleibst doch zum Lunch, oder?«

»Okay. Danke.«

Als er wieder in seinem alten hölzernen Drehstuhl Platz genommen hatte, blickte Spivey zu Owens hoch. »Süße, würdest du bitte Mabel Bescheid sagen, daß wir beim Lunch heute zu dritt sind?« Er wandte sich an Dill. »Mabel ist die Köchin.«

»Sonst noch was, bevor ich gehe?« fragte Owens.

Spivey schaute Dill fragend an. »Willst du ein bißchen koksen oder so?«

»Wie wär's mit einem kalten Bier?«

»Ich hab Bier hier unten in dieser kleinen eingebauten Kühlbox«, sagte Spivey, griff nach unten, öffnete die Tür eines Minikühlschranks und holte zwei Dosen Miller heraus.

»Also kein Koks?« fragte Owens.

»Glaube nicht, Süße«, sagte Spivey und riß die Bierdosen auf. »Jedenfalls nicht jetzt.«

»Ich sehe Sie beim Lunch, Mr. Dill.«

»Das hoffe ich«, sagte Dill.

Sie drehte sich um und ging auf die Doppeltür zu. Spivey beobachtete offenbar wohlwollend, wie sie ging, drehte sich zu Dill um und reichte ihm eine der Bierdosen. »Ich glaube, ich könnte die da abschleppen und heiraten«, sagte er.

»Ihr beide habt 'ne Menge gemeinsam, Jake: Herkunft, Geschmack, Bildung, Alter.«

»Vergiß Geld nicht«, sagte Spivey. »Sie hat keins, und ich hab einen Haufen.«

»Dann paßt ihr perfekt zusammen.«

Spivey lehnte sich in seinem Drehstuhl zurück und musterte Dill sorgfältig. »Dein Trauern hast du noch nicht hinter dir, oder?«

»Nein. Noch nicht.«

»Braucht Zeit, Pick. Herrgott, das braucht Zeit!« Er nahm einen Schluck von seinem Bier. »Wie lange ist das jetzt her?«

»Sieben Jahre, fast acht.«

»Genua, stimmt's?«

»Stimmt.«

»Ich war mit Brattle zusammen, und du warst mit, wie war ihr Name? Lorna, Lana? Lena?«

»Laura.«

»Ach richtig, Laura. Ihr habt euch getrennt?«

»Du hast davon gehört, wie?«

»Nee. Du siehst nur nach Trennung aus. Geschieden. Was ist passiert?«

Dill zuckte mit den Achseln. »Langeweile im Endstadium, vermute ich. Sie ging irgendwann abends weg, um sich ein Theaterstück anzusehen – ich glaube, Tschechow –, und ist danach nicht zurückgekommen.«

Spivey grinste. »Kein Scheiß? Tschechow?«

»*Der Kirschgarten.*«

Spivey schüttelte den Kopf, entweder amüsiert oder mitfühlend. »Sie war eine attraktive Frau. Weißt du, wer mich an sie erinnert?«

»Deine Miss Daphne. Ist mir auch aufgefallen.« Dill trank aus der Bierdose. »Ich will dir sagen, warum ich hier bin, Jake.«

Spivey nickte interessiert.

»Der Senator möchte von dir eine eidesstattliche Erklärung.«

»Kein Problem, aber du wirst dieselbe alte Baumwolle umpflügen. Ich hab schon öfter mit dem Justizministerium geredet, als ich zählen kann. Der IRS überprüft mich ständig. Sogar das Finanzministerium hat mir einen langen Lulatsch hergeschickt, und ich habe mich drei Tage mit ihm im Kreis gedreht. Die einzigen, die mir noch nicht auf die Pelle gerückt sind, sind die von der verdammten CIA, aber ich warte nur drauf, daß sie eines Nachts bei mir heimlich über die Mauer steigen, nur um rauszufinden, was ich allen anderen erzählt habe.«

»Sie haben Brattle ausfindig gemacht, Jake.«

Die blauen Augen öffneten sich ein bißchen weiter, und der breite Mund verzog sich zu einem charmanten, aber skeptischen Grinsen. »Clyde gefunden? Clyde Brattle? Wo war er diesmal, in Kapstadt? Rangoon? Tripolis oder Tripoli? Vielleicht im Zentrum von Tulsa? Mist, Pick, sie wollen den alten Clyde seit Monaten mal hier, mal da, mal ganz weit hinten entdeckt haben. Weißt du, was ich glaube?«

»Was?«

»Ich glaube, der alte Clyde ist tot.«

»Jedenfalls hoffst du das.«

»Na ja, ich kann nicht sagen, daß ich den Trauerzug anführen würde.«

»Aber du wärst vom Haken.«

»Augenblicklich zapple ich nicht gerade an einem. Wo wollen sie ihn denn entdeckt haben?«

»In London.«

»Wann?«

»Vor zwei Monaten.«

»Warum haben sie ihn sich nicht geschnappt? Zum Teufel, er ist auslieferungsfähig.«

»Sie haben ihn aus den Augen verloren.«

»Wer zum Teufel sind sie?«

»Die Briten.«

»Na, kein Wunder. Hör mal, bringen wir die Sache doch hinter uns. Du brauchst eine Erklärung für den Senator, sagst du? Also los.«

Dill blickte sich im Zimmer um. »Wo ist das Tonbandgerät?«

Spivey schüttelte bekümmert den Kopf. »Pick.«

»Was?«

»Das läuft seit dem Moment, als du reingekommen bist.«

Dill grinste. »Hätte ich wissen müssen. Dann fang ich einfach an.«

»Du fängst an, und dann gibt Daffy das Band einem der Mädchen, damit es abgetippt und fotokopiert und beeidet werden kann und so.«

»Okay«, sagte Dill, »auf geht's.« Er machte eine Pause, zählte stumm bis fünfzehn und fing an: »Dies ist die eidliche Erklärung von John Jacob Spivey, freiwillig abgelegt an diesem Tag im August, welcher es auch sein mag, Ladys, in seinem Heim an der richtigen Adresse in der Beauchamp Lane und so weiter.«

Dill stellte sein Bier auf den Schreibtisch und öffnete die Akte Jake Spivey. Er schaute in die Akte und dann hoch zu Jake Spivey.

»Ihr Name ist John Jacob Spivey.«

»Ja.«

»Ihr Alter?«

»Achtunddreißig.«

»Sie sind Bürger der Vereinigten Staaten und wohnen an der oben angegebenen Adresse?«

»Ja.«

»Ihr Beruf?«

»Im Ruhestand.«

»Ihre frühere Beschäftigung?«

»Ich war am Kauf und Verkauf von Verteidigungswaffen beteiligt.«

»Wie lange?«

»Sieben Jahre, fast acht.«

»Und davor?«

»Ich war Vertragsangestellter einer Regierungsagentur.«

»Welche Agentur?«

»Die Central Intelligence Agency.«

»Wo hat man Sie angestellt?«

»Meinen Sie, wo man mich angeworben hat oder wo ich gearbeitet habe?«

»Beides.«

»Ich wurde in Mexico City angeworben und habe in Thailand, Vietnam, Laos und Kambodscha gearbeitet.«

»Wie lange?«

»Von 1969 bis 1975.«

»Was war die Art Ihrer Aufgaben?«

»Der Eid, den ich bei der Einstellung durch die CIA abgelegt habe, hindert mich daran, die Art meiner Aufgaben zu enthüllen, es sei denn, ich beantrage eine schriftliche Erlaubnis der Central Intelligence Agency und bekomme sie.«

»Haben Sie sich um diese Erlaubnis bemüht?«

»Ja.«

»Wurde sie Ihnen erteilt?«

»Sie wurde abgelehnt.«

»Wann wurde sie zum letzten Mal abgelehnt?«

»Am vierzehnten Juni dieses Jahres.«

»Warum haben Sie um diese Erlaubnis gebeten?«

»Ich wurde vom Federal Bureau of Investigation dazu aufgefordert.«

»Und die Erlaubnis wurde abgelehnt?«

»Ja.«

»Sind Sie bereit, diesmal Ihren Eid zu missachten?«

»Nein, Sir, das bin ich nicht.«

»Warum nicht?«

»Mit der Begründung, daß es mich selbst belasten könnte, und ich führe den fünften Verfassungszusatz an.«

»Wann sind Sie Clyde Tomerlin Brattle zum ersten Mal begegnet?«

»Das war im März oder April 1970. An das genaue Datum erinnere ich mich nicht.«

»Wo war das?«

»In Bangkok.«

»Wie haben Sie ihn kennengelernt?«

»Er war mein Vorgesetzter.«

»Ihr Führungsoffizier?«

»Mein Vorgesetzter. Er wies mich in die Aufgaben ein, die ich in Vietnam, Laos und Kambodscha zu erfüllen hatte und deren genaue Art zu enthüllen mir mein Eid verbietet.«

Dill schnitt eine Grimasse und fuhr sich mit einem Finger über die Kehle. Spivey grinste breit, griff unter den Schreibtisch und schaltete das Tonband ab.

»Himmel, Herrgott, Jake!«

»Was hast du denn erwartet?«

»Das ist zurechtgelegt.«

»Du hast verdammt recht, es ist zurechtgelegt – von Pipi, Schwindel und Kacka, wie ich diese blöden Anwälte von mir in Washington nenne, die mich bis aufs Blut aussaugen. Wann hast du zum letzten Mal eine Anwaltsrechnung bekommen?«

»Das ist 'ne Weile her.«

»Ich geb dir einen guten Rat, setz dich hin, bevor du sie aufmachst – oder besser noch, leg dich hin, denn so sicher, wie du von grünen Äpfeln Bauchweh bekommst, wird dich das glatt umhauen.«

»Aber dieser ganze Scheiß mit dem Eid.«

»Ich hab einen Eid abgelegt, genau wie ich sagte. Streitet Langley das ab? Zum Teufel, nein, tun sie nicht! Sie streiten nur ab, ich hätte je für sie gearbeitet.«

»Auch das streiten sie nicht ab«, sagte Dill. »Sie weigern sich nur, es zu bestätigen.«

»Pick, ich gebe wirklich keinen Scheiß auf diesen Eid, den ich für diese Wichser abgelegt habe. Ich war damals dreiundzwanzig Jahre alt, und als ich ihnen gekündigt habe, war ich dreißig und ein alter Mann. Ich meine, alt hier oben.« Spivey tippte sich an die Stirn. »Hier oben war ich hundertzwei Jahre alt. Sie haben mir tausend Dollar die Woche bezahlt, was damals gutes Geld war, und ich hab Sachen getan, die ich heute nicht mehr tun würde, und Sachen, über die ich nicht mal mehr nachdenken will. Aber was ich getan habe, hab ich nicht für Gott, Fahne oder Vaterland getan. Ich hab's für eintausend Dollar die Woche bar auf die Hand getan, und ob du's glaubst oder nicht, ich hab einen Preis dafür bezahlt. Welchen Preis, denkst du, stimmt's? Nun, alter Freund, ich bin nie vierundzwanzig oder fünfundzwanzig oder sechsundzwanzig oder irgendeins dieser guten Jahre geworden, weil ich an einem Tag dreiundzwanzig war, und sechs Monate später war ich hundertzwei und ging auf die hundertdrei zu.«

»Armer alter Jake!«

Spivey zuckte mit den Achseln, plötzlich gleichgültig, sogar gelangweilt.

»Was würde also passieren, wenn du deinen sogenannten Eid missachtest?« fragte Dill. »Ich meine, was würde deiner Meinung nach passieren?«

»Nicht viel«, sagte Spivey. »Vielleicht gibt es ein oder zwei Tage lang ein paar saftige Schlagzeilen, aber es gäbe nie einen Prozeß oder etwas ähnliches, weil Langley den Deckel ganz fest zumachen würde. Genau wie sie's früher gemacht haben – alles im Interesse der nationalen Sicherheit. Teufel, Pick, Vietnam ist heute ein alter Hut. Jetzt wird eine Generation volljährig, die über Vietnam so denkt – falls sie überhaupt darüber nachdenkt –, wie du und ich früher über den Zweiten Weltkrieg gedacht haben. Schnee von gestern. Als du und ich einundzwanzig gewesen sind, war der Krieg seit zweiundzwanzig Jahren vorüber. Vielleicht dreiundzwanzig.« Er machte eine Pause. »Willst du noch ein Bier?«

»Klar.«

Spivey nahm die zwei nächsten Dosen Miller aus dem Minikühlschrank und riß die Deckel auf. Dill nahm einen langen Schluck und sagte: »Okay, willst du weitermachen?«

»Was jetzt – Brattle?«

»Brattle.«

Spivey ließ eine Hand unter der Schreibtischkante verschwinden. »Okay, das Band läuft. Jetzt.«

Wieder zählte Dill stumm bis fünfzehn und stellte dann seine erste Frage: »Clyde Brattle hat wie lange für die CIA gearbeitet?«

»Zwanzig Jahre.«

»War er fest angestellt?«

»Ja.«

»Wann hat er gekündigt?«

»Er hat nicht gekündigt. Er wurde fünfundsiebzig gefeuert.«

»Warum?«

»Weiß ich nicht genau.«

»Haben Sie eine Vermutung?«

»Ich bin kein Anwalt, aber ich glaube nicht, daß eine Vermutung zulässig wäre.«

»Hatte es etwas mit Geldern zu tun, die er verwaltete?«

»Das wäre reine Spekulation meinerseits.«

»Wurden die Gelder veruntreut?«

»Ich hab so was gehört, aber das ist nur Hörensagen.«

»Ihr Vorbehalt ist notiert. Um wieviel Geld ging es?«

»Ungefähr fünfhunderttausend, hab ich gehört.«

»Dollar?«

»Dollar.«

»Wann sind Sie aus dem Dienst der CIA ausgeschieden?«

»Im April fünfundsiebzig, direkt nach dem Fall Saigons.«

»Wo waren Sie damals?«

»Als es fiel? In Saigon.«

»Wo war Clyde Brattle zu der Zeit?«

»Er war auch dort.«

»Weder Sie noch Brattle haben den Versuch gemacht, zu fliehen?«

»Nein.«

»Warum nicht?«

»Weil wir nicht mehr in der Geheimdienstbranche gewesen sind. Wir waren einfache Geschäftsleute.«

»Beschreiben Sie bitte die Art Ihrer Geschäfte.«

»Wir bildeten eine Gesellschaft, die überzählige Ausrüstungsgegenstände von der neuen vietnamesischen Regierung aufkaufte und auf dem freien Markt an jeden verkaufte, der sie kaufen wollte.«

»Was für Ausrüstungsgegenstände?«

»Defensivwaffen, Transportmittel, Kommunikationsmittel.«

»Was für Waffen?«

»Handfeuerwaffen. Granatwerfer. Leichte Artillerie. Fahrzeuge – Jeeps und Lastwagen. Fernmeldeeinrichtungen. Hubschrauber. Was immer sie loswerden wollten. Sie brauchten dringend Geld, und wir hatten welches und wußten, wo wir eine ganze Menge mehr bekommen konnten.«

»Sie und Brattle haben das Geld aufgebracht, um Ihre Gesellschaft zu gründen?«

»Ja.«

»Wieviel hat er aufgebracht?«

»Annähernd vierhunderttausend.«

»Und Sie?«

»Alles, was ich hatte. Einhunderttausend.«

»Und wie wurde der Gewinn aufgeteilt?«

»Ein Viertel für mich, drei Viertel für Clyde. Weil ich die Verbindungen hatte.«

»Die vietnamesischen Verbindungen.«

»Die *nord*vietnamesischen. Nur, daß es inzwischen ein großes glückliches Land war, Nord und Süd gleichermaßen.«

»Und wem haben Sie die überzähligen amerikanischen Waffen verkauft?«

»Es waren keine amerikanischen. Es waren vietnamesische. Sie haben einen Krieg geführt. Sie haben den Krieg gewonnen. Die Beute gehörte ihnen.«

»Aber es waren amerikanische Erzeugnisse?«

»Das ist richtig.«

»An wen haben Sie die also verkauft?«

»An jeden, der bereit war, sie zu kaufen.«

»Zum Beispiel.«

»Leute in Angola, Äthiopien, im Libanon, Jemen, sowohl Süd wie Nord, Bolivien, Ecuador und ein wenig, aber nicht viel, an einige Leute in Uruguay.«

»Wieviel von diesen Ausrüstungsgegenständen made in America, lost in Vietnam, haben Sie verkauft?«

»Im Wert von rund hundert Millionen Dollar.«

»Und Ihr Anteil am Gewinn?«

»Sie meinen, nur mein Anteil?«

»Ja.«

»Nach Abzug aller Ausgaben, die ziemlich hoch waren, habe ich etwas über vier Millionen verdient.«

»Und Brattle. Wieviel hat er netto verdient?«

»Ich würde sagen, nach Abzug der Spesen rund sechzehn Millionen.«

»Und wie lange dauerte das an?«

»Sie meinen, mit Brattle und mir?«

»Ja, Ihre Verbindung, Ihre Partnerschaft.«

»Ungefähr fünf oder sechs Jahre lang.«

»Und was war dann?«

»Dann wollte er in ein paar komische Sachen einsteigen, und ich bin ausgestiegen.«

»Was für komische Sachen?«

»Computertechnologie, hochentwickelte Waffensysteme, Leitsysteme, alle möglichen neuen Sachen, an die man in den Staaten rankam, für die man aber nie das Okay zur Ausfuhr bekommen hätte. Clyde meinte, wir könnten sie rausschmuggeln. Ich sagte Scheiß drauf und stieg aus.«

»Streichen Sie bitte das ›Scheiß drauf‹ und ersetzen es durch ›nein danke‹. Das haben Sie also gemacht – Sie sind ausgestiegen?«

»Das stimmt.«

»War Mr. Brattle verärgert?«

»Nun ja, er hat nicht gerade ›Blue Skies‹ gesummt.«

»Gab es Unannehmlichkeiten?«

»Ich mußte mir ein paar Anwälte nehmen, und er nahm

sich seine, und sie drucksten alle etwas herum, und ich kam mit einer Nettosumme von rund dreizehn Millionen raus, die alle dem IRS gemeldet worden sind, von dem ich, wie gesagt, ständig überprüft werde.«

»Wann haben Sie Mr. Brattle zum letzten Mal gesehen?«

»Vor ungefähr anderthalb Jahren.«

»Wo?«

»In Kansas City. Er legte mir ein paar Papiere zur Unterschrift vor. Ich flog hin, unterzeichnete sie und trank ein Glas mit ihm. Dann flog ich hierher zurück.«

»Haben Sie ihn seitdem wiedergesehen?«

»Nein.«

»Es war kurz nach Ihrem Treffen mit ihm, daß er das Land fluchtartig verlassen hat, richtig?«

Spivey lachte sein lautes Hurra-Lachen. »Ja, vermutlich müßten Sie sagen, daß der alte Clyde irgendwie gezwungen war, das Land fluchtartig zu verlassen.«

»Streichen Sie das Lachen«, sagte Dill. »Sie wissen natürlich, warum er abgehauen ist?«

»Sie wollten ihn verhaften, weil er mit den falschen Leuten Geschäfte gemacht hat.«

»Wo ist er Ihrer Ansicht nach jetzt?«

»Tot«, sagte Spivey.

»Nehmen wir an, er ist nicht tot«, sagte Dill. »Nehmen wir an, er ist verhaftet und wird vor Gericht gestellt. Wären Sie dann bereit, gegen ihn auszusagen?«

»Dazu will ich mich im Moment nicht äußern«, sagte Spivey, fuhr mit der linken Hand unter den Schreibtisch und schaltete das Tonbandgerät ab. Er sah Dill eine Weile lang prüfend an. »Bietest du mir Immunität an, Pick?«

Dill nickte langsam.

»Gibst du's mir schriftlich?«

Dill schüttelte den Kopf.

»Hab ich ein paar Tage Zeit, darüber nachzudenken?«

Wieder nickte Dill.

Spivey grinste. »Du glaubst, ich habe noch ein Tonband laufen, wie?«

Dill lächelte und nickte.

11

Sie nahmen ihren Lunch im »Familien«-Eßzimmer, das groß genug war, ein geschnitztes eichenes Sideboard aufzunehmen, einen dazu passenden Geschirrschrank und einen Tisch für zwölf Personen – oder bis zu sechzehn, sofern man ihn ganz auszog. Um in das Familien-Eßzimmer zu kommen, führte Spivey Dill durch das »Gäste«-Eßzimmer, an dessen Tisch problemlos sechsunddreißig Leute Platz hatten, obwohl Spivey sagte, er benutze ihn nie, weil er keine drei Dutzend Leute kenne, mit denen er sich tatsächlich zusammen hinsetzen und essen wolle.

Sie saßen an dem Ende des Tisches, das am weitesten von der Küche oder – wie Dill später feststellte – der Anrichte entfernt war. Vom Familien-Eßzimmer konnte man den Swimmingpool sehen, der rechteckig war und in den frühen dreißiger Jahren nachträglich hinzugefügt worden war, kurz bevor die Pools anfingen, die Gestalt von Nieren und Bumerangs anzunehmen. Es war ein großes Schwimmbecken, mindestens zwölf mal zwanzig Meter, und Dill fand, daß es dem städtischen Schwimmbad am Washington Park ähnelte, wo er und Spivey Schwimmen gelernt hatten.

Spivey saß, mit Dill zu seiner Rechten, am Kopfende des Tisches, als Daphne Owens hereinkam. Sie hatte sich umgezogen und trug Rock und Bluse. Dill erhob sich, als sie hereinkam. Spivey nicht. Sie schenkte Dill einen amüsierten Blick, bei dem er sich aus irgendeinem Grund etwas tölpelhaft vorkam.

»Wer hat Ihnen Ihre Manieren beigebracht, Mr. Dill?« fragte sie, »Ihre Mama oder die Phi Deltas?«

»Meine Mama«, sagte er.

»Sie war eine nette Dame«, sagte Spivey, »ein wenig – « Er sah Dill an. »Was ist das Wort, das ich suche – distanziert?«

»Vage«, sagte Dill.

»Das ist es auch nicht. Ätherisch ist es. Doch, ich vermute, das hat ihr einigen Kummer erspart, wenn man bedenkt, womit sie sich rumschlagen mußte, mit deinem alten Herrn.«

Dill lächelte und nickte kaum merklich.

»Was hat Ihr Vater gemacht, Mr. Dill?« fragte Miss Owens.

»Er war berufsmäßiger Träumer.«

»Was ist daran falsch?«

»Das setzt voraus, daß man ihn dafür hätte bezahlen müssen. Das war selten der Fall.«

»Pick und ich waren die ärmsten Kinder an der Horace-Mann-Grundschule«, sagte Spivey stolz. »Und wir wären auch noch in der Junior-High-School die ärmsten Kinder gewesen, doch ungefähr um diese Zeit haben sie die Rassentrennung aufgehoben, und einige farbige und mexikanische Kinder kamen hinzu, die noch ärmer waren als Pick und ich, aber wir waren immer noch die ärmsten *weißen* Kinder an der Coolidge Junior High. Stimmt's, Pick?«

»Absolut.«

Bevor Spivey weitere Erinnerungen hervorholen konnte, kam einer der Mexikaner herein, die draußen den Garten umgegraben hatten, bekleidet mit einem gestärkten weißen Jakkett und einer gutgebügelten Jeans. Sie bestellten alle Drinks, und der Gärtner/Hausdiener ging durch die Schwingtür hinaus, die, wie Dill bemerkte, zur Anrichte führte. Er stellte auch fest, daß das Tischtuch aus irischem Leinen war, das Tafelsilber englisch, das Geschirr aus Frankreich – Limoges, dachte er –, und die beiden Weingläser neben seinem Teller waren aus schwerem Bleikristall und womöglich aus Böhmen. Da er

Spivey kannte, war er fast sicher, daß das Mittagessen der Tex-Mex-Küche entstammen würde.

»Dann wart ihr zwei wirklich in den fünfziger Jahren als Kinder hier draußen«, sagte Daphne Owens zu Spivey.

Er grinste Dill an. »Du hast ihr davon erzählt?«

»Sie fragte mich, ob ich das Haus schon mal gesehen hätte.«

»Ich und Pick waren zwei der hundert bedürftigsten Kinder der Stadt – jedenfalls haben wir beide uns so eingeführt. Was waren wir damals, Pick – zehn?«

»Zehn«, stimmte Dill zu.

»Na ja, Süße, wir hatten allerlei Geschichten über die Villa des alten Ace gehört. Mein Gott, das hatte jeder. Armaturen im Badezimmer aus massivem Gold. Solches Zeug. Und das *mußten* wir einfach sehen. Also hatte Pick die Idee, wenn wir unsere ältesten Klamotten anzögen – und es gab wirklich keinen großen Unterschied zwischen unseren ältesten und unseren besten – und dann hingingen und die Rektorin besuchten, die alte Lady McMullen – wie alt war sie damals wohl, Pick?«

»Alt«, sagte Dill. »Mindestens vierzig.«

»Für uns älter als Gott«, sagte Spivey. »Das machten wir dann auch.«

»Jake übernahm den Vortrag«, sagte Dill. »Ich sah einfach sehnsüchtig aus. Sehr arm, sehr sehnsüchtig.«

»Und als nächstes saßen ich und Pick in einem gemieteten Stadtbus zusammen mit rund achtundfünfzig süßen kleinen farbigen Kindern und fünfunddreißig noch süßeren kleinen Mexikanern und fünf anderen armen Weißen und fuhren nach Cherry Hills und zur Villa des alten Ace Dawson zu einer Weihnachtsparty.«

»War es euch nicht peinlich«, fragte Owens. »Ich meine, fandet ihr es nicht – ja, Himmel noch mal, erniedrigend?«

»Was ist erniedrigend an Neugier?« fragte Dill. »Ace Dawson war ein Mythos. Wir wollten sehen, wie ein Mythos gelebt hatte.«

»Und wir haben todsicher nicht gelogen, Süße«, sagte Spivey. »Wir *waren* arm, obwohl Pick hier in schäbiger Eleganz arm war und ich einfach bettelarm war.« Er wandte sich an Dill. »Erinnerst du dich noch, was ich an jenem Abend auf der Heimfahrt im Bus zu dir gesagt habe?« Bevor Dill antworten konnte, drehte Spivey sich wieder zu Daphne Owens um. »Was glaubst du, hab ich zu ihm gesagt?«

»Daß du sie eines Tages besitzen würdest, natürlich. Die Dawson-Villa.«

Spivey schüttelte den Kopf, als wäre er zugleich verwirrt und enttäuscht. »Daffy, du hast eine romantische Ader in dir, die ich nie vermutet hätte.« Er wandte sich an Dill. »Erzähl ihr, was ich an dem Abend auf der Busfahrt nach Hause zu dir gesagt habe.«

Dill lächelte: »Daß reich sein eindeutig viel leichter aussähe, als arm sein, und du dächtest, daß du es dir lieber gleich leichtmachen wolltest.«

Owens starrte Spivey mit einem Blick an, in dem sich Ehrfurcht und Mißtrauen fast die Waage hielten. »Das hast du wirklich mit zehn gesagt?« fragte sie, wobei sich in ihrem Ton die Ehrfurcht durchsetzte.

Spivey grinste. »Na, vielleicht nicht Wort für Wort«, sagte er, noch immer grinsend. »Aber fast.«

Als er vor dem zweistöckigen gelben Ziegelhaus seiner toten Schwester an der Ecke 32nd Street und Texas Avenue vorfuhr, hatte Dill noch immer den Geschmack der Quesadillas und der grünen Mais-Tamales im Mund, die er zu Mittag gegessen hatte. Und den der Avocados auch. Dill mochte Avocados nicht besonders, und es waren zu viele Stücke davon in seinem Salat gewesen. Er hatte sie aus Höflichkeit gegessen und wünschte sich jetzt, er hätte es gelassen.

Er saß in seinem großen Mietauto, den Motor im Leerlauf, die Klimaanlage so hoch eingestellt wie möglich, und musterte eingehend das Zweifamilienhaus. Er erinnerte sich jetzt, nicht weil er schon mal drinnen gewesen wäre, sondern weil er zigmal daran vorbeigekommen war und es allein deshalb in sein Gedächtnis aufgenommen hatte.

Das Radio lief und war auf den Nachrichtensender eingestellt. Dill wartete, daß der Werbespot für Delta Airlines aufhörte und die Wetterfee anfing. Sie hatte eine tiefe, rauchige Stimme, die dem Wetter eine laszive Note verleihen sollte. Als die Werbung zu Ende war, hauchte sie die Zeit, nämlich 14:49 Uhr, die Temperatur, nämlich 40 Grad, die Luftfeuchtigkeit, die genau bei 21 Prozent lag, und den Wind, der zur Abwechslung als sanfte Brise mit acht Stundenkilometern aus südwestlicher Richtung wehte. Als sie begann, pfiffige Methoden vorzuschlagen, wie man der Hitze ein Schnippchen schlagen könne, schaltete Dill die Zündung aus und brachte das Radio zum Schweigen.

Bevor er aus dem Wagen stieg, verschloß er die Akte Jake Spivey im Handschuhfach. Die Akte enthielt jetzt die eidesstattliche Erklärung, deren Inhalt nach Dills Meinung fast völlig wertlos war. Sie war von Spiveys unsichtbaren Schreibkräften – eigentlich Textverarbeitern – transkribiert und von Daphne Owens bezeugt worden, die sich als öffentliche Notarin entpuppt hatte, deren Vollmacht am 13. Juni kommenden Jahres außer Kraft treten würde.

Als Dill aus dem Ford stieg, verschlug ihm die trockene, sengende Hitze fast den Atem. Mit seiner über die linke Schulter geworfenen Seersucker-Jacke hastete er auf die einladenden, hohen grünen Ulmen zu, die kühlen Schatten versprachen. Das Versprechen wurde gebrochen, und die Einladung erwies sich als falsch, denn es gab keine Erholung im Schatten, und Dills Hemd war klatschnaß, und von seinem Kinn tropfte Schweiß, als er langsam die Außentreppe hinaufstieg. Auf dem Absatz benutzte er den Schlüssel, den ihm der Chief of Detectives gegeben hatte, steckte ihn ins Schloß, stieß die Tür auf und ging hinein.

Zuerst suchte er die Klimaanlage und fand an der Wand neben dem Eingang eine Reihe von Bedienelementen. Mit den Knöpfen konnte man sowohl Heizung wie Kühlung regeln. Er schaltete das System ein, drehte die Kühlung von medium auf high, stellte sich in die Mitte des Wohnzimmers, schaute sich um und stellte fest, daß nichts zu erkennen gab, daß seine Schwester hier je gelebt hatte. Übrigens auch sonst niemand mit einem Minimum an eigener Persönlichkeit.

Natürlich standen im Wohnzimmer Möbel: eine dunkelgrüne, kastenförmige Couch, ein passender Sessel und ein Beistelltisch aus Chrom und Glas, auf dem bis auf eine Ausgabe des *TV Guide* von vergangener Woche nichts lag. Auf dem Fußboden stand, da nirgendwo anders Platz dafür zu sein schien, ein kleiner tragbarer Schwarzweißfernseher von Sony. Es gab keine Bücher, kein einziges, was Dill merkwürdig fand, weil er wußte, daß Felicity Fernsehen verabscheut und als Kind regelmäßig acht oder neun Bücher pro Woche gelesen hatte, manchmal zehn, obwohl es sich dabei um Jugendbücher gehandelt hatte, die sie mit elf als »größtenteils Mist« endgültig aufgegeben hatte. Während des Sommers ihres zwölften Lebensjahres war sie zu den russischen Romanciers übergegangen, und nachdem sie mit ihnen fertig war, hatte sie irgendwo eine Ausgabe von Santayanas *Der letzte Puritaner* aufgetan. Im August hatte sie eine ganze Woche damit verbracht, es zu lesen, mit gerunzelter Stirn und einem Krug voll Kool-Aid in Reichweite. Sie sagte, sie fände Santayana »muffig und fad«, und widmete die restlichen Augusttage Dickens.

Dill konnte sich noch erinnern, wie sie an dem kleinen Kartentisch gesessen hatte, *Little Dorrit* vor sich aufgeschlagen, den Big-Chief-Notizblock für Anmerkungen und Kommentare rechts neben sich und auf der anderen Ecke des Tisches das selten benutzte *Webster's Collegiate Dictionary*. Gegenüber dem Wörterbuch stand der Krug mit Kool-Aid, Weintraube, wie Dill sich entsann. Dickens, hatte Felicity ihren Bruder informiert, sei ziemlich guter Stoff (hohes Lob), aber ein »bißchen schmalzig«. Dill fand manchmal, daß seine Schwester die unsentimentalste Person war, die er je gekannt hatte.

Er untersuchte das Wohnzimmer sorgfältig und versuchte, einen Hinweis auf ihre Persönlichkeit zu finden, eine Spur ihrer Gewohnheiten. Auf dem Fußboden lag ein Teppich in einem neutralen, sandfarbenen Ton, an den Wänden hingen einige Bilder, die billige Mailorderdrucke von Dufy, Cézanne und Monet zu sein schienen, und in einer Ecke stand eine billig aussehende Stereoanlage aus Korea, die so neu war, daß sie unbenutzt wirkte. Dill machte sich nicht die Mühe, die etwa zwei Dutzend Schallplatten durchzusehen. Falls sie Felicity gehörten, würde er Beethoven, Bach und die frühen Beatles finden sowie jedes Chanson, das Yves Montand je aufgenommen hatte.

Das Wohnzimmer ging in einen Eßbereich über, wo vier Stühle einen Ahorn-Klapptisch umgaben, der aussah, als wäre er aus dem Katalog bei Sears bestellt worden. Eine falsche Tiffanylampe hing an einer schweren Goldkette über dem Tisch. Auch das ist nicht Felicity, dachte Dill.

In der Küche warf er einen Blick in den Kühlschrank und fand vier Flaschen Perrier, ein Stück Butter, drei Eier, ein Glas Dijon-Senf und einen Laib Weizenvollkornbrot, von dem drei oder vier Scheiben abgeschnitten worden waren. Er erinnerte sich, daß seine Schwester das Brot immer im Kühlschrank aufbewahrt hatte. Er nahm eine der Flaschen Perrier heraus, schraubte den Verschluß ab und trank aus der Flasche.

Die Flasche in seiner Linken, öffnete Dill die Türen der Küchenschränke. Er fand ein paar Teller – ziemlich gute japanische Imitationen von Dansk-Geschirr –, ein halbes Dutzend Gläser und einige Schüsseln. Sonst nichts. Wo die Konserven, die Gewürze und Grundnahrungsmittel hätten sein müssen, standen nur zwei Dosen Van Camp's Schweinefleisch mit Bohnen, ein Glas Yuban-Pulverkaffee, fast leer, eine runde Büchse Morton Salz, ein kleiner Streuer Schilling schwarzer Pfeffer, aber sonst keine Gewürze, nicht einmal Estragon, den seine Schwester, wie Dill sich erinnerte, praktisch auf alles gekippt hatte.

An Kochgerät gab es nur eine fast neue Bratpfanne und zwei verbeulte Aluminiumtöpfe, mit denen man allenfalls Eier kochen und Bohnen heiß machen konnte. In einer der Schubladen entdeckte Dill genug Messer, Gabeln und Löffel aus rostfreiem Stahl für zwei. Er zog auch die übrigen Schubladen auf, fand aber darin nichts außer ein paar Küchenkleinigkeiten. Er fragte sich, was Felicity mit dem Tafelsilber ihrer Mutter gemacht hatte.

Noch immer die Flasche Perrier in der Hand, ging Dill von der Küche zurück ins Wohnzimmer und dann durch einen kurzen Flur. Die zweite Tür links führte in einen Raum, der offenbar das Schlafzimmer seiner Schwester gewesen war. Darin standen ein ordentlich gemachtes Doppelbett, eine Kommode und ein Toilettentisch mit Spiegel. Die Möbel paßten zusammen, waren mit Nußbaumfurnier versehen und sahen billig und ziemlich neu aus. Auf einem kleinen Tisch links am Bett stand eine Tensor-Leselampe. Dill öffnete die Tischschublade.

Sie enthielt nur eine runde flache Plastikschachtel mit Antibabypillen.

Dill öffnete den Wandschrank daneben. Darin hingen einige Kleider, ein paar Hosen, mehrere Blusen, ein leichter Regen-, aber kein Wintermantel. Fünf Paar Schuhe standen pedantisch aufgereiht auf dem Schrankboden. Es gab ein Paar schwarze Pumps, und der Rest waren Sandalen, Slipper und ein abgewetztes Paar grüner Joggingschuhe.

In den Schubladen der Kommode und des Toilettentischs fand Dill nur zwei Pullover in den Plastikhüllen einer chemischen Reinigung, ein paar zusammengefaltete Hemden und Blusen, etwas Unterwäsche, Strumpfhosen und nicht viel anderes. Es waren gerade genug Kleidungsstücke, stellte er fest, um einen Monat oder zwei, allenfalls drei auszukommen. Aber es gab keinerlei Andenken oder Erinnerungsstücke oder Souvenirs oder sonst etwas, das Hinweise auf Charakter, Persönlichkeit oder schlechte Angewohnheiten hätte geben können – außer daß, wer immer hier gelebt hatte, zwanghaft ordentlich und offenbar von einer tiefen Abneigung gegen Kochen und Essen erfüllt gewesen war.

Dill verließ das große Schlafzimmer und ging durch den Flur in das zweite, kleinere Schlafzimmer, das sich als Versteck von jemandem entpuppte, dem das Geld ausgegangen war. Darin standen ein Kartentisch, eine kleine Stehlampe und auf dem Tisch eine sehr alte Reiseschreibmaschine von Remington. Ein Regiestuhl aus Segeltuch war an den Tisch herangezogen. Rechts vom Tisch stand ein grauer Karteischrank aus Metall mit zwei Schubladen. Dill bückte sich und öffnete die obere und dann die untere Schublade. Beide waren leer. Er vermutete, daß die Polizei den Inhalt mitgenommen hatte. Im Wandschrank des zweiten Schlafzimmers befand sich außer drei Drahtbügeln nichts.

Vom kleineren Schlafzimmer/Versteck aus ging Dill ins Badezimmer und öffnete das Medizinschränkchen. Er fand Aspirin, Tampax, Crest, Make-up, einen Rasierapparat, aber keine verschreibungspflichtigen Medikamente. In der Seifenschale lag ein Block Yardley, und im Zahnbürstenhalter steckten zwei Zahnbürsten und ein kleiner Behälter mit grüner Zahnseide. Sonst war im Badezimmer nichts außer einigen Handtüchern und Waschlappen sowie einer Badekappe aus Plastik. Es gab nicht einmal eine Badezimmerwaage, wie Dill feststellte. Das hielt er für bezeichnend; das war vielleicht sogar ein Hinweis.

Dill verließ das Bad und ging zurück in die Küche, um zu sehen, ob er den Ort finden konnte, wo Felicity ihre Spirituosen aufbewahrt hatte. Am wahrscheinlichsten unter dem Spülbecken, dachte er. Er war fast bis zur Küche gekommen, als die Türglocke läutete. Dill machte kehrt, ging hinüber zur Tür und öffnete sie. Da stand eine gut gebräunte, langbeinige Frau ohne Schuhe in einer knappen gelben Shorts und einem ähnlich knappen schulterfreien Top mit blauen Tupfen, deren schlaffe blonde Locken nach Luft zu schnappen schienen. Sie hatte große blaue Augen, eigentlich zu groß, eine glänzende rosafarbene Nase und einen breiten Mund mit dunkelrotem Lippenstift, der genau den falschen Farbton hatte.

»Sie sind der Bruder, nicht wahr?« sagte die Frau.

»Ich bin der Bruder«, bestätigte Dill.

»Sie haben dasselbe Haar wie sie – fast kupferfarben. Sonst sehen Sie ihr nicht sehr ähnlich, bis auf das Haar.«

»Sie war hübsch; ich bin's nicht.«

»Na ja, Männer müssen nicht hübsch sein, oder?« sagte die Frau, und einen Moment lang befürchtete Dill, daß sie affektiert lächeln würde, was sie aber nicht tat.

»Sie sind was – eine Freundin, eine Nachbarin?« fragte Dill.

»Oh, ich bin Cindy, Cindy McCabe. Ich und Harold wohnen unten. Wir sind die Mieter, wissen Sie.«

»Harold ist Mr. McCabe.« Dill sagte es nicht als Frage.

»Nun, nein, eigentlich nicht. Ich meine, wir sind nicht gerade verheiratet. Harolds Nachname ist Snow. Harold Snow. Wir sind jetzt seit, oh, ich schätze, zwei Jahren zusammen. Mindestens zwei.« Sie machte eine Pause. Als sie wieder sprach, war ihre Stimme leise, ihr Ton bedeutungsvoll. »Harold hat gesehen, wie das mit Felicity passiert ist – na ja, beinahe.«

»Sie kommen besser rein«, sagte Dill.

»Ich schätze, es ist ein bißchen kühler als hier draußen, oder?«

12

Cindy McCabe kam herein und setzte sich in den Sessel, der zu der grünen Couch paßte. Sie schob ihre Unterlippe vor und pustete nach oben, als wolle sie den schwachen Schweißfilm wegblasen, der ihre Stirn und ihre Oberlippe bedeckte. »Ist das nicht eine irre Hitze?« sagte sie und erwartete offenbar keine Antwort.

»Ich wollte mir gerade einen Drink machen«, sagte Dill. »Leisten Sie mir Gesellschaft?«

»Also, ein kaltes Bier wäre richtig toll.«

»Tut mir leid. Kein Bier. Falls ich die Stelle nicht finde, wo Felicity ihren Schnaps stehen hat, müssen wir uns mit Perrier begnügen.«

»Unter der Spüle«, sagte McCabe.

»Das hab ich mir gedacht«, sagte Dill und ging zur Küche.

Unter dem Spülbecken standen zwei Flaschen Jim Beam Green Label neben der Ivory Flüssigseife, dem Easy-Off und dem Comet. Eine der Flaschen war noch verschlossen. Der Pegel der anderen war fünf Zentimeter gesunken. Dill erinnerte sich, daß Felicity immer Bourbon getrunken hatte, wenn sie überhaupt etwas trank, weil er ihrer Ansicht nach ehrlicher schmeckte als Scotch. Er erinnerte sich auch, daß sie dachte, Wodka sei Stoff für Säufer und Gin etwas für Leute, denen das Aqua Velva ausgegangen war. Rum war allerdings okay, besonders wenn man ihn mit Kool-Aid mixte. Als Dill den Whiskey über die Eiswürfel goß und Perrier hinzufügte, wunderte er sich, daß er nirgendwo Kool-Aid gefunden hatte. Abermals, Watson, sagte er sich, bellt der Hund nicht.

Er trug die Drinks ins Wohnzimmer und gab Cindy McCabe einen, die dankend nickte und mit dem gekühlten Glas über ihre Stirn rieb. »Mann, fühlt sich das gut an.« Sie nahm einen tiefen Schluck, lächelte und sagte dann: »Das fühlt sich noch besser an.«

Dill, der auf der Couch saß, probierte von seinem Drink. »Sie haben recht«, stimmte er zu.

»Das mit Felicity tut Harold und mir furchtbar leid, Mr. Dill. Es war einfach so – na ja, furchtbar. Eben noch hatte sie an unserer Tür geklingelt, und im nächsten Augenblick war sie tot.«

»Wie lange wohnen Sie hier?«

»Etwa anderthalb Jahre. Vielleicht etwas weniger. Wir sind eingezogen, kurz nachdem Felicity das Haus gekauft hatte. Sie war wirklich eine nette Vermieterin. Wissen Sie, es gibt welche, die erhöhen Ihnen die Miete alle sechs Monate, aber Felicity hat unsere kein einziges Mal erhöht, weil Harold ihr bei Arbeiten am Haus geholfen und alles mögliche repariert hat. Darin ist er gut – Sachen reparieren.«

»Was macht Harold?«

»Na ja, im Moment verkauft er Heimcomputer und verdient ganz gut, aber er meint, das geht diesen oder nächsten Monat zu Ende, so wie sie den Markt wieder überfluten. Was er wirklich tun möchte, er will wieder in Elektronik einsteigen. Wissen Sie, er war zwei Jahre an der Universität und hat Elektroingenieur studiert, aber er mußte abbrechen. Darin ist Harold wirklich gut. Elektronik. Das mag er viel mehr als verkaufen.«

Cindy McCabe, die vom Reden offenbar durstig geworden war, nahm einen tiefen Zug von ihrem Drink. Dill beobachtete, wie ihr fast unsichtbarer Adamsapfel sich dreimal auf und ab bewegte. Sie nahm das Glas vom Mund und lächelte, wenn nicht nervös, dann zumindest unbehaglich. »Es ist mir unangenehm, das jetzt zu erwähnen«, sagte sie.

»Was?«

»Gestern, kurz bevor es – na ja, Sie wissen schon, passiert ist, kam Felicity vorbei und erinnerte Harold daran, daß er wieder vergessen hatte, die Miete zu bezahlen. Manchmal weiß ich nicht, was mit Harold los ist. Er vergißt einfach Sachen. Er ist so ähnlich wie ein zerstreuter Professor, wissen Sie?«

Dill nickte zustimmend.

»Jedenfalls ist es peinlich. Also schrieb er gestern den Scheck aus und gab ihn ihr, und dann passierte es gleich draußen vor der Tür, und wir wissen nicht genau, was wir tun sollen. Glauben Sie, wir sollten ihn sperren lassen und einen neuen ausstellen? Und auf wen soll er ausgestellt werden? Ich meine, es ist irgendwie taktlos, daß ich Sie jetzt damit behellige, aber wir möchten nicht, daß später jemand kommt und behauptet, wir hätten die Miete nicht bezahlt.«

»Vergessen Sie es bis zum Monatsende«, sagte Dill. »Bis dahin müßten die Dinge geregelt sein, und dann ruft Felicitys Anwältin Sie an und sagt Ihnen, wohin Sie die Miete überweisen und auf wen Sie den Scheck ausstellen sollen.«

»Und den, den wir Felicity gegeben haben, lassen wir einfach sperren?«

»Ja, ich denke schon.«

»Na, da bin ich erleichtert.« Wie zum Beweis leerte sie das Glas mit drei Schlucken. Dill stand auf und streckte seine Hand danach aus.

Cindy McCabe runzelte die Stirn. »Ich glaube nicht – oh, na ja, noch einen, schätze ich.«

Als Dill mit den frischen Drinks zurückkam, sah er, daß das Top mit den blauen Tupfen entweder ein paar Zentimeter nach unten gerutscht oder gezogen worden war und das obere Viertel von Cindy McCabes kecken Brüsten enthüllte, die so gut gebräunt schienen wie der Rest von ihr. Dill reichte ihr den Drink, lächelte auf ihre Brüste oder auf das hinab, was er davon sehen konnte, und sagte: »Sie sind hübsch braun gebrannt.«

Sie kicherte und blickte an sich hinab. »Ich arbeite hart genug daran.« Sie zupfte das Top ein bißchen nach oben, aber es war nur ein halbherziges Zupfen. »Draußen ist diese hohe Hecke?« sagte sie und ließ ihre Feststellung wie eine Frage klingen.

Dill nickte, als wüßte er Bescheid.

»Also, sie läuft um den ganzen Garten herum und ist fast drei Meter hoch und wirklich dicht. Da kann keiner durchgucken. Also habe ich mich diesen Sommer mit nichts an einfach da hingelegt, bis es Mitte letzter Woche so gottverdammt heiß wurde. Ich meine, es war, als läge man in einem Ofen, auch wenn man gar nichts anhatte. Früher im Sommer, als es noch kühler war, kam Felicity manchmal dazu, wenn sie nachts arbeiten mußte oder Wechselschicht hatte.«

»Mit nichts an?« sagte Dill.

»O nein, so war's überhaupt nicht.«

»Wie?«

»Na, wenn sie rauskam, hab ich was angezogen. Ich meine, immerhin.«

»Haben Sie und Harold Felicity oft gesehen?«

»Um ehrlich zu sein, nein, weil sie so komische Arbeitszeiten hatte. Eine Woche tagsüber, eine Woche nachts, und die Woche danach hatte sie die Wechselschicht. Manchmal haben wir sie wochenlang nicht zu Gesicht bekommen. Eigentlich haben wir sie nicht mal oben gehört. Ich meine, wenn sie nachts arbeitete, kam sie morgens, bevor wir aufgestanden sind, und dann ging sie gewöhnlich wieder, während Harold noch auf seiner Arbeit war und ich hinten lag. Man hat von oben nie was gehört. Ich hab ihr einmal gesagt, daß wir sie gar nicht hörten, und da hat sie nur gelächelt und gemeint, daß sie meistens barfuß herumliefe. Aber jedes Mal wenn irgendwas kaputtging, hinterließ sie mir eine Nachricht, in der sie mich bat, Harold zu fragen, ob er sich darum kümmern könnte. Und wenn er's tat, war sie meistens so froh darüber, daß sie uns nach oben auf einen Drink eingeladen hat. Aber wir sind nie zusammen ausgegangen, und wie ich gesagt habe, wir wußten auch nie, wann sie oben war. Das einzige Mal, daß wir überhaupt was gehört haben, war, als dieser große Kerl herkam, brüllte und gegen die Tür bollerte.«

»Welcher große Kerl?« fragte Dill.

»Ich glaube, das war ihr Exfreund. Der war wirklich groß, das weiß ich. Harold sagte, daß er an der Universität Football gespielt hätte, aber falls er mir seinen Namen genannt hat, habe ich ihn vergessen, weil ich Football öde finde.«

»Wie oft ist der große Kerl hergekommen?«

»Sie glauben nicht, daß er irgendwas damit zu tun gehabt hat – ich meine, mit dem, was passiert ist, oder?«

»Nein. Ich bin nur neugierig, was Felicity angeht und wer ihre Freunde gewesen sind – sogar ihre Exfreunde.«

»Nun, er war blond und groß wie eine Scheune und jung, jedenfalls nicht über dreißig, was ich noch immer für jung halte, und ich bin jetzt achtundzwanzig, und das kann jeder wissen, mir ist das egal.«

»Danach sehen Sie nicht aus«, log Dill.

»Bin ich aber.«

»Wie oft ist er denn brüllend und gegen die Tür bollernd hier aufgekreuzt?«

»Der große Kerl? Oh, das war nur einmal, genau in dem Monat, als wir hier eingezogen sind. Ich dachte erst, Mensch, worauf haben wir uns bloß eingelassen! Das wurde so schlimm, daß ich Harold gebeten habe, etwas dagegen zu unternehmen, aber er wollte nicht. Harold meinte, es ginge uns nichts an, was ein Cop machte, sogar ein weiblicher Cop. Ich glaube, er hatte ein bißchen Angst vor diesem großen Kerl – und er war echt groß. Natürlich war ja Felicity auch nicht gerade klein – mindestens eins achtundsiebzig. Aber ich kann mir immer noch nicht vorstellen, wie sie und dieser große Kerl jemals – nun, Sie wissen schon.« Ihr Gesichtsausdruck wurde etwas verträumt, und Dill fragte sich, wie oft sie wohl von dem großen Kerl geträumt hatte.

»Und was ist passiert?« fragte Dill.

»Oh, am nächsten Morgen bin ich zu ihr hoch und sagte ihr, daß Harold wegen all dem Lärm wach gelegen hätte, was gelogen war, weil er die meiste Zeit durchgeschlafen hat und ich es war, die wach gelegen hat. Sie war superfreundlich. Aber das war sie immer, auch wenn Harold mit den Schecks für die Miete Scheiße gebaut hat – ups. Tut mir leid. Muß an dem Bourbon liegen.« Sie kicherte. Dill lächelte.

»Der große Kerl ist nicht wiedergekommen?« fragte er.

»Nee. Nie. Felicity meinte, es würde aufhören, und das hat es. Danach gab es keinen Ton mehr. Sie hat sogar kaum ihren Fernseher eingeschaltet, nicht mal morgens für *Good Morning America,* und das schau ich mir immer an. Sie hat ihn manchmal für die Abendnachrichten angemacht, aber nicht laut.«

»Ist Captain Colder oft hiergewesen?« sagte Dill.

»Wer?«

»Captain Colder, Gene Colder.«

»Oh. Der. Gestern war er da. Hat mir und Harold Fragen gestellt und tat irgendwie so, als hätten wir ihn nie vorher gesehen.«

»Aber das hatten Sie?«

»Oh, na klar, er kam öfter vorbei und holte Felicity ab, so ungefähr ein- oder zweimal die Woche.«

»Hat er sie immer zurückgebracht?«

»Manchmal. Aber manchmal ist sie überhaupt nicht nach Hause gekommen.«

Dill hatte den Eindruck, daß der Blick, den sie ihm über den Rand des Glases zuwarf, verzehrend sein sollte. Statt dessen war er leicht glasig. Er begriff, daß sie leicht betrunken war.

»Sie wollen sagen, daß sie manchmal gar nicht nach Hause gekommen ist, nachdem sie mit Colder weggegangen war?« fragte er.

»Macht Ihnen das was aus?«

»Nein.«

»Ich meine, wenn es sich um zwei erwachsene Leute handelt und so weiter, dann ist das doch nur natürlich, oder?«

»Stimmt.«

»Nehmen wir doch zum Beispiel mal Sie und mich.«

»Okay.«

»Wie okay?«

»Okay, nehmen wir mal uns beide.«

»Yeah, also, wenn Sie und ich plötzlich Lust aufeinander haben und beschließen, etwas in der Richtung zu unternehmen, wen würde das jucken?«

»Harold?«

»Dem wär das egal. Er hatte ein Faible für Felicity, aber er hat es nie weit damit gebracht. Mensch, mir wär das egal gewesen. Wenn sie klopfte, ist er immer in seiner Jockeyshorts und mit 'nem halben Ständer zur Tür gegangen. Deshalb hat er wohl manchmal die Miete zu spät bezahlt. Damit er Felicity in seiner Jockeyshorts und mit seinem halben Ständer die Tür aufmachen konnte.«

»Hört sich an, als hätte Harold es drauf.«

»Er ist guter Durchschnitt. Gibt's noch Bourbon?« Sie schwenkte ihr Glas ein bißchen, und Dill entschied, daß sie betrunkener war, als er gedacht hatte.

»Klar«, sagte er, stand auf, nahm ihr das Glas ab und ging zurück in die Küche, wo er ihr noch einen Drink mixte, während er sein eigenes Glas mit dem Rest Perrier auffüllte. Als er ins Wohnzimmer zurückkam, war das Top ganz unten. Dill reichte ihr das Glas, lächelte und sagte: »Sieht viel kühler aus so.«

»Wie finden Sie die?« fragte sie, legte die Hand unter ihre linke Brust und bot sie ihm zur Ansicht.

»Nett.«

»Bloß nett?«

»Äußerst nett.«

»Das ist eine Art Annäherungsversuch, was ich hier mache.«

»Ich weiß.«

»Und?«

»Und es ist ein Jammer, daß ich in fünfzehn Minuten in der Innenstadt sein muß.«

»Im Ernst?«

Dill nickte bedauernd.

Cindy McCabe trank ein Drittel von ihrem neuen. Als sie das Glas absetzte, waren ihre Augen immer noch glasig und schielten sogar ein bißchen. Trotzdem starrten sie Dill an. »Wissen Sie was?« sagte sie.

»Was?«

»Ich hab mal bei Felicity einen Annäherungsversuch gemacht – draußen im Garten.«

»Was ist passiert?«

Cindy McCabe lachte, es war ein kurzes raues Lachen, eher traurig als fröhlich. »Sie hat mir einen wirklich netten Korb gegeben.« Sie schwieg einen Moment, runzelte die Stirn, schaute auf ihre nackten Brüste hinab, schaute wieder hoch und fügte hinzu: »Fast genauso, wie Sie mir gerade einen Korb geben.«

13

Als er Cindy McCabe schließlich losgeworden war, fuhr Dill in die Innenstadt, parkte den gemieteten Ford in der Tiefgarage und betrat um 15:46 Uhr das angenehm kühle Hawkins Hotel. Die Außentemperatur betrug, der Anzeige an der First National Bank zufolge, 42 Grad. Wind gab es keinen. Dill konnte sich nicht erinnern, wann es je keinen Wind gegeben hatte.

Die ältere Frau, die er für einen Dauergast hielt, saß auf ihrem üblichen Sessel im Foyer und arbeitete an einer komplizierten Stickerei. Sie sah auf, als Dill sich ihr näherte, aber diesmal runzelte sie weder die Stirn noch blickte sie ihn finster an. Noch lächelte sie ihm zu. Sie starrte nur. Dill lächelte und nickte. Sie nickte zurück und sagte: »Tornadowetter.«

Dill sagte: »Sie könnten recht haben«, und ging weiter bis zum Empfang, wo er anhielt, um nachzusehen, ob eine Nachricht in seinem Fach war. Es lag ein rosa Zettel darin. Er bat den Empfangschef darum. Der Mann, derselbe, bei dem Dill eingecheckt hatte, schaute zuerst auf seine Armbanduhr, nahm den Zettel aus dem Fach und lehnte sich über den Tresen, unvermittelt vertraulich oder verschwörerisch. Oder beides, dachte Dill.

»Captain Colder«, sagte der Mann und bewegte dabei kaum die Lippen.

Dill liebte Melodramen, besonders nachmittags. »Wo?«

»In der Sickergrube.«

»Seit wann?«

Der Empfangschef zuckte mit den schmalen Schultern. »Fünfzehn, vielleicht zwanzig Minuten.«

»Und?«

»Er sucht nach Ihnen.«

»Gibt's einen Hinterausgang?«

»Sie könnten – « Der Mann brach ab. Die Spitzen seiner Ohren wurden rosa. »Ach was, Mr. Dill, Sie nehmen mich auf den Arm.«

»Nicht richtig«, sagte Dill, drehte ab und ging zur Sickergrube. Noch im Gehen las er die Nachricht. Sie enthielt die Aufforderung, »bitte rufen Sie Mr. Dolan in Washington, D.C., vor 18 Uhr EDT an.« Dill schaute wieder auf seine Uhr. In Washington würde es erst in einer Stunde sechs sein. Aber das war wirklich nicht eilig. Timothy Dolan verließ das Büro des Unterausschusses ohnehin nie vor sieben, nicht mal Freitagabend.

Die Sickergrube, die ihrem Namen alle Ehre machte, war so dunkel wie Rohöl. Dills Augen brauchten eine Weile, um sich anzupassen. Schließlich entdeckte er Captain Gene Colder an einem Tisch neben der Nordwand. Colder saß mit dem Rücken zur Wand, vor sich ein Glas Bier. Das Bier sah unberührt aus. Dill vermutete, daß Colder nicht gern trank, trotz der zwei Scotch, die er gestern nachmittag in Dills Hotelzimmer weggeputzt hatte. Dill vermutete, daß die zwei Scotch Colders Wochenration ausmachten.

Dill ging zu dem Tisch hinüber. Colder blickte zu ihm auf und nickte. Es war kein freundliches Nicken. Es war auch nicht unfreundlich. Es war das kühle Nicken, mit dem ein Fremder einen andern bedachte, wenn er sich jedes Urteil vorbehält, bis der zweite Fremde etwas Befremdendes tut.

»Setzen Sie sich«, sagte Colder.

Dill nickte sein eigenes kühles Nicken, nahm einen Stuhl und setzte sich.

»Ein Drink?«

Dill wollte eigentlich nichts. Aber er sagte: »Klar, ich nehme ein Bier. Vom Faß.«

Colder hob die Hand. Die Kellnerin eilte herbei. In letzter Zeit, sagte Dill sich, hast du mit Leuten getrunken, die prompt bedient werden.

»Er möchte ein Bier, Lucille«, sagte Colder zu der Kellnerin.

»Und Sie, Captain?« fragte sie.

»Ich bin versorgt«, sagte er.

Lucille ging. Colder zog eine Packung Salem heraus und bot Dill eine Zigarette an. Dill schüttelte den Kopf. »Ich hab aufgehört.«

»Wenn ich diese Dinger weiterrauche, tu ich's auch.« Colder zündete sich die Zigarette mit einem Wegwerffeuerzeug an und beugte sich vor, die Ellbogen auf dem Tisch. »Ich dachte, wir könnten uns unterhalten, ohne daß uns der Chef im Nakken sitzt.«

»Okay.«

»Felicity«, sagte Colder, »ich möchte über sie reden.«

»In Ordnung.«

»Vielleicht sieht man's nicht, Dill, aber es zerreißt mich fast.«

Dill nickte auf eine, wie er hoffte, mitfühlende Weise. Dem war offenbar nicht so, denn Colder starrte ihn an, als erwarte er etwas mehr.

»Mich auch«, sagte Dill. »Mich zerreißt es auch. Fast.«

Das war besser, sah Dill. Nicht viel, aber etwas. Colder wandte den Blick ab und sagte: »Ich bin mit einem Biest verheiratet.«

»Das kommt vor.«

»Sie ist die Tochter eines ehemaligen stellvertretenden Polizeichefs aus meiner Heimatstadt. Kansas City.« Er drückte seine halbgerauchte Zigarette aus. »Und das ist der Grund, weswegen ich sie geheiratet habe – weil sie die Tochter des Vize-Polizeichefs war.« Er fuhr fort, sorgfältig die Zigarette auszudrücken. »Ich hab einen Fehler gemacht.«

»Ich mache dauernd welche«, sagte Dill, weil er merkte, daß Colder eine Antwort erwartete. Die Kellnerin kam, stellte das Bierglas vor Dill und ging wieder. Dill nahm versuchsweise einen Schluck. Colder hatte sein Glas immer noch nicht angerührt.

»Ich bin sechsunddreißig Jahre alt, und wenn ich es richtig anpacke, kann ich mit vierzig Chief sein. Vielleicht sogar früher. Und ich meine nicht Chief of Detectives, wie es Strucker ist. Ich meine Polizeichef – der *queso grande*.«

»Aber«, sagte Dill.

»Was meinen Sie mit aber?«

»Das ist der Grund, warum Sie mir das alles erzählen, weil es ein Aber gibt.«

Colder starrte Dill an. Das ist sein Großinquisitor-Starren, entschied Dill, das besagt: Beichte. Offenbare. Enthülle. Raus damit.

»Was für ein Aber ist es denn Ihrer Ansicht nach?« fragte Colder.

Dill zuckte mit den Achseln. »Ich werde nicht mal den Versuch machen zu raten, weil Sie es mir sagen werden.« Du brennst geradezu darauf, es mir zu sagen, dachte er. Der Untersuchungsbeamte wird zum Untersuchten, obwohl ich vermute, egal, wie die Enthüllungen aussehen, daß Sie, Captain, eine untadelige Rolle darin spielen. »Meine Frau«, begann Colder, »nun, meine Frau hat mir das Leben zur Hölle gemacht, lange bevor ich Felicity kennengelernt habe. In der Tat bin ich zu Hause ausgezogen.«

»Bevor Sie Felicity begegnet sind.«

»Jedenfalls kurz danach.«

»Ich verstehe.«

»Ich möchte nicht, daß Sie den Eindruck bekommen, Felicity hätte ein glückliches Heim zerstört.«

»Ich bin sicher, daß sie das nicht getan hätte.«

»Meine Frau und ich haben keine Kinder. Deshalb hatte ich nur mit ihr Ärger, als ich auszog.«

»Sie ist hier?«

»Richtig. Sie ist hier.«

»Wie alt ist sie?«

»Etwas älter als ich. Achtunddreißig.«

»Ohnehin fast zu spät für Kinder.«

»Ich glaube nicht, daß sie wirklich welche wollte«, sagte Colder und trank düster einen Schluck Bier, von dem Dill annahm, daß es inzwischen schal sein mußte. Colder schien nicht den Eindruck zu haben.

»Was hat sich denn danach abgespielt?« fragte Dill. »Ich meine, nachdem sie das mit Felicity herausgefunden hatte.«

»Sie haben es schon gehört, oder?«

»Was gehört?«

»Daß meine Frau gedroht hat, Felicity umzubringen.«

»Nein, das hab ich nicht gehört.«

»Das werden Sie.«

»Hat sie's denn getan?«

»Damit gedroht? Klar.«

»Nein«, sagte Dill. »Das meine ich nicht.«

»Sie meinen, ob sie Felicity getötet hat?«

»Ja.«

»Nein«, sagte Colder. »Hat sie nicht.«

»Wie hat Ihre Frau sie bedroht?«

»Sie hat sie angerufen und angeschrien. Sie hat sie zu Hause angerufen und gesagt: ›Wenn Sie sich nicht von meinem Mann fernhalten, bring ich Sie um.‹ Sie hat sie auch auf der Arbeit angerufen. Wenn Gertrude – so heißt sie – Felicity nicht erreichen konnte, hinterließ sie bei jedem, der an den Apparat ging, eine Nachricht. Nachrichten wie: ›Hier ist Captain

Colders Frau. Sagen Sie Detective Dill, daß ich sie umbringe, wenn sie ihn nicht in Ruhe läßt.‹ Das ging zwei Wochen so.«

»Und dann?«

Colder zündete sich noch eine von seinen Mentholzigaretten an. Er inhalierte und verzog das Gesicht bei dem Geschmack. Oder beim Gedanken daran, was er sagen wollte. »In diesem Bundesstaat können zwei Ärzte jemanden einweisen. Das Department hat zwei gewissermaßen abrufbereit – Typen, die Probleme mit der staatlichen Ärztekammer haben könnten, falls wir etwas dagegen tun wollten. Sie sind verfügbar.« Er legte eine Pause ein. »Ist das nicht furchtbar?«

Dill nickte. »Yeah«, sagte er. »Ist es.«

»Ich hab sie also einen Monat aus dem Verkehr gezogen.«

»Gertrude.«

»Yeah. Gertrude.«

»Wann war das?«

Colder dachte kurz nach. »Im September vergangenen Jahres.«

»Dann ist sie wie lange wieder draußen? Zehn oder elf Monate?«

»Richtig.«

»Und?«

»Sie hat sich beruhigt. Man hat ihr Valium verschrieben. Sie trifft sich sogar mit einem Typ, den sie in dem Laden kennengelernt hat. Ich hab ihn überprüft. Er ist Quartalssäufer und ließ sich gerade trockenlegen, als sie ihn kennenlernte. Er lebt von einem Treuhandfonds, den eigentlich jeder Säufer haben sollte, damit er sich um Geld keine Sorgen machen muß. Das bringt ihm monatlich zweitausend Dollar, und manchmal verkauft er Immobilien. Aber meistens zieht er mit Gertrude herum. Er bringt ihr Blumen, geht mit ihr ins Kino und ins Theater, immer wenn hier ein Stück gegeben wird, und das gefällt ihr. Er ist älter. Anfang Fünfzig, und ich nehme an, er fickt sie, aber nicht zu oft, und das wäre für sie definitiv auch okay.«

»Sie hat also in die Scheidung eingewilligt«, sagte Dill.

»O yeah. Sie hat schließlich eingewilligt, als sie rauskam.«

»Wo war sie?«

»Millrun Farm. Schon mal davon gehört?«

Dill nickte. »Das war die Klinik vom alten Doc Lasker, als er der ansässige Abtreiber war. Sie kamen damals von überall her – aus New York, L. A., Memphis, Chicago. Es war ein ganz schöner Ort, aber das ist Jahre her.«

»Ist es immer noch«, sagte Colder. »Lasker ist gestorben, wissen Sie.«

Dill schüttelte den Kopf. »Wußte ich nicht.«

»Er war alt, und sein Geschäft war ohnehin zum Teufel, als Abtreibung legalisiert wurde. Also verkaufte er das Ganze an zwei junge Seelenklempner, und die machten es zu einem Erfolg. Sie verlangen weiß Gott genug.«

Dill trank sein Bier aus. »Ich frage mich, warum Felicity mir nie erzählt hat, daß sie heiraten würde.«

Colder schüttelte den Kopf, als wäre er verwundert. Dill glaubte der Geste nicht. Verwunderung gehörte so wenig zu Colders Charakter wie Bescheidenheit. Und was Sie auch sein mögen, Captain, bescheiden sind Sie nicht.

»Sie sagte, sie hätte Ihnen davon geschrieben«, sagte Colder.

»Hat sie nicht.«

»Vielleicht war es wegen Gertrude und all dem.«

»Vielleicht.« Dill bekam Lust auf ein zweites Bier. Er schaute zur Bar, erregte die Aufmerksamkeit Lucilles, der Kellnerin, und machte mit abwärts gerichtetem Zeigefinger eine kreisende Bewegung über dem Tisch. Lucille nickte, sie hatte verstanden. Dill wandte sich wieder an Colder und lächelte sein freundlichstes Lächeln.

»Ich möchte Sie etwas fragen«, sagte Dill, und sein Lächeln erstrahlte jetzt fast vor Wärme, Verständnis und Mitgefühl.

Colder hielt dieses Lächeln offenbar keine Sekunde für echt. Er nahm seine Ellbogen vom Tisch und lehnte sich in seinem Stuhl zurück. Es war eine Verteidigungsstellung. Als er antwortete, hatte seine Stimme wieder den Klang eines völlig Fremden angenommen. »Mich was fragen?«

»Wo hat Felicity gewohnt?« Dill hielt sein Lächeln sorgfältig am Leuchten.

»Ecke Thirty-second und Texas«, sagte Colder ohne Zögern.

Das Lächeln erlosch, und Dill schüttelte bedauernd den Kopf. »Ich habe mich wohl nicht richtig ausgedrückt.«

»Sie haben mich gefragt, wo sie gewohnt hat. Ich hab's Ihnen gesagt. Ecke Thirty-second und Texas.«

»Da hat sie gelegentlich campiert«, sagte Dill. »Ich war heute nachmittag dort. Ich hab herumgestöbert. Da wohnte niemand. Niemand. Jemand hat dort ein paar Kleidungsstücke aufbewahrt. Jemand hat dort ab und zu eine Tasse Kaffee getrunken. Dann und wann hat dort sogar jemand geschlafen. Aber niemand hat da gewohnt. Wenigstens niemand namens Felicity Dill. Was ich Sie also wohl fragen will, ist, wo Felicity wirklich gewohnt hat? Bei Ihnen? Hat sie dort den Herd mit ihrer Remouladensoße bekleckert und neun Bücher auf einmal gelesen und die meisten aufgeschlagen auf dem Fußboden liegen gelassen und ihre zwei Packungen Luckys am Tag geraucht und sich mindestens zweimal am Tag auf die Waage gestellt und ihre Küche mit genug Nahrungsmitteln für zwei Monate bestückt gehabt, auch wenn sie wußte, daß sie viel davon wegwerfen würde? Das war meine Schwester, Captain. So hat sie gewohnt. Sie war nicht zwanghaft ordentlich. Sie hat nicht Versandhausdrucke von Impressionisten an ihre Wände gehängt. Wenn man Felicity fünf Minuten in einem Zimmer gab, irgendeinem Zimmer, ließ sie es so aussehen, als wohnte sie dort schon immer. Sie hat sich Nester gebaut, Captain, und die baute sie sich aus allen möglichen Dingen – seltsamen Dingen, komischen Dingen, sogar albernen Dingen wie dem Feuerhydrant, den sie mit fünfzehn kaufte und mit dem darauf geschweißten Waschzuber in das Vogelbad im Vorgarten verwandelte.« Dill holte tief Luft, hielt sie eine Weile an, stieß sie langsam aus und fragte in einem ruhigen, vernünftigen Ton: »Wo hat sie also gewohnt, Captain?«

Die Kellnerin Lucille tauchte mit den zwei Bieren auf und stellte sie vor ihnen ab. Sie wollte etwas zu Colder sagen, überlegte es sich aber anders, als sie seinen Gesichtsausdruck sah, und eilte davon. Colder, der Dill noch immer anstarrte, steckte die linke Hand in die Hosentasche, nahm sein Bier in die rechte und trank mehrere Schluck.

Nachdem Colder das Bier abgestellt hatte, sagte er: »Ecke Fillmore und Nineteenth. Sie wissen, wo das ist?«

Dill ging in Gedanken den Stadtplan durch. Er war ihm unauslöschlich eingeprägt. »Die Fillmore endet am Park, dem Washington Park, und geht auf der anderen Seite weiter. An der Ecke stehen ein paar alte Häuser. Sehr große alte Häuser.«

»Südwestecke. Siebzehn-achtunddreißig Fillmore. Ein Architekt hat es gekauft und in Apartments umgewandelt. Hinten ist eine Garagenwohnung, an der Zufahrt. Das war Felicitys.« Er zog seine linke Hand aus der Tasche und legte einen einzelnen Schlüssel neben Dills Bierglas. »Das ist der Schlüssel.«

Dill schaute den Schlüssel und dann Colder an. Ihm war so, als hätte er für Sekundenbruchteile etwas in den Augen des anderen gesehen. Vielleicht Schmerz. Aber er verschwand fast sofort. »Warum zwei Wohnungen?« fragte Dill.

»Ich weiß nicht.«

»Aber Sie haben von beiden gewußt?«

»Herrgott, ja, ich wußte es. Schauen Sie, Freund, vielleicht sollten Sie sich etwas klarmachen: Ich wollte sie heiraten. Nicht weil sie meiner Karriere nützen konnte. Nicht weil sie reich war. Nicht weil sie – ach, zum Teufel, ich hab sie geliebt. Deshalb wollte ich sie heiraten.«

Der Schmerz, erkannte Dill, war wieder in Colders Augen. Diesmal verschwand er nicht. »Was hat sie dazu gesagt – daß sie zwei Wohnungen hatte.«

»Sie sagte, das andere, das Zweifamilienhaus, sei eine Investition für Sie beide. Sie sagte, Sie dächten daran, hierher zurückzukommen und hier zu leben. Sie sagte, Sie hätten ihr geholfen, es zu kaufen.«

»Das hat sie gesagt?«

Colder nickte, und der Schmerz in seinen Augen drohte sich über sein ganzes Gesicht auszubreiten.

»Sie hat gelogen«, sagte Dill.

»Ja«, sagte Colder, »das wissen wir beide jetzt, nicht wahr?«

14

Als er Captain Colder verlassen hatte, ging Dill zurück in die Tiefgarage des Hotels, holte die Akte Jake Spivey aus dem Handschuhfach des Ford und nahm den Fahrstuhl von der Garage bis zum achten Stockwerk. Er hatte vor, Timothy Dolan in Washington anzurufen und ihm einige der wichtigeren Passagen aus Spiveys eidesstattlicher Erklärung vorzulesen.

Dill schloß die Tür zu Zimmer 981 auf, stieß sie auf und betrat den Raum. Er drehte sich, um die Tür zu schließen, und der Arm legte sich um seinen Hals. Es war ein dicker Arm, sehr muskulös, sehr stark. Dill hatte gerade noch Zeit, Würgegriff zu denken und zu registrieren, daß der Besitzer des Arms weder keuchte noch schwer atmete. Vielleicht verdiente er sich damit seinen Lebensunterhalt, dachte Dill, und dann, als die Sauerstoffzufuhr unterbrochen und die Halsschlagader zugedrückt wurde, nicht mehr genug Luft in seine Lungen einströmte und sein Gehirn nicht mehr mit genug Blut versorgt wurde, verlor Dill das Bewußtsein und kam erst neun Minuten später wieder zu sich.

Er befand sich auf dem Fußboden neben dem Bett. Das erste, was er tat, nachdem er die Augen geöffnet hatte, war schlucken. Nichts war zerquetscht worden. Nichts tat besonders weh – nur seine Kehle war etwas wund, und er wußte, daß das gleich vorüber wäre. Es ist nicht viel schlimmer, als es damals in der fünften Klasse war, als Jake und ich rausfanden, wie man das macht, dachte Dill. Außer, daß wir damals nicht wußten, daß es Halsschlagader hieß. Wir fanden nur, es wäre eine tolle Art, ohnmächtig zu werden.

Er setzte sich langsam, sogar ein wenig vorsichtig auf und blickte sich prüfend um, um festzustellen, ob der Würgegriffexperte noch da war. War er nicht. Dill tastete die Brusttasche seines Jacketts nach der Brieftasche ab. Sie war noch da. Er nahm sie heraus, schaute hinein und zählte das Geld. Es war nichts gestohlen worden. Seine Armbanduhr war noch am linken Handgelenk. Dill stützte sich auf die Knie, kam dann auf die Füße und blickte sich nach der Akte Jake Spivey um. Es war nur ein kurzer Blick ohne Hoffnung. Er wußte, daß die Akte weg wäre, und das war sie.

Dill setzte sich aufs Bett und befühlte mit der rechten Hand sachte seine Kehle. Die leichte Wundheit ließ bereits nach. Der Hirnschaden würde minimal sein, sagte er sich, höchstens ein paar hunderttausend Zellen weniger, aber es gibt noch viele Millionen andere, und da du ohnehin nicht viel Gebrauch davon machst, bist du so schlau wie immer, das heißt, du kannst breite Straßen noch allein überqueren.

Er versuchte sich so genau wie möglich an den Angreifer zu erinnern. Ihm fiel der Unterarm wieder ein. Es war ein mordsmäßiger Unterarm gewesen, wahrscheinlich der rechte, da die linke Hand das rechte Handgelenk umfassen mußte, um den Druck auszuüben. Dann war da noch diese leichte, ganz normale Atmung gewesen. Er war nicht gerade in Panik geraten, während er auf dich wartete. Seine Nerven, falls er welche hat, sind in bester Verfassung. Und seine Pulsfrequenz erhöht sich vermutlich bis auf zweiundsiebzig, wenn er sich aufregt – falls es je dazu kommt. Dill mußte sich nicht den Puls fühlen, um zu wissen, daß er raste.

Und da sein Angreifer es so reibungslos und mit so wenig Aufwand gemacht hatte, entschied Dill, daß er es in der Vergangenheit oft getan haben müsse, was womöglich, Inspektor, darauf hindeutet, daß er, bevor er sein Verbrecherleben aufnahm, gut und gerne ein ehrlicher Polizist gewesen sein mochte oder sogar ein unehrlicher, vielleicht aus Los Angeles, wo angeblich alle Würgegriff-Meister herkommen. Und dieser hier könnte sich problemlos für die Würgegriff-Olympiade qualifiziert haben. Es bestand natürlich die Möglichkeit, daß er sein Handwerk anderswo aufgeschnappt hatte. Er konnte ein leicht durchgeknallter Veteran der Special Forces sein, ein angegrauter Green Beret, der in Bragg alles über Würgegriffe und lautloses Töten gelernt, sie in Vietnam bis zur Perfektion geübt hatte und jetzt seine hart erworbenen Fähigkeiten all denen anbot, die sie kaufen wollten. Lern einen Beruf in der Armee, hatte man ihm geraten, und das hatte er getan.

Dill stand vom Bett auf, ging hinüber zu der Flasche Old Smuggler, die noch immer auf dem Schreibtisch stand, öffnete sie, roch mißtrauisch am Flaschenhals (wonach?, fragte er sich. Zyankali?), schenkte sich etwa sechs Zentiliter in ein Glas und trank es aus. Es brannte leicht und ließ ihn erschauern, aber nicht mehr als üblich.

Als er das Glas abgesetzt hatte, nahm Dill den Hörer vom Telefon, schloß die Augen, erinnerte sich an die Nummer, die er haben wollte, und wählte. Beim dritten Läuten antwortete ihm die Stimme von Daphne Owens, die sich wieder mit den vier letzten Ziffern der Nummer meldete.

»Hier ist noch einmal Ben Dill. Ich möchte kurz mit Jake sprechen.«

»Einen Moment«, sagte sie, und zehn Sekunden später war Spivey in der Leitung, übersprudelnd mit seiner üblichen guten Laune: »Ich wollte dich gerade anrufen, alter Freund.«

»Weswegen?«

»Sonntag. Du bist doch Sonntag noch in der Stadt, stimmt's? Der Wetterfrosch sagt, daß es wieder brüllend heiß wird, also dachte ich, daß du vielleicht Lust hast, zu mir rauszukommen, ein paar Rippchen zu grillen, in den Pool zu springen und ein paar halbnackte Damen anzuglotzen. Hier den Tag zu verbringen.«

»Klingt gut«, sagte Dill. »Vielleicht bring ich eine mit.«

»Eine halbnackte Dame?«

»Genau.«

»Ich bewundere absolut, wie ihr lässigen Jungs aus der Stadt vorgeht.«

»Ich habe ein Problem, Jake.«

»Groß oder klein?«

»Klein. Ich habe deine eidesstattliche Erklärung verloren.«

Spivey schwieg eine Weile. »Verloren?«

»Aus Fahrlässigkeit.«

»Ich sollte wohl fragen, wo du sie verloren hast, und dann könntest du sagen, wenn du wüßtest, wo du sie verloren hast, würdest du sie suchen gehen. Also, wo hast du sie verloren?«

»Ich hatte sie in meiner Aktentasche«, sagte Dill. »Ich hab sie am Zeitungsstand im Hotel abgestellt, um mir ein paar Zeitschriften anzusehen, und als ich nach unten griff und sie hochnehmen wollte, war sie verschwunden.«

»So was passiert in der Innenstadt oft«, sagte Spivey. »Was war sonst noch in deiner Aktentasche?«

Dill beschloß, seine Geschichte noch etwas auszuschmükken. »Mein Flugticket, ein paar Papiere, aber nichts Wichtiges. Ich wollte fragen, ob du noch eine Kopie deiner Erklärung besorgen kannst.«

»Kein Problem. Ich muß nur eins der Mädchen bitten, auf einen Knopf zu drücken, und der Drucker spuckt noch eine aus. Die gottverdammten Computer sind schon eine tolle Sache, nicht?« Bevor Dill antworten konnte, fuhr Spivey in nachdenklichem Ton fort: »In der Erklärung steht sowieso nichts. Ich meine, nichts, worüber ich mir Sorgen machen müßte. Weißt du was, ich laß einfach noch eine Kopie ausdrucken, lasse sie von Daffy notariell beglaubigen und sie dir von einem meiner Mexikaner vorbeibringen. Er sollte ungefähr in einer Stunde dasein, falls du deine Leute in Washington anrufen mußt, um ihnen zu erzählen, was für eine tolle Arbeit du hier unten leistest.«

»Du bist ein Pfundskerl, Jake.«

»Ich wüßte wirklich gern, wie du das buchstabierst. Und was Sonntag angeht, warum kommt ihr nicht um die Mittagszeit hierher, du und deine Freundin?«

»Das klingt gut.«

»Dann sehe ich dich Sonntag.«

Dill dankte Spivey noch einmal und legte auf. Er stand da, starrte auf das Telefon herunter, merkte sich sorgfältig die Lügen, die er Spivey erzählt hatte, hob den Hörer wieder ab, wählte elf Ziffern, lauschte auf das Knistern und Knacken in der Fernleitung, das Läuten am anderen Ende und dann auf die Stimme von Timothy Dolan, die sagte: »Dolan.«

»Hier ist Ben, Tim.«

»Ich habe Neuigkeiten. Clyde Brattle ist zurück.«

»Zurück? Wo?«

»In den Staaten. Er ist von Kanada rübergekommen.«

»Aber sie haben ihn nicht gesehen, stimmt's?«

»Erst zwei Tage später entschied einer von ihnen endlich: Hey, das Gesicht kam mir irgendwie bekannt vor, ging sein Fahndungsbuch durch und erkannte Brattle.«

»Wo war das?«

»In Detroit.«

»Wann?«

Entweder seufzte Dolan, oder er stieß Zigarrenrauch aus. »Vor zehn Tagen, aber niemand hat es bis heute nachmittag für nötig gehalten, uns Bescheid zu sagen. Der Senator ist schon nach Santa Fe aufgebrochen, um dort ein bißchen Wochenendpolitik zu machen, und ich hab es noch nicht geschafft, ihn zu erreichen. Er wird einen Mordskrach schlagen. Ich habe selber schon ziemlichen Terror gemacht.«

»Was glaubst du, warum Brattle zurückgekommen ist?«

»Ich würde sagen, daß er vielleicht noch ein paar offene Probleme lösen muß.«

»Wie Spivey?«

»Mag sein. Hast du schon mit ihm gesprochen?«

»Heute nachmittag.«

»Hat er zugestimmt, dir eine eidesstattliche Erklärung zu geben?«

»Ich hab sie schon im Kasten. Beglaubigt und alles.«

»Was Interessantes dabei?«

»Nur das, was nicht drinsteht, ist interessant.«

»Was will er für das haben, was nicht drinsteht – Immunität?«

»Richtig.«

»Was hast du gesagt?«

»Ich habe genickt.«

»Nun ja, ein Nicken bekommt er nicht auf Band.«

»Da ist noch etwas«, sagte Dill.

»Ich mag deinen Ton nicht, Ben. Der klingt nach Unheil und einer absoluten Katastrophe.«

»Ich bin überfallen worden.«

»Großer Gott, wann?«

»Vor ungefähr fünfzehn Minuten. In meinem Hotelzimmer. Sie haben die Akte Spivey mitgenommen.«

»Was noch?«

»Das war alles, was sie wollten.«

»Sie?«

»Er war groß genug für zwei. Er wandte bei mir einen Würgegriff an und nein, ich bin nicht verletzt, aber es war nett von dir zu fragen.«

»Ich überlege gerade«, sagte Dolan. »Die Akte selbst ist nicht wichtig, wir haben Kopien.«

»Und Spivey wird mir eine Kopie seiner Erklärung schicken. Ich hab ihm gesagt, jemand hätte mir die Aktentasche geklaut.«

»Du hast keine Aktentasche.«

»Das weiß Spivey nicht.«

Am anderen Ende in Washington gab es ein Schweigen, bis Dolan sagte: »Ich hab weiter überlegt. Was stand in der Erklärung – zwischen den Zeilen?«

»Zwischen den Zeilen, wenn ich richtig gehört und gelesen habe, könnte Spivey Clyde Brattle ans Messer liefern, falls er wollte und wir ihm Immunität garantieren, damit er sich nicht gleich mit ans Messer liefert.«

»Ich frage mich«, sagte Dolan langsam, »wohin Brattle nach Detroit gegangen ist.«

»Du fragst dich doch nicht nur, sondern du deutest an, daß er hier ist und einen schnellen Blick in Spiveys Akte werfen wollte.«

»Das ist eine Möglichkeit.«

»Vielleicht warne ich Jake besser.«

»Mach nur, aber falls Clyde Brattle ihn tot haben will, ist er tot. Unser Problem besteht darin, Spivey so lange am Leben zu halten, bis –« Dolan brach ab. »Paß auf, wenn ich das hier klären kann, mit dem Vorsitzenden rede und mit diesem Mistkerl Clewson, dann...« Er verstummte allmählich. Clewson war Norman Clewson, der Mehrheitsberater im Unterausschuß. Dolan verachtete ihn. »Ich kann es schaffen«, sagte er plötzlich.

»Was schaffen?«

»Ein Hearing des Unterausschusses da unten bei dir für nächsten Dienstag oder Mittwoch einberufen. Der Senator kann den Vorsitz führen. Teufel, es liegt auf seinem Rückweg.

Ich komme runter, und wir halten es im Gebäude der Bundesregierung ab, sichern Spivey Immunität zu und lassen ihn sich um Kopf und Kragen reden, solange er noch am Leben ist.«

»Das werden sie nie genehmigen«, sagte Dill.

»Sie werden es genehmigen«, sagte Dolan zuversichtlich. »Sie haben keine andere beschissene Wahl, nachdem ich ihnen gesagt habe, daß sie andernfalls nie und nimmer Jake Spiveys ungeschminkte Zeugenaussage bekommen, weil er gottverdammt tot sein wird.«

»Das glaubst du wirklich?«

Dolan machte eine kurze Pause, bevor er antwortete. »Klar. Du nicht?«

»Du kennst Jake nicht so gut wie ich.«

»Du meinst, Brattle könnte der Tote sein?«

»Könnte er.«

»Was soll's, Ben. Wenn du recht hast, haben wir trotzdem die Nase vorn.«

15

An jenem Freitag abend um drei Minuten vor sechs meldete sich Anna Maude Singe, die Anwältin, am Telefon ihres Büros mit einem forschen und nüchternen »Anna Maude Singe«.

»Hier ist Ben Dill.«

»Oh«, sagte sie. »Gut. Hallo.«

»Ich war mir nicht sicher, ob ich Sie erwischen würde.«

»Ich wollte gerade gehen.«

»Der Grund für meinen Anruf ist der, daß sie – also die Cops – mir morgen eine Limousine schicken, und ich hab mich gefragt, ob Sie vielleicht mit mir zu der Trauerfeier und danach zum Friedhof fahren wollen.«

Es entstand ein kurzes Schweigen, bis Singe schließlich sagte: »Ja. Würde ich gern.« Es gab noch eine Pause, und dann sagte sie: »Ich muß ohnehin mit Ihnen reden.«

»Wie wär's mit heute abend?« fragte Dill.

»Heute abend?«

»Abendessen.«

»Sie meinen, eine richtige Verabredung?«

»Ziemlich nah dran.«

»Mit richtigem Essen?«

»Das kann ich versprechen.«

»Nun, das klingt besser als Diätküche. Wo sollen wir uns treffen?«

»Soll ich Sie nicht abholen?«

»Sie meinen, von zu Hause?«

»Klar.«

»Gott«, sagte sie, »das ist wirklich wie bei einer richtigen Verabredung, nicht wahr?«

Anna Maude Singe wohnte an der Ecke 22nd und Van Buren in einem siebenstöckigen Apartmenthaus, das Anfang 1929 von demselben Syndikat von Ölleuten gebaut worden war, das später den Wolkenkratzer des bankrotten Spekulanten gekauft hatte. Offenbar hatten die Ölleute das leicht georgianische Gebäude errichten lassen, um die Eltern der neuen Ölreichen unterzubringen, die die alten Leute aus dem Weg haben wollten. Es war ein gut durchdachtes, sorgfältig geplantes Bauwerk, und die neuen Ölreichen schlossen unverzüglich langfristige Mietverträge ab – nur um festzustellen, daß ihre Eltern sich gegen den Gedanken ans Wohnen in einem Apartment sperrten (die meisten hielten es für sündhaft) und sich weigerten, das Haus zu betreten.

Die Gesellschafter des Syndikats, die 1930 anscheinend mit einer Fehlinvestition dasaßen, hatten mit den Achseln gezuckt und ihre Freundinnen und Geliebten in dem eingemietet, was später spöttisch Old Folks Home genannt wurde, obwohl sein richtige Name Van Buren Towers war.

Es war eine solide, äußerst gut ausgeführte Konstruktion, bei deren Ausstattung großzügig italienischer Marmor verwendet worden war, besonders in den ziemlich kitschigen Badezimmern. Später dann, als die Ölmänner und ihre Mätressen alterten, sich trennten und starben, erzielten die Apartments Höchstmieten, so daß Wohneinheiten mit zwei Schlafzimmern Ende 1941 bis zu hundert Dollar pro Monat brachten. Zur Freude der glücklichen Mieter jener Zeit damals kam es wegen des Kriegs bis Ende 1946 zu einer Mietpreisbindung.

Dill war nur einmal in diesem Gebäude gewesen, und das war 1959, als der schlimme Jack Sackett ihn und Jake Spivey eingeladen hatte, Sacketts »Tante Louise« kennenzulernen, eine dreiunddreißigjährige Schönheit, die sich als die komfortabel ausgehaltene Freundin von Sacketts Vater entpuppte, der damals Sprecher im Repräsentantenhaus des Staates war. Tante Louise hatte ihrem jungen Herrenbesuch Coca-Cola mit Bourbon serviert und sie später der Reihe nach in ihr Schlafzimmer geführt. Dill und Spivey waren noch keine vierzehn. Sackett, der zukünftige Spitzen-Poolhai der Westküste, war fünfzehn. Für Dill blieb es ein denkwürdiger Sommernachmittag.

Als er in der marmornen Eingangshalle des Van Buren auf den einzigen Lift wartete, der ihn zum vierten Stock bringen sollte, bemerkte Dill, daß im Foyer die Teppiche inzwischen ein wenig verschlissen, die Wände von klebrigen Fingern beschmiert waren und die dicke Glastür geputzt werden mußte. Im Fahrstuhl, der nach Hundeurin roch, versuchte er sich an die Nummer von Tante Louises Apartment zu erinnern, konnte es aber nicht. Dill hütete sich zu hoffen, daß Anna Maude Singes Nummer dieselbe sein würde.

Sie trug einen gestreiften, genoppten Baumwollkaftan, als sie die Tür öffnete, nachdem er den elfenbeinfarbenen Klingelknopf gedrückt hatte. Sie lächelte und trat zurück. Als er hineinging, sagte sie: »Willkommen in der verblichenen Pracht.«

Dill schaute sich um. »Sie haben recht. So ist es.«

»Sie kennen seine bewegte Geschichte? Die des Gebäudes meine ich.«

Er nickte.

»Nun ja, dieses Apartment hier wurde von 1930 bis zum Anfang vergangenen Jahres von einer gewissen Eleanor Ann Washburn bewohnt, aber dann ist Miss Ellie plötzlich gestorben und hat mir alles hinterlassen – Möbel, Kleidung, Bücher, Gemälde, alles –, einschließlich ihrer Erinnerungen. Wissen Sie, alles wurde in Eigentumswohnungen umgewandelt.«

Dill sagte, das habe er nicht gewußt.

»Das war zweiundsiebzig«, sagte sie.

»Warum hat sie's Ihnen hinterlassen?«

»Ich hab ihr geholfen, die Förderabgaben bei einigen ihrer verpachteten Ölquellen wieder in Ordnung zu bringen, die der alte Ace Dawson ihr Anfang der dreißiger Jahre geschenkt hatte. Sie war Ace' Konkubine. Er gab ihr, was sie einen Abfalleimer voller Pachtverträge genannt hat, die in den fünfziger Jahren nichts mehr brachten, aber als die Ölkrise kam – nicht die von dreiundsiebzig, sondern die von neunundsiebzig –, da wurde es profitabel, diese alten Quellen allmählich zu verscherbeln. Nachdem also der Mann von der Ölgesellschaft bei ihr aufgetaucht war, ließ Miss Ellie mich kommen, weil sie sagte, sie sei noch nie in ihrem Leben einem Petroleum-Mann begegnet, der kein krummer Hund gewesen wäre, und sie behauptete, sie müsse es wissen. Ich hab ihr den besten Deal besorgt, den ich kriegen konnte, was nicht schlecht war, und dann ist sie zu einem andern Anwalt gegangen und hat ihr Testament geändert und mir ihre Wohnung hinterlassen und alles, was darin war.«

»Und sie war Ace Dawsons Freundin?«

»Eine von ihnen. Sie sagte mir, er hätte rund ein halbes Dutzend gehabt, über den ganzen Staat verteilt.«

»Ich kenne den Typ, der sein Haus gekauft hat.«

»Jake Spivey«, sagte sie.

»Sie kennen Jake?«

»Jeder spricht von ihm, aber nicht sehr viele scheinen ihn zu kennen.«

»Möchten Sie ihn kennenlernen?«

»Im Ernst?«

»Gewiß.«

»Wann?«

»Sonntag. Sie grillen Rippchen und wir springen in seinen Pool.«

»Sonntag«, sagte sie.

Dill nickte.

»Welche Zeit?«

»Wir fangen dort draußen gegen Mittag an.«

»Also den ganzen Tag?«

»Vermutlich.«

»Na ja, ich bin kein Groupie, aber ich würde töten, um das Haus von innen zu sehen.«

Dill grinste. »Sie halten Jake für einen Star?«

Sie zuckte mit den Achseln. »In dieser Stadt gilt er als einer.« Sie blickte sich im Zimmer um und runzelte die Stirn. »Warum stehen Sie hier noch rum? Setzen Sie sich doch.« Sie zeigte auf einen Polstersessel, der mit einem guterhaltenen, aber etwas verblichenen Stoff mit floralem Muster bezogen war. Die Flora schien aus verflochtenen roten und gelben Rosen mit spitzen Dornen und sehr blassen grünen Stielen zu bestehen. Dill setzte sich. Anna Maude Singe lächelte. »Wie ich gesagt habe – verblichene Pracht.« Sie drehte sich um und ging zum Flur. »Bin gleich zurück.«

Während sie draußen war, musterte Dill das geräumige Wohnzimmer und die mehr als drei Meter hohe Decke. Die Wände bestanden aus dickem, mit der Zahnkelle verstrichenem, cremefarbenem Gips. Die Einrichtung schien das Aroma der dreißiger und vierziger Jahre zu verströmen. Es gab sogar einen Capehart-Plattenspieler, das Automatikmodell, das die 78-rpm-Platten nach dem Abspielen hochnahm und sanft durch einen gefütterten Schlitz fallen ließ. Dill erinnerte sich, daß er einen im Haus eines Freundes in Alexandria, Virginia, in Betrieb gesehen hatte. Der Freund hatte es eine Antiquität genannt.

Der Rest des Mobiliars hatte scharfe Ecken und Kanten, und alles schien entweder selten benutzt oder erst kürzlich frisch gepolstert worden zu sein. Die Farben waren mit Ausnahme des verblichenen floralen Polstersessels in gedämpften

Farbtönen gehalten – Dunkelbraun, Hellbraun, Cremefarben, gebrochenem Weiß –, aber es waren eine Menge hellrote, gelbe und orangefarbene Kissen überall verstreut. Dill fand, daß die Kissen sehr schön mit dem großen Maxfield-Parrish-Druck von »Daybreak« harmonierten. Er stand auf, um ihn sich genauer anzusehen, versuchte herauszukriegen, ob die Gestalten der Teenager auf dem Bild Jungen oder Mädchen waren. Er war noch unentschieden, als Anna Maude Singe, angetan mit einem cremefarbenen Seidenkleid, dessen Saum knapp unterhalb der Knie endete, wieder hereinkam. Dill fand, daß das Kleid sowohl elegant als auch teuer aussah. Er lächelte und sagte: »Sie sehen schrecklich schön aus.«

Sie blickte an ihrem Kleid hinab, das einen U-Ausschnitt und sehr kurze Ärmel hatte. »Dieses alte Ding. Das kann ich ehrlich sagen, weil es entweder achtundvierzig oder neunundvierzig Jahre alt ist, und es ist aus echter chinesischer Moiréseide. Miss Ellie und ich hatten in etwa die gleiche Größe – wenigstens hatte sie die damals. Später wurde sie ein bißchen fett.«

Im Fahrstuhl auf dem Weg nach unten setzte Anna Maude Singe ihm kurz und bündig auseinander, welche Schritte Dill zu unternehmen hätte, um sich die Versicherungspolice seiner toten Schwester über zweihundertfünfzigtausend Dollar auszahlen zu lassen. Auf dem Weg zu seinem geparkten Wagen faßte sie die Hindernisse zusammen, mit denen er zu rechnen habe, falls er vorhatte, das gelbe Zweifamilienhaus zu verkaufen. Dill fand ihre Darstellung ebenso präzise wie objektiv. Als sie in den Ford einstiegen, sagte er: »Ich glaube, ich könnte einen Anwalt gebrauchen.«

Sie zuckte mit den Achseln. »Könnte sein.«

Er steckte den Schlüssel in die Zündung und ließ den Motor an. »Sie können mein Anwalt sein.«

Sie sagte nichts. Dill fuhr vom Bordstein los. An der nächsten Kreuzung sagte er: »Nun?«

»Ich denke nach.«

»Worüber denn?«

»Darüber, ob ich Ihre Anwältin sein möchte.«

»Herrgott, ich bitte Sie doch nicht, mich zu heiraten!«

»Es geht nicht um Sie«, sagte sie. »Sie geben einen netten, langweiligen Klienten ab. Es geht um Felicity.«

»Felicity ist tot.«

»Ich vertrete noch immer ihren Nachlaß.«

»Na und?«

»Es könnte einen Interessenkonflikt geben.«

»Mein eines Jahr an der juristischen Fakultät, auch wenn meine Erinnerung dunkel ist, sagt mir, das ist einfach ein Haufen Bullshit.«

Sie wandte sich ihm zu, lehnte sich mit dem Rücken gegen die Tür und zog die Füße auf den Sitz herauf. »Felicity hat viel mit mir gesprochen – hat sich mir anvertraut, weil ich sowohl ihre Freundin als auch ihre Anwältin gewesen bin. Manchmal ist es schwer, zu entscheiden, wo die anwaltliche Schweigepflicht beginnt und aufhört.«

»Das ergibt keinen Sinn.«

»Das liegt daran, daß ich glaube, ich sollte nichts mehr sagen.«

Dill starrte sie finster an und wandte dann seine Aufmerksamkeit wieder der Straße zu. »Ich bin ihr gottverdammter Bruder«, sagte er, »nicht der beschissene IRS. Meine Schwester ist umgebracht worden. Sie hat ein ziemlich merkwürdiges Leben geführt, bevor man sie in die Luft gesprengt hat. Sie hat ein Zweifamilienhaus, in dem sie kaum gelebt hat, mit Geld gekauft, das sie nicht hatte. Sie hat eine Lebensversicherung über zweihundertfünfzigtausend Dollar abgeschlossen, dafür mit Bargeld gezahlt und ist drei Wochen später gestorben – genau rechtzeitig. Fragt sich denn eigentlich niemand – Sie zum Beispiel –, wo zum Teufel das Geld hergekommen ist? Herrgott, hat denn niemand daran gedacht, daß das Geld und der Killer vielleicht miteinander zusammenhängen? Aber Sie sitzen nur da und reden über Schweigepflicht. Jesus, Lady, wenn Sie irgendwas wissen, gehen Sie hin und erzählen Sie's den Cops. Felicity ist tot, ihr macht es nichts mehr aus, wenn Sie ihre Geheimnisse ausplaudern. Ihr macht überhaupt nichts mehr was aus.«

»Die Ampel ist rot«, sagte Singe.

»Ich weiß, daß sie rot ist«, sagte Dill, trat voll auf die Bremse, so daß die Räder des Ford blockierten.

Sie saßen schweigend vor der roten Ampel, bis sie sagte: »Okay. Ich werde Ihre Anwältin sein.«

Dill schüttelte zweifelnd den Kopf. »Ich weiß ja nicht mal, ob Sie schlau genug sind, meine Anwältin zu sein. Immerhin sind das schrecklich verwickelte Angelegenheiten, die entwirrt werden müssen. Ich muß ein Haus verkaufen und mir eine Versicherungssumme auszahlen lassen. Das könnte einiges juristisches Geschick erfordern. Vielleicht könnte es sogar das Schreiben eines Briefs und das Führen von zwei, vielleicht sogar drei Telefongesprächen bedeuten.«

»Die Ampel ist grün«, sagte sie.

»Ich weiß, daß sie grün ist«, sagte Dill und schoß mit dem Wagen über die Kreuzung.

»Und?« sagte sie.

»Und was?«

»Wollen Sie, daß ich Ihre Anwältin werde?«

Dill seufzte. »Ach, zum Teufel. Warum nicht! Was wollen Sie essen?«

»Kalbsbries.«

Er sah sie an und grinste. »Wirklich?«

»Ich lechze nach Kalbsbries«, sagte sie.
»Das bedeutet Packingtown. Chief Joe's?«
»Wohin denn sonst?«
»O Gott«, sagte Dill glücklich, »Kalbsbries!«

Alles südlich des Yellowfork wurde Packingtown genannt, obwohl Armour lange verschwunden war, genauso wie Swift, und jetzt war nur noch Wilson geblieben, um die Schweine und die Rinder und das gelegentliche Lamm zu schlachten – gelegentlich, weil man das Essen von Lamm allgemein für eine verweichlichte Angelegenheit hielt. Der Yellowfork war natürlich der Fluß, den jeder als eine Meile breit und zweieinhalb Zentimeter tief beschrieb – keine sehr originelle Beschreibung, aber die Stadt hatte noch nie viel für Originalität übriggehabt.

Manchmal führte der Yellowfork Wasser, eine ganze Menge sogar, doch zu anderen Zeiten, wie jetzt, war er nur ein breiter, sich schlängelnder Fluß von hellgelbem trockenem Sand, der von Weiden und Pappeln gesäumt war.

Jahrelang hatte der Yellowfork der Stadt als bequeme ökonomische und soziale Demarkationslinie gedient. Südlich davon lebten die armen Weißen und die anderen verschiedenfarbigen Armen. Obwohl die Linien nach dem Zweiten Weltkrieg etwas verwischt wurden, wurde immer noch weitgehend aus Bequemlichkeit und Gewohnheit alles südlich des Yellowfork Packingtown genannt. Die JFK High-School nannte ihr Footballteam tatsächlich die Kennedy Packers. Und obwohl inzwischen alle Schlachthöfe außer einem verschwunden waren, gab es Zeiten, wie Dill wußte, in denen man an heißen Sommerabenden bei Südwind den Gestank von todgeweihtem und sterbendem Vieh riechen konnte. Man konnte ihn sogar noch bis ins nördlich gelegene Cherry Hills riechen.

Dill merkte, daß er fast auf Autopilot war, als er südlich auf der Van Buren, dann nach Osten über die Our Jack und dann wieder südlich am Hawkins Hotel vorbei über den Broadway fuhr. Südlich des Hotels bewahrte der Broadway seine Ehrbarkeit einigermaßen, bis er die South Fourth Street erreichte oder Deep Four, wie die Einheimischen sie nannten. Hinter der Deep Four war der South Broadway ein Chaos. Die South Fourth, die Third, die Second und First Street hatten mal die nahezu einzige schwarze Enklave nördlich des Yellowfork gebildet. Das frühere Ghetto war jetzt voll integriert und bevölkert mit den Abkömmlingen aller Ethnien, Bekenntnisse und Geschlechter – wobei letzteres oftmals nicht genau festgelegt war. Sowohl die respektablen als auch die weniger respektablen Schwarzen waren schon seit langem so weit in die Vorstädte vorgedrungen, wie sie es sich leisten konnten, und hatten das Gebiet um die Deep Four dem Abschaum und seinen oft grausigen Vergnügungen überlassen. Dill erinnerte sich, daß seine Schwester kurz nach ihrer Versetzung zum Morddezernat kurze Zeit im South-Broadway-Deep-Four-Viertel gearbeitet hatte. Die Gegend bestand überwiegend aus Bars, Spelunken, Schnapsläden, Pornokinos und kleinen billigen Hotels mit Phantasienamen wie Biltmore, Homestead, Ritz oder Belvedere. Dort gab es auch noch eine große Anzahl altersschwacher Holzhäuser mit breiten Veranden an der Vorderseite. Die Leute, die dort auf ihrer Veranda saßen, sahen verschwitzt, tückisch, trübselig und verzweifelt genug aus, eine Revolte anzuzetteln, wenn es nur ein bißchen abkühlen würde. Die Temperatur kurz nach 19 Uhr betrug 35 Grad. Die Sonne war noch nicht ganz untergegangen. Viele von denen, die auf ihrer Veranda saßen, tranken Bier aus Dosen und hatten nichts weiter an als ihre Unterwäsche. Es gab keine Brise.

»Woher kommen all die Huren?« fragte Dill, als sie sich der South First Street näherten.

»Vom Arbeitsamt«, sagte Singe. »Felicity hat sich manchmal mit ihnen unterhalten. Alle haben ihr gesagt, sie hätten die Wahl zwischen ficken oder hungern.«

Sie hielten vor einer roten Ampel. Ein Mann stieß sich torkelnd vom Bordstein ab, ging vorn um den Ford herum und blieb auf Dills Seite stehen. Der Mann war etwa fünfunddreißig. Er trug ein schmuddeliges grünes Unterhemd und eine Khakihose. Seine Schuhe konnte Dill nicht sehen. Er hatte blaue Augen, die auf kleinen rosa Teichen zu treiben schienen. Er hatte eine Rasur nötig. Etwas Weißes und Fieses bildete eine Kruste um seinen Mund. Er tippte mit einem großen Stein an Dills Fenster. Dill kurbelte das Fenster nach unten.

»Gib mir einen Vierteldollar, Mister, oder ich mach deine verdammte Windschutzscheibe kaputt«, sagte der Mann mit völlig monotoner Stimme.

»Verpiß dich«, sagte Dill und kurbelte das Fenster hoch. Der Mann trat einen Schritt zurück und nahm mit seinem Pflasterstein sorgfältig Maß. Dill gab Gas und fuhr bei Rot über die Kreuzung.

»Ich hätte ihm den Vierteldollar geben sollen.«

»Sie hätten gar nicht erst die Scheibe runterkurbeln sollen«, sagte Singe.

Kurz hinter der South First Street bog der Broadway nach rechts zur Auffahrt der Brücke über den Yellowfork. Die vierspurige Betonbrücke war 1938 erbaut und nach dem damaligen Innenminister Harold F. Ickes benannt worden. Als Truman 1951 MacArthur entließ, hatte der Stadtrat – fast erleuchtet von patriotischem Glanz – die Brücke nach dem Fünfsternegeneral umbenannt, aber fast jeder nannte sie noch immer so, wie man sie schon immer genannt hatte, die First Street Bridge.

Als sie die steile Auffahrt zur Brücke hinauffuhren, fragte Dill: »Warum haben sie nicht Deep Four und South Broadway abgerissen, als sie alles andere abgerissen haben?«

»Sie haben daran gedacht«, sagte Singe. »Aber dann bekamen sie Angst.«

»Wovor?«

»Davor, daß all die Penner und Spinner woanders hinziehen würden – vielleicht sogar nach nebenan.«

»Oh«, sagte Dill.

16

Zum Abendessen hatten sie Kalbsbries und Okra und Schlangenbohnen, Krautsalat und Maisbrot, zu trinken gab es Buttermilch und zum Nachtisch Zitronen-Baiser-Torte. Sie saßen unter dem zottigen Kopf eines Bisons, der seit neununddreißig Jahren tot war. Die Wände bei Chief Joe's waren bedeckt mit den ausgestopften Köpfen von Bisons, Hirschen, Wapitis, Elchen, Rotluchsen, Berglöwen, Kojoten, Wölfen, Dickhornschafen und drei Arten Bär. Als Dill und Anna Maude Singe mit dem Essen fertig waren, kamen sie beide darin überein, daß es das wäre, was sie bestellen würden, falls sie je das letzte Abendmahl bestellen müßten.

Das Restaurant war von Joseph Maytubby gegründet worden, der zum Teil Cherokee, zum Teil Choctaw mit einem Einschlag Kiowa gewesen war. Jeder hatte ihn Chief genannt, da alle Indianer so genannt wurden. Maytubby war während des Ersten Weltkriegs Feldkoch in Frankreich gewesen. Er war nach dem Krieg dort geblieben, hatte eine dreiundzwanzigjährige Französin geheiratet, sie mit zurück in die Stadt gebracht, und gemeinsam hatten sie 1922 das Chez Joseph eröffnet. Es hatte anfangs nur aus einer Theke und vier Tischen bestanden, doch das Essen war großartig, und sobald die Rinderzüchter entdeckten, was Madame Maytubby aus Bullenhoden machen konnte, wurde es zu einem der zwei beliebtesten Restaurants in Packingtown. Das andere war Puncher's, das sich auf Steaks spezialisiert hatte. Man konnte auch bei Chief Joe's ein Steak bestellen, aber nur wenige taten das, während sie statt dessen nach Spezialitäten verlangten wie Kalbsbries, Bullenhoden, Hirn mit Ei, Lammragout, echte Ochsenschwanzsuppe und jenes wunderbare namenlose Gericht, das das Restaurant aus Wildente zubereitete, wenn die Saison dafür gekommen war.

Das mit den ausgestopften Tierköpfen hatte angefangen, als ein Gast und Rinderzüchter 1927 in den kanadischen Rocky Mountains einen Grizzly geschossen hatte. Er ließ den Kopf präparieren und schenkte ihn Chief Joe. Da Chief Joe nicht wußte, was er sonst damit machen sollte, hängte er ihn an die Wand. Danach begann jeder, der irgendwas geschossen hatte, ihm den ausgestopften Kopf seiner Jagdbeute zum Geschenk zu machen, bis die Wände mit glasäugigen Tieren bedeckt waren. Chief Joe starb 1961; seine Frau 1966. Ihr einziger Sohn, Pierre Maytubby, übernahm das Geschäft, und ein paar alte Kunden versuchten ihn Chief Pete zu nennen, aber das duldete er nicht. Unter Pierres Regie hatte das Restaurant seine Qualität beibehalten, auch war das Schild draußen dasselbe geblieben, auf dem noch immer Chez Joseph stand, obwohl niemand außer Madame Maytubby es je so genannt hatte.

Als Kaffee und Cognac kamen, lehnte Dill sich genüßlich zurück und grinste zu Anna Maude Singe hinüber. Ihr Tisch stand vor einer der Sitzbänke, und Singe saß an der Wand direkt unter dem toten Bison, der allmählich ein bißchen mottenzerfressen aussah.

»Sie mögen Buttermilch zum Abendessen«, sagte Dill. »Ich bin mir nicht sicher, ob ich je mit einer Frau ausgegangen bin, die zum Abendessen Buttermilch mochte.«

»Ich bin dafür bekannt, sie zum Frühstück zu trinken.«

»Dazu gehört ziemlich viel Mumm.«

»Was nehmen Sie zum Frühstück?«

»Kaffee«, sagte Dill. »Früher waren es Kaffee und Zigaretten, aber ich hab das Rauchen aufgegeben. Remarque nannte Kaffee und eine Zigarette das Frühstück des Soldaten. Ich hab das in einem beeinflußbaren Alter gelesen.«

»Sind Sie je Soldat gewesen?«

»Warum?«

Sie zuckte mit den Achseln. »Sie hatten das richtige Alter für Vietnam.«

»Ich war nicht in Vietnam.«

»Aber Sie sind in Übersee gewesen.«

»Ich war im Ausland. Zivilisten gehen ins Ausland, Soldaten gehen nach Übersee.«

»Sie sind also nicht Soldat gewesen.«

»Nein.«

»Manche Typen sagen, daß sie sich heute schuldig fühlten, weil sie Vietnam versäumt hätten.«

»Weiße Mittelschicht-Typen mit Collegebildung?«

Singe nickte. »Sie haben das Gefühl, sie hätten etwas verpaßt, wofür sie nie wieder eine Chance bekommen werden.«

»Haben Sie auch«, sagte Dill. »Sie haben die Chance verpaßt, sich den Hintern abschießen zu lassen, obwohl das meiner Meinung nach unwahrscheinlich gewesen wäre. Bei der kämpfenden Truppe fand man nicht allzu viele weiße Mittelschicht-Typen mit Collegebildung.«

»Sie scheinen sich nicht schuldig zu fühlen«, sagte sie.

»Ich war zurückgestellt. Ich war die einzige Stütze einer elfjährigen Waise.«

»Wären Sie gegangen?«

»Nach Vietnam? Ich weiß nicht.«

»Angenommen, die hätten gesagt: ›Okay, Dill, Sie sind eingezogen. Melden Sie sich nächsten Dienstag beim Postamt zur Einberufung.‹ Was hätten Sie getan?«

»Entweder wäre ich zum Postamt gegangen oder nach Kanada. Das eine aus Überzeugung, das andere aus Neugier.«

Sie musterte ihn eingehend. »Ich glaube eher, Sie wären zum Postamt gegangen.«

Dill lächelte. »Vielleicht nicht.«

»Was haben Sie in Übersee gemacht, ich meine, im Ausland?«

»Hat Felicity es Ihnen nicht erzählt?«

»Nein.«

»Ich dachte, sie hätte über mich geredet.«

»Darüber, wie Sie beide aufgewachsen sind. Nicht darüber, als Sie in Washington oder in Übersee waren.«

»Im Ausland.«

Sie lächelte. »Richtig. Im Ausland. Was haben Sie da gemacht?«

»Ich habe mich umgesehen.«

»Für wen?«

»Für die Regierung.«

Anna Maude Singe runzelte die Stirn, und als sie das tat, lächelte Dill. »Keine Angst, ich war nicht bei der Agency, obwohl ich ihnen hin und wieder begegnet bin.«

»Wie sind diese CIA-Leute in Wirklichkeit?« sagte sie. »Man liest von ihnen. Filme werden über sie gedreht. Aber ich hab noch nie einen kennengelernt. Ich glaube, ich bin noch nicht mal in die Nähe einer Chance gekommen, einen kennenzulernen.«

»Sie waren...« Dill machte eine Pause und versuchte, sich zu erinnern, wie sie eigentlich gewesen waren. Ihm fielen scharfe Nasen, enganliegende Ohren, abgekaute Fingernägel und affektierte Münder mit selbstgefälligem Ausdruck ein. »Ich vermute, man müßte sagen, sie waren ein bißchen so... wie ich. Spießig.«

»Spießig?«

Er nickte.

»Alle?« fragte sie.

»Ich hab nicht alle gekannt. Aber Sonntag werden Sie einen kennenlernen dürfen, der nicht sehr spießig war.«

»Wen?«

»Jake Spivey.«

»*Jake Spivey* war bei der *CIA*? Großer Gott!«

»Die wollen das nicht zugeben, aber das war er. Vielleicht erzählt Ihnen Jake ein paar Geschichten. Er ging nach Vietnam, Laos und Kambodscha. Aber er ist nicht aus Patriotismus gegangen, oder weil er eingezogen wurde, oder auch nur aus Neugier. Jake ging, weil das die einzige Truppe war, die ihm im Alter von dreiundzwanzig Jahren tausend Dollar pro Woche für das zu zahlen bereit war, was er für sie tat.«

»Was hat er getan?«

»Jake? Ich glaube, Jake hat eine Menge Leute umgebracht.«

»Macht ihm das zu schaffen?«

»Sie meinen, ob er ein schlechtes Gewissen hat?«

Sie nickte.

»Jake hat nie wegen irgendwas ein schlechtes Gewissen gehabt.«

Dill entschied sich für eine andere Strecke zurück zu Anna Maude Singes Apartmenthaus. Er nahm die South Cleveland Avenue, die jenseits des Yellowfork North Cleveland hieß. Er fuhr mehr als drei Kilometer auf der North Cleveland, bis er zur 22nd Street kam und dann nach Osten zur Van Buren und zum Old Folks Home abbog.

Singe wartete nicht, bis er die Wagentür für sie öffnete. Als sie ausstieg, sagte sie nur: »Ich habe nur kalifornischen Brandy.«

Dill faßte das als Einladung auf und sagte, seiner Ansicht nach spräche eine Menge für kalifornischen Brandy, besonders der Preis. Oben in ihrem Apartment nahm Dill die Besichtigung des großen Maxfield-Parrish-Drucks wieder auf, während sie den Brandy holen ging. Als sie mit der Flasche und zwei Ballongläsern zurückkam, war Dill beinahe davon überzeugt, daß die beiden Figuren auf dem Bild Mädchen waren. Er bemerkte auch, daß Singe wieder den gestreiften, genoppten Baumwollkaftan angezogen hatte. Aus der Art, wie sich ihre Brüste unter dem Stoff bewegten, gelangte er zu der Überzeugung, daß sie sonst nichts anhatte. Er hielt das für eine Art weitere Einladung und fragte sich, ob er sie annehmen oder sein Bedauern zum Ausdruck bringen würde.

Singe setzte sich auf die grauweiße Couch, stellte die Gläser auf dem Beistelltisch aus Glas ab und goß ihnen ein. Während sie das tat, nahm Dill sein Scheckbuch heraus, schrieb schnell einen Scheck über fünfhundert Dollar für Anna Maude Singe aus, setzte in die Zeile für den Verwendungszweck »Anwaltvorschuß« ein, riß ihn heraus und gab ihn ihr.

Sie las den Scheck, legte ihn behutsam auf den Tisch, blickte Dill kalt an und sagte: »Das war verdammt unhöflich von Ihnen.«

Er nickte. »Ja, das war es wohl.«

»Das hier ist nicht mein Büro. Das ist der Ort, wo ich lebe – mein Zuhause. Wo ich mein Gesellschaftsleben führe und auch mein Liebesleben, so uninteressant es auch ist. Ich dachte, daß der Abend heute eine kleine Bereicherung für beide sein könnte, aber ich habe mich wohl geirrt.«

»Nehmen Sie den Scheck an?« sagte Dill.

Sie zögerte, bevor sie ihm antwortete. »Was soll das, zum Teufel?«

»Nehmen Sie den Scheck an?« sagte Dill wieder.

»Okay. Ja. Ich nehme ihn an.«

»Dann sind Sie wirklich meine Anwältin – zugegeben, mit einer bescheidenen Vorauszahlung –, und falls ich Probleme mit dem Gesetz habe, kommen Sie angerannt, stimmt's?«

»Was für Probleme?«

»Das ist schon wieder eine Frage, keine Antwort.«

»Okay. Ich komme angerannt. Was für Probleme?«

»Als ich in Übersee war – «

»Im Ausland«, unterbrach sie ihn.

Er lächelte nicht. »Richtig. Als ich dort war und mich umsah, habe ich eine Art Instinkt entwickelt. Ich weiß nicht, wie ich es sonst nennen soll. Aber ich habe gelernt, mich darauf zu verlassen. Es war eine Art Warnsystem.«

»Bauchgefühl«, sagte sie.

»Okay. Bauchgefühl ist gut. Aber es hat mir schon einige Male Probleme erpart, weil ich dafür gesorgt habe, daß ich eine Absicherung hatte und eine Rückzugsposition. Seitdem ich hier angekommen bin, empfange ich die gleichen schwachen Signale.«

»Sie sprechen über Felicity und all das?«

»Zum Teil.«

Sie nahm einen Schluck von ihrem Brandy. »Sie haben gesagt, Probleme mit dem Gesetz.«

»Das sagte ich.«

»Wovon reden wir wirklich – von einem Komplott, einer Verschwörung, Paranoia oder was?«

»Versuchen wir's mit Paranoia«, sagte Dill. »Heute abend gegen fünf Uhr bin ich in mein Hotelzimmer hinaufgegangen. Ein sehr großer Arm legte sich um meinen Hals und nahm mich in einen Würgegriff. Etwa neun Minuten lang war ich bewußtlos. Als ich wieder zu mir kam, waren meine Uhr, meine Brieftasche und das ganze Geld noch immer da.«

»Was war weg?«

»Die Akte Jake Spivey.«

»Welche Akte?«

»Ich arbeite für einen Unterausschuß des Senats. Sie führen eine Untersuchung gegen Spivey durch.«

»Ihren Freund.«

»Meinen ältesten.«

»Weiß er Bescheid?«

»Na klar.«

Sie runzelte die Stirn. »Überfallenwerden nennen Sie ein Bauchgefühl?« Sie schüttelte den Kopf. »Nein, natürlich tun Sie das nicht. Das war das Kantholz, mit dem Ihnen jemand eins auf die Nase gegeben hat, um Ihre Aufmerksamkeit zu erregen.« Ihre Augen wurden weit, nicht sehr, aber gerade so weit, daß Dill sich entspannte und zur Wahl seines Rechtsbeistands gratulierte. Sie spürt es auch, dachte er, aber sie ist sich nicht ganz sicher, worum es eigentlich geht. Aber du ja auch nicht.

»Was sonst?« sagte Singe.

»Was sonst«, wiederholte Dill, griff nach seinem Glas und trank einen Schluck Brandy, wobei er feststellte, daß die kalifornischen Winzer noch ein Stück Weg vor sich hatten, bevor sie ihre französischen Konkurrenten überholen würden. »Nun, ›was sonst‹ bringt noch einen alten Reporter der *Tribune* ins Spiel, der die ganze Geschichte von Felicitys fragwürdigen Finanzen schon geschrieben hat, nur daß er sie zurückhält, bis er grünes Licht bekommt.«

»Von wem?«

»Hat er nicht gesagt, und ich hab mich gehütet, ihn zu fragen. Dann ist da noch Felicitys Exfreund, der Einschüchterer und frühere Footballstar.«

»Clay Corcoran«, sagte sie.

»Ich dachte, er hätte sich zu leicht damit abgefunden, den Laufpaß bekommen zu haben, aber Felicitys Mieterin bestätigt seine Geschichte mehr oder weniger. Der Name der Mieterin ist Cindy McCabe. Sie hat sich oben freigemacht, damit ich ihren Busen bewundern konnte. Sie behauptete auch, bei Felicity mal einen Annäherungsversuch gemacht, aber einen Korb bekommen zu haben.«

»Haben Sie ihr denn einen Korb gegeben?«

»Ich fürchte, ja. Ich war zu spät dran für meine nächste Verabredung, von der ich zu der Zeit nicht wußte, daß ich sie hatte, aber die sich als Treffen mit Captain Colder entpuppte, dem hinterbliebenen Verlobten. Captain Colder gab mir den Schlüssel zu einer Garagenwohnung, wo Felicity wirklich gewohnt hat.« Dill faßte in seine Jackettasche, zog den Schlüssel heraus, den Colder ihm gegeben hatte, und legte ihn auf den Glastisch. »Das Apartment liegt an der Ecke Fillmore und Nineteenth, gar nicht weit von hier.«

»Am anderen Ende vom Washington Park«, sagte sie.

»Sie kennen es?« sagte er. »Ich meine, Sie haben gewußt, daß sie dort ein Apartment hatte?«

Singe schüttelte langsam den Kopf. »Nein. Hab ich nicht.«

»Und Sie waren ihre Anwältin, ihre Vertraute, ihre Freundin. Hat sie Sie denn niemals zu sich eingeladen?«

»Nur in das Zweifamilienhaus. Ich bin ein paarmal dort gewesen. Ich hab ihr gesagt, alles sähe ein bißchen kahl aus, sogar leicht steril. Daß es nicht nach ihr aussähe. Sie sagte, daß sie nicht oft dort sei, weil sie ihre freien Abende meistens mit Colder verbrachte.«

»Hat Felicity Ihnen von Mrs. Colder erzählt?«

Singe nickte und schaute weg. »Er hat sie einweisen lassen.«

»Wissen Sie, warum?«

»Weil sie zuviel trank.«

»Das stimmt nicht ganz. Er ließ sie einweisen, weil sie gedroht hatte, Felicity umzubringen, nicht nur einmal, sondern öfter.«

»Das hat Felicity mir nie erzählt«, sagte Singe mit einer Stimme, die fast ein Flüstern war.

Dill nahm den Schlüssel, den Colder ihm gegeben hatte. Er hielt ihn hoch, damit Singe ihn sehen konnte. »Den werde ich morgen nach der Beerdigung benutzen. Ich möchte sehen, wo Felicity wirklich gewohnt hat. Ich möchte, daß Sie mich begleiten.«

»Sie wollen einen Zeugen.«

»Stimmt.«

»Okay. Schön.« Sie trank ihr Glas leer, stellte es ab und schaute auf ihre Uhr. »Es ist spät«, sagte sie. »Wollen Sie hierbleiben oder nach Hause fahren?«

Dill antwortete mehrere Sekunden nicht. »Ich glaube, ich fahre nach Hause.«

Sie nickte und erhob sich schnell, als wolle sie den aufbrechenden Gast zur Eile anspornen. Auch Dill erhob sich. Sie stand da und schaute ihn an, mit einem verträumten halben Lächeln im Gesicht. Er nahm sie in die Arme und küßte sie. Es war ein langer gieriger Kuß, den keiner von beiden beenden zu wollen schien. Dills Hände gingen auf Erkundung und entdeckten einen bemerkenswerten Körper. Kurz bevor sie beide das sexuelle Terrain erreichten, von dem es keinen Rückzug geben konnte, riß sie Lippen und Zunge los, trat zurück und sagte: »Irgendwas passiert hier, oder?«

»Du meinst mit uns?«

Sie schüttelte den Kopf. »Das wird passieren oder nicht. Ich meine etwas anderes, etwas Niederträchtiges.«

»Ja«, sagte Dill. »Das denke ich auch.«

Sie schüttelte ein wenig ratlos leicht den Kopf und ging mit ihm zur Tür, wo sie sich wieder küßten. Diesmal war es entschiedener als zuvor. Fragen wurden gestellt und beantwortet. Bedürfnisse und Neigungen festgelegt. Leichte Abweichungen notiert. Als es vorüber war, hatte Dill das Gefühl, daß sie viel mehr voneinander wußten und sogar einander noch lieber mochten. Er lächelte sie an, und anstatt irgend etwas Zärtliches zu murmeln, fragte er: »Was hat Felicity gesagt, woher sie das Geld hätte?«

Singe schien nichts Zärtliches zu erwarten. Es war so, als hätten sie das alles bereits hinter sich gelassen und wären jetzt auf dem Weg zu absoluter Intimität. Sie runzelte die Stirn und sagte: »Für die Vorauszahlung auf das Haus und das alles?«

Dill nickte.

»Von dir.« Sie fügte ein kleines schiefes Lächeln hinzu. »Sie sagte, du wärst reich geworden.«

»Zu schade, daß sie gelogen hat.«

»Ja«, sagte Anna Maude Singe. »Das ist es allerdings.«

17

Dill parkte die Ford-Limousine in der Tiefgarage des Hawkins Hotel, stieg aus, schloß den Wagen ab und ging auf den Fahrstuhl zu. Als er am zweiten der großen quadratischen Betonpfeiler vorüberging, trat ihm ein Mann in den Weg und sagte: »Wie geht's dem Hals?«

Dill blieb abrupt stehen. Seine rechte Hand fuhr fast unwillkürlich zu seinem Hals hinauf. »Noch immer ein bißchen wund«, sagte er.

Ein anderer Mann gesellte sich zu dem ersten. Er war so dünn, wie ein Messer dünn ist und etwa eins achtzig groß. Er sah klein und zerbrechlich neben dem ersten Mann aus, der über eins neunzig und wie ein Gewichtheber gebaut war, der damit aufgehört hatte, als er vierzig wurde, was, wie Dill vermutete, drei Jahre her war, vielleicht vier. Der Gewichtheber hatte gelichtetes graublondes Haar, stille blaue Augen und einen breiten, fröhlichen Mund. Der messerartige Mann hatte gefärbtes Haar, schwarz wie Kohle, stumpfe blaue Augen und einen schmallippigen Mund, der traurig oder gemein aussah. Gemein, entschied Dill.

Beide Männer trugen zerknitterte Sommeranzüge aus hellbraunem Popelin. Der Gewichtheber hatte ein blaues Hemd an; der magere Mann hatte sich für ein weißes entschieden. Beide trugen keine Krawatte. Die Anzugjacken waren zugeknöpft und schienen ein bißchen zu groß. Dill vermutete, daß die Jacken die Pistolen verdeckten, weil keiner der beiden Männer so aussah, als würde er sich mit einem Jackett abgeben, sobald die Temperatur über 27 Grad stieg. Als Dill auf dem Rückweg zum Hotel durch die Our Jack Street gefahren war, hatte er bemerkt, daß die Anzeige an der First

National Bank behauptete, die Temperatur um 1:17 Uhr betrage 31 Grad.

»Meint, sein Hals ist noch immer ein bißchen wund«, sagte der Gewichtheber.

Der andere Mann nickte bedauernd. »Tut mir leid.« Er musterte Dill einen Moment. »Wir wollen keinen Ärger, Mr. Dill.«

»Ich auch nicht«, sagte Dill.

Der magere Mann nickte zum anderen Ende der Garage hinüber. »Wir sind dahinten in dem Van«, sagte er und ging auf einen großen blauen Dodge zu, der rückwärts an der Wand eingeparkt war. Dill zögerte. Der Gewichtheber lächelte freundlich und öffnete seine Jacke. Die Waffe war da. Dill konnte nur einen flüchtigen Blick darauf werfen, aber es schien sich um einen kurzläufigen Revolver zu handeln. Der Gewichtheber nickte zum Van hin. Dill drehte sich um und ging hinter dem mageren Mann her.

Als sie bei dem Van angekommen waren, ließ der magere Mann die Seitentür aufgleiten, die den Blick auf ein nach Kundenwunsch ausgebautes Inneres freigab. Dill konnte das kleine Waschbecken, den Propangasherd, den Kühlschrank und den Teppichboden aus hellbrauner Wolle sehen. Die Wände waren mit etwas getäfelt, was wie Holz aussah, obwohl Dill vermutete, daß es eine Art gemasertes Plastik war. Im hinteren Teil des Vans gab es keine Fenster.

»Links finden Sie einen hübsch bequemen Stuhl«, sagte der magere Mann.

»Wo fahren wir hin?« fragte Dill.

»Nirgendwo.«

Der Gewichtheber berührte Dill leicht an der Schulter und nickte zum Inneren des Vans. Dill stieg hinein, wandte sich nach links und sah zuerst den Stuhl und dann den Mann, der im Heck des Wagens hinter einem Tisch saß. Auf dem Tisch befanden sich einige Gläser, eine Flasche Smirnoff-Wodka, ein Thermosbehälter mit Eis, drei Flaschen Schweppes Tonic und die Akte Jake Spivey. Zum letzten Mal hatte Dill den Mann hinter dem Tisch in Genua gesehen, im Hotel Plaza an der Piazza Corvetto. Sie waren zu viert im Wohnzimmer der Suite im vierten Stock gewesen. Suite 523, erinnerte er sich, überrascht von seinem Gedächtnis. Dill war da gewesen, die damalige Mrs. Dill, Jake Spivey und der Mann, der jetzt hinter dem Tisch saß, Clyde Brattle.

Brattle lächelte. »Na«, sagte er. »Ben.«

»Na, Clyde«, sagte Dill und zeigte auf den schalenförmigen Drehstuhl, der mit sehr gutem Kunstleder bezogen war. »Ist das meiner?«

»Ja, bitte.«

Dill setzte sich in den Stuhl und fand ihn ziemlich bequem. Die beiden Männer kamen jetzt in den Van. Der magere setzte sich Dill gegenüber in ein Zwillingsexemplar des Schalenstuhls. Dill konnte nicht sehen, wo der Gewichtheber saß. Vielleicht auf dem Boden. Dill drehte sich nach ihm um. Der Gewichtheber saß auf einem Klapphocker, der schwenkbar war und zur Kücheneinheit gehörte. Darauf saß man, während man Möhren putzte, dachte Dill.

»Beachtlich kompakte Einrichtung, nicht?« sagte Brattle, als Dill sich wieder umgedreht hatte.

»Beachtlich.«

»Das ist Sid Ihnen gegenüber, und hinter Ihnen ist Harley.«

»Harley und Sid«, sagte Dill.

»Es ist eine Weile her, nicht?« Brattle machte eine Pause. »Sieben Jahre?«

»Eher acht. Genua. Hotel Plaza. Suite fünf-dreiundzwanzig. Ihre Suite.«

Brattle lächelte, um Dills Gedächtnis zu würdigen. »Ich

glaube, Sie haben recht. Und wie geht's der charmanten Mrs. Dill?«

»Es geht ihr gut, und wir sind geschieden.«

»Tatsächlich. Das wußte ich nicht, oder falls ich's wußte, hab ich's wohl vergessen.« Er runzelte die Stirn. Das ließ ihn nachdenklich, ernst, fast aufrichtig aussehen. »Ich hab von Ihrer Schwester gelesen, Ben.« Brattles Pause war genau lang genug. »Es tut mir leid.«

Dill nickte.

»Die Beerdigung ist morgen, höre ich.«

»Ja.«

»Ich vermute, das ist der wahre Grund, weswegen Sie hier sind.« Brattle tippte mit einem Zeigefinger auf die Akte Jake Spivey. »Und nicht wegen diesem Quatsch.« Er lächelte warm. »Wie geht's übrigens Jake?«

»Jake geht's gut.«

»Der alte Jake.« Brattle schüttelte den Kopf, noch immer strahlend vor offensichtlicher Wertschätzung der vielen liebenswerten Eigenschaften jenes alten Tunichtguts Jake Spivey. Der Kopf, den Brattle schüttelte, sah auf die Art gut aus, wie Büsten seit langem toter römischer Staatsmänner oft gut aussehen – aber nicht zu gut. Die Gesichtszüge sind nie zu regelmäßig. Die Mienen sind nie zu unnahbar. Die ausdruckslosen Augen verraten nie etwas. Dill hatte in Mérida mal einen langen verregneten spanischen Nachmittag damit verbracht, einen Raum voll solcher Büsten zu studieren. Er hatte auf diesen seit langem toten Gesichtern das gesehen, was er jetzt im Gesicht von Clyde Brattle sah: Weltgewandtheit, kühle Distanziertheit und absoluten Zynismus. Er nahm an, es müßte zur römischen Zeit eine nützliche Geisteshaltung gewesen sein, als die Westgoten aus dem Osten und Norden anrückten.

Brattle, jetzt fünfundfünfzig, konnte leicht als einer jener verbannten römischen Konsuln durchgehen, die zu lange in irgendeiner trostlosen abgelegenen Provinz Dienst getan hatten. Da waren dieselben leicht geschürzten Lippen, dieselbe schmale, arrogante Nase und dieselben illusionslosen Augen ohne bestimmte Farbe, es sei denn, Winterregen hat Farbe. Das kurze Haar war schließlich grau geworden – das Grau eines grauen Himmels –, aber es war noch immer dicht, ungescheitelt und, wenn überhaupt, nur mit den Fingern gekämmt. Die Stimme war noch immer jenes krächzende, schleppende Sprechen der übermäßig Gebildeten, aus dem schon seit langem jede regionale Spur herausoperiert war.

»Was würden Sie zu einem Drink sagen?« fragte Brattle.

»Ich würde prima sagen.«

»Gut.«

Sid, der Magere, stand auf und mixte schweigend zwei Wodka Tonic. Den einen stellte er vor Brattle, den anderen reichte er Dill. Brattle nahm einen Schluck, seufzte und lächelte. »Ich vermute, Sie haben gehört, daß ich zurück bin«, sagte er.

Dill nickte. »Man sagt, Sie hätten bei Detroit die Grenze überquert.«

»Es ist ziemlich lästig, wie Sie vielleicht wissen, Ben, so auf dem Sprung zu sein.« Er sah zu dem Mann namens Sid hinüber. »Mr. Dill war damals bei Jasper, Sid.«

»Kein Scheiß«, sagte Sid. »Wer ist Jasper?«

»Es ist ein ›Was‹, kein ›Wer‹«, erklang die Stimme des Gewichthebers von dem Hocker, auf dem er saß.

»Du hast recht, Harley«, sagte Brattle. »Es *war* ein ›Was‹. Die Regierung Ford hat es kurz nach Mr. Nixons ziemlich feuchtem Abgang ins Leben gerufen. Was meinen Sie, wieviel er sich an dem Tag reingepfiffen hatte, Ben? Eine ganze Flasche?«

»Ich weiß nicht«, sagte Dill. »Ich weiß nicht, wie gut er damit umgehen konnte.«

»Und warum haben sie, was immer es war, Jasper genannt?« fragte Sid.

»Soweit ich weiß«, sagte Brattle, »und Ben kann mich berichtigen, falls ich mich irre, war Mr. Ford, als über eine Begnadigung für Mr. Nixon verhandelt wurde, schockiert zu erfahren, daß, in seinen Worten, ›irgendein Jasper sich mit drei Millionen verdammten Dollars aus dem Staub gemacht hat‹. Von all dem Geld, das damals im Umlauf war. Das Committee for the Re-Election of the President. Die CREEP-Gelder.«

»Klar«, sagte Sid. »Daran erinnere ich mich. Ich hab mich immer gefragt, wer bei dem Deal reich geworden ist.«

»Also haben sie Jasper ins Leben gerufen«, fuhr Brattle fort, »und sich ein paar Leute dazugeholt, Leute von außen, unbelastete Leute wie Ben hier, und haben sie auf die Spur der verschwundenen Beute gesetzt. Alles äußerst geheim. Nicht mal Langley wußte Bescheid. Oder das FBI. Tatsächlich standen beide ziemlich weit oben auf der Liste der Verdächtigen, stimmt's, Ben?«

»Stimmt.«

»Also verbrachten Ben und ein paar andere Patrioten die Jahre der Regierung Ford damit, durch Europa zu streifen und nach den Jaspers Ausschau zu halten, die sich mit den drei Millionen verdammten Dollars davongemacht hatten. Sie waren doch fast ein Jahr lang in London, nicht wahr, Ben, und dann fast zwei Jahre in Barcelona?«

»Ungefähr.«

»Und was ist passiert?« fragte Harley aus der Bordküche des Transporters. »Ich hab nie gehört, was passiert ist.«

»Nichts ist passiert. Obwohl sie ziemlich nah dran waren, nicht wahr, Ben?«

»Sehr nah.«

»Ich gehe davon aus, daß Jake und ich ein wenig behilflich gewesen sind.«

»Sie haben geholfen, Clyde.«

»Aber eben nicht genug.« Brattle seufzte. »Sie waren inzwischen tot – die Jaspers, meine ich. Soweit ich mich erinnere, waren es drei.« Er schaute Dill fragend an.

»Drei«, bestätigte Dill.

»Zwei Männer und eine Frau. Eine schwierige Kombination, wenn man darüber nachdenkt. Zum Scheitern verurteilt.«

»Wer hat denn schließlich das Geld bekommen – die drei Millionen?« fragte Sid.

Dill sah ihn an. »Die Leute, die sie umgebracht haben.«

»Oh«, sagte Sid mit einem Blick, in dem sich völliges Verständnis spiegelte. »Yeah, klar. Das leuchtet mir ein.« Er nickte, als ergäbe alles vollkommenen Sinn.

»Und Ben hatte drei herrliche Jahre in Europa.« Brattle sah Dill an und lächelte. »Das waren doch gute Jahre, Ben, oder nicht?«

»Wie Sie sagen, Clyde, sie waren herrlich.«

Brattle trug ein weißes Polohemd, das seine tiefe Bräune noch tiefer erscheinen ließ. Auf der Hemdtasche fand sich kein Hinweis auf den Hersteller. Dill vermutete, Brattle hätte gern Fabelpreise für ein Hemd bezahlt, solange es kein Markenzeichen trug. Er griff jetzt in die Hemdtasche, zog ein goldenes Schweizer Gasfeuerzeug heraus, nahm eine Packung Gauloises vom Tisch und bot sie Dill an, der mit einem Kopfschütteln ablehnte. Brattle zündete eine der Zigaretten an, inhalierte genußvoll und blies den Rauch aus. Seine fünfte Zigarette des Tages, dachte Dill. Vielleicht seine sechste.

»Sie sind jetzt wie lange bei dem Unterausschuß – drei Jahre?« fragte Brattle.

»So ungefähr.«

»Als Berater.«

»Richtig.«

»Springt dabei was raus?«

»Genug.«

»Spartanische Gewohnheiten, einfache Bedürfnisse, stimmt's?«

»Absolut.«

»Sie und der junge Senator Ramirez haben ein gutes Arbeitsverhältnis, nehme ich an?«

»Aufgrund von warmem gegenseitigen Respekt.«

Brattle lächelte über Dills Antwort und ihre sarkastische Schärfe. »Und dann ist da der Minderheitsberater, der junge Mr. Dolan. Timothy, nicht?«

»Timothy.«

»Aufgezogen von den Jesuiten und den alten Politikern in Boston. Wer könnte sich eine vernünftigere oder praktischere Erziehung wünschen. Er ist vermutlich ein Mann von gewissem Ehrgeiz – der junge Tim.«

»Er ist ein professioneller Demokrat aus Boston, Clyde.«

»Dann versteht es sich von selbst.« Brattle nahm wieder einen Schluck von seinem Drink und einen tiefen Zug an seiner Zigarette, um den Dill ihn beneidete. »Wie Sie zweifellos vermuten, Ben, habe ich einen Vorschlag für den Senator – und natürlich auch für den jungen Dolan.«

Dill nickte.

»Ich bin bereit, meine Medizin zu schlucken, könnte man sagen.«

»Wieviel Medizin, Clyde?«

»Vielleicht zwei Jahre in einem der entspannteren Bundesknäste, und dazu eine realistische Geldstrafe von, na ja, nicht mehr als zwei- oder dreihunderttausend.« Er lächelte. Es war ein warmherziges Lächeln, das von einem unerschütterlichen Selbstvertrauen zeugte.

»Zwei Jahre statt lebenslänglich, richtig?« sagte Dill.

»Lebenslänglich ist so unbestimmt. Sobald das Gefängnistor rasselnd hinter mir zufällt – es fällt doch wohl rasselnd zu, nicht wahr? –, könnte ich binnen einer Woche tot sein, und denken Sie nur, wie betrogen sich dann alle Welt vorkommt.«

»In manchen Löchern, die ich kenne«, sagte Sid, »würdest du vielleicht nicht mal die Woche durchhalten, Clyde, sobald die schwarzen Jungs einen Blick auf deinen Knackarsch geworfen haben.«

»Was bekommt der Senator dafür?« fragte Dill.

»Ein hübsches Paket. Er könnte zu den Leuten vom Justizministerium mit dreien, plus mir, was vier macht, falls meine Arithmetik noch ihren Dienst tut.«

»Wer sind die drei, die Sie verpfeifen wollen?«

»Zum einen Dick Glander und außerdem Frank Cour. Man könnte sie innerhalb von vierundzwanzig Stunden einsacken.«

»Glander und Cour und Sie kennen sich ziemlich lange, oder? Neunzehn Jahre? Zwanzig?«

Brattle nickte mit einem leicht bekümmerten Lächeln auf den Lippen. »Neunzehn.« Er zuckte mit den Achseln, und das leicht bekümmerte Lächeln verzog sich. »Aber im Leben eines Mannes kommt die Zeit, wo sogar die ältesten Freundschaften dem Gemeinwohl geopfert werden müssen. Glücklicherweise habe ich alles gegen sie gesammelt – gute, handfeste Sachen –, und sie haben praktisch nichts gegen mich. Wären die Rollen vertauscht, nun ja, dann würde ich erwarten, daß beide dieselbe harte Entscheidung treffen, die ich getroffen habe. Mit anderen Worten, ich würde erwarten, daß sie mich übers Ohr hauen, bevor ich sie übers Ohr haue.« Er lächelte wieder, und diesmal schien er echt amüsiert. »Meine Scheinheiligkeit geht Ihnen nicht auf die Nerven, oder, Ben?«

»Sie ist erfrischend«, sagte Dill. »Nur Ihre Arithmetik macht mir ein wenig Sorgen. Drei, sagten Sie. Glander und Cour, das macht erst zwei.«

Harley kicherte auf seinem Hocker in der Küche. »Du hast jemanden vergessen, Clyde.«

Sid machte tief in der Kehle ein Geräusch, das Dill als Ausdruck von Fröhlichkeit deutete. Während er noch immer das Geräusch machte, zwinkerte Sid Dill zu und wies mit dem Kopf zu Brattle hinüber, als wolle er sagen: guter alter Clyde.

Brattles Augenbrauen schossen in gespieltem Erstaunen steil nach oben. »Mein Gott, sag bloß nicht, ich hätte Jake vergessen.«

»Du hast Jake vergessen, Clyde«, sagte Sid, der noch immer das fröhliche Geräusch im Hals machte.

Brattles Augenbrauen senkten sich, und er lächelte Dill wieder an. »Und Jake macht drei, plus mich ist vier, wie ich sagte.«

»Was haben Sie denn gegen Jake in der Hand?« fragte Dill.

»Gegen Jake?« sagte Brattle. Das Lächeln verblaßte. »In aller Offenheit, Ben – mit allem Ernst –, ich habe genug gegen Jake Spivey in der Hand, um ihm dreimal lebenslang zu verschaffen, ohne Hoffnung auf Bewährung.«

»Mindestens dreimal«, sagte Harley. »Vielleicht sogar viermal.«

»Jake ist mein Gewinnpaket«, fuhr Brattle fort. »Mein ultimatives Quidproquo. Meine mündelsichere Pension. Mein unwiderstehlicher Köder. Meine Fahrkarte in die goldenen Jahre wohlverdienter Ruhe und Zurückgezogenheit. Jake hat schreckliche Dinge getan, Ben – schreckliche, furchtbare, schockierende Dinge.«

»Jake ist schon ein Schlimmer«, pflichtete Sid ihm bei.

»Unsägliche Taten«, berichtete Brattle Dill mit einem neuen und heiteren Lächeln. »Und ich kann sie alle beweisen. Sagen Sie das dem Senator – und dem jungen Dolan auch.«

»Okay«, sagte Dill.

»Gut«, sagte Brattle. »Oh«, fügte er hinzu, als sei ihm gerade etwas eingefallen. »Sie wollen das vielleicht zurückhaben.« Er nahm die Akte Jake Spivey und reichte sie Dill hin, der aufstand, sein Glas auf den Tisch stellte, die Akte entgegennahm und sich wieder hinsetzte. »Da steht wirklich nur Quatsch drin«, sagte Brattle in sorgfältig enttäuschtem Tonfall.

»Was nicht drinsteht, ist das, was wichtig ist, Clyde.«

»Ich bin nicht sicher, ob ich dem folgen kann.«

»Natürlich tun Sie das. Jake behauptet, daß er Sie am höchsten Baum aufhängen kann. Irgendwie glaube ich ihm.«

Brattle setzte eine neue Miene völliger Ernsthaftigkeit auf, die Dill sich nicht erinnern konnte schon mal gesehen zu haben. Das Spiel des alten Jungen hat sich seit unserem letzten Treffen verbessert, dachte Dill. Damals war er gut, jetzt ist er grandios.

»Ich möchte Ihnen einen Tip geben, Ben«, sagte Brattle. »Einen Ratschlag. Was ich Ihnen sagen werde, hat mich – «, er machte eine Pause, um die Jahre sorgfältig zu berechnen, » – sechzehn Jahre gekostet. Es ist wirklich ziemlich einfach, und es ist einfach dies: Glauben Sie nicht ein verdammtes Wort, das Jake Spivey sagt.«

»Nicht ein verdammtes Wort«, stimmte Sid zu.

»Wenn er sagen würde, er wäre am Atmen, würde ich ihm nicht glauben«, sagte Harley.

»Nicht... ein... verdammtes... Wort«, sagte Brattle, zur Betonung mit Pausen zwischen seinen Wörtern. »Sagen Sie das dem Senator.«

»Okay.«

»Wann glauben Sie denn, könnten Sie mit ihm sprechen?«

»Mit dem Senator?« sagte Dill. »Gleich nachdem ich dem FBI mitteile, wo ich Ihnen begegnet bin.«

»Natürlich«, sagte Brattle, »wie dumm von mir.« Er hielt ihm die Hand hin. Dill zögerte nicht. Er stand auf, drückte sie, drehte sich um und ging zu der Schiebetür. Harley erhob sich von seinem Klapphocker, um die Tür zu öffnen.

»Tut mir leid, das mit dem Hals«, sagte er.

Dill sah ihn an und nickte. »Klarer Fall«, sagte er und stieg aus dem Van. Bevor Dill den Fahrstuhl erreichte, hörte er den Motor des Transporters starten. Er drückte auf den Knopf, drehte sich um und sah zu, wie der Van die Rampe hinaufschoß und aus seinem Sichtfeld verschwand. Er machte sich nicht die Mühe, sich das Kennzeichen zu merken.

18

Oben in seinem Zimmer, stand Dill am Fenster und starrte hinab auf die um zwei Uhr morgens fast menschenleeren Straßen. Er konnte die Digitalanzeige der First National Bank sehen, die behauptete, daß die Temperatur auf 30 Grad gesunken und die genaue Zeit 2:09 Uhr sei. Es war jetzt also Samstag, der 6. August, der Tag, an dem sie Felicity Dill, Detective zweiten Grades beim Morddezernat, verstorben, beerdigen würden.

Dill versuchte zu einem Entschluß zu kommen, welchen Anruf er zuerst erledigen sollte. Er glaubte an die Möglichkeit, daß die Anrufe und vor allem die Reihenfolge, in der sie erledigt worden waren, in kommenden Jahren Folgen für das Leben der Angerufenen haben könnten. Weil er Schwierigkeiten hatte, die Reihenfolge festzulegen, bezichtigte Dill sich metaphysischer Laxheit – er hatte zugelassen, daß bloße Freundschaft der Pflicht und Verantwortung und anderen moralischen Verbindlichkeiten in die Quere kam. Du hast einen schlimmen Anfall von Skrupeln bekommen, sagte er sich, und das beste Mittel dagegen ist Logik, die kalte und unerbittliche Art.

Er ging zum Schreibtisch, wo der Whisky war, setzte sich hin und nahm einen Briefbogen des Hotels heraus. Mit dem Kugelschreiber listete er vier Namen auf:

FBI
Sen. Ramirez
J. Spivey
T. Dolan

Dill starrte eine Weile auf die vier Namen und versuchte zu entscheiden, wen er zuerst anrufen sollte. Er griff nach der Whiskyflasche und goß sich einen Schluck ein. Ein Glas vom Alten Unerbittlichen Logikverschnitt sollte helfen, dachte er, trank den Whisky in zwei großen Schlucken und wünschte sich vielleicht zum tausendsten Mal, daß er noch rauchte.

Er starrte weiter auf die Liste, bis er wieder zum Hotel-Kugelschreiber griff und eine einzelne Ziffer hinter jeden Namen schrieb. Als das erledigt war, legte er den Kugelschreiber hin, lehnte sich in seinem Stuhl zurück und starrte auf das, was er geschrieben hatte:

FBI – 4
Sen. Ramirez – 3
J. Spivey – 1
T. Dolan – 2

Du solltest dich absichern, dachte er. Du solltest runter ins Foyer gehen und den Münzfernsprecher benutzen, weil eines Tages, vielleicht sogar Jahre später, der Träger eines adretten blauen Anzugs mit einer glänzenden Plastikaktentasche der Regierung im Hotel aufkreuzt und die Herausgabe der Unterlagen über sämtliche Telefonate verlangt, die ein gewisser Benjamin Dill am Morgen des 6. August geführt hat – an jenem selben heißen Augustmorgen, als er seine Schwester begrub und dem berüchtigten internationalen Flüchtling John Jacob Spivey einen Tip gab. Fragen Sie sich, Ladys und Gentlemen der Jury: Hat Dill dies aus Gewinnsucht, um persönlich Profit daraus zu schlagen, getan – oder aus irgendeinem anderen Motiv, das Sie oder ich vielleicht verstehen könnten? Das hat er nicht getan. Er tat es wegen etwas, das er als Freundschaft beschreibt, aus einem Gefühl heraus, das er Loyalität nennt. Und was war nun der Grund dieser angeblichen Loyalität? Nun, Dill möchte Sie glauben machen, daß er und Spivey mal Kumpel waren, Gefährten, Jugendfreunde – sogar Busenfreunde. Jetzt frage ich Sie, Hohes Gericht, was für ein Soziopath würde Busenfreund von jemandem wie John Jacob Spivey sein, dem meistgesuchten Mann der Welt? Und so weiter und so fort, dachte Dill, während er seufzte, den Hörer abnahm und eine Nummer wählte.

Das Telefon klingelte neunmal, zehnmal, und beim elften Klingeln ertönte endlich ein barsches, schläfriges »Wer zum Teufel ist das?«.

»Dein Busenfreund Benjamin Dill.«

»Bist du betrunken?« fragte Spivey.

»Bist du wach?«

»Ich hol mir eben 'ne Zigarette.«

Im Hintergrund konnte Dill die Stimme von Daphne Owens hören, die fragte: Wer ist das?, und Spiveys Antwort: Pick. Was will er um diese Zeit? wollte sie in einem halb wachen, halb quengelnden Ton wissen. Wie zum Teufel soll ich wissen, was er will, solange ich nicht mit ihm gesprochen habe, sagte Spivey und kam wieder an den Apparat mit: »Was ist los?«

»Ich bin los.«

»Yeah, das weiß ich, aber was sonst?«

»Brattle ist zurück.«

Es entstand ein Schweigen, das eine Weile dauerte, bis Spivey schließlich sagte: »Und?«

»Wieder hier, meine ich.«

»Hier in der Stadt?«

»Richtig.«

»Gut.« Spivey ließ wieder vielleicht ein Dutzend Sekunden verstreichen. »Wer ist bei ihm?«

»Jemand Großes namens Harley und jemand mit gefärbten schwarzen Haaren namens Sid.«

»Diese Ärsche.«

»Er will dich verkaufen, Jake. Er will dich hübsch verschnürt Ramirez präsentieren, zusammen mit Dick Glander und Frank Cour. Er sagt, daß er sie innerhalb von vierundzwanzig Stunden im Sack haben kann. Er sagt auch, daß er genug gegen dich in der Hand hat, um dir dreimal lebenslänglich zu verschaffen – ohne Bewährung. Jemals. Clyde sagt, daß er das tut im Austausch gegen zwei Jahre in irgendeinem bundesstaatlichen Erholungsheim und eine Geldstrafe von nicht mehr als zwei- oder dreihunderttausend.«

»Wie sieht er aus?« sagte Spivey.

»Zuversichtlich.«

»So sieht er immer aus. Wo hast du ihn gesehen?«

»In der Tiefgarage im Hotel. In einem Van.«

Es entstand wieder eine längere Pause, und dann sagte Spivey: »Also, vielen Dank für deinen Anruf, Pick. Ich weiß das zu schätzen.«

Das ist nicht die richtige Reaktion, dachte Dill. Wo ist die Panik, die Angst, die Stimme, die zittert? Er dankt mir dafür, daß ich ihm sage, wo ich seinen entlaufenen Hund zuletzt gesehen habe. »War's das?« fragte Dill.

»Mir fällt sonst nichts ein.«

»Clyde klang furchtbar selbstsicher, Jake.«

»Das ist sein Geschäft – das Vertrau-mir-Geschäft.«

»Er klang selbstsicherer als üblich.«

»Sieh mal, er will einen Deal, das ist alles. Du sagst, er ist bereit, dafür zwei Jahre abzureißen. Nun, ich möchte auch einen Deal, aber ich reiße dafür keine zwei Scheiß-Jahre ab. Ich will Immunität. Ich würde also vorschlagen, daß du mal mit deinem Kid-Senator redest und rausfindest, wen er und das Justizministerium sich lieber krallen will – mich oder Brattle. Ich hab das Gefühl, daß er Brattle sagen wird. Nun, ich kann ihm Brattle auf einem Tablett servieren. Sag ihm das. Hör, was er sagt. Falls er zustimmt, daß er sich lieber Brattle als mich krallen will, dann muß ich anfangen, mir wegen des alten Clyde Sorgen zu machen, weil Clyde nämlich versuchen wird – na ja, was dagegen zu tun.«

»Ich muß erst noch das FBI anrufen und ihnen sagen, wo ich Brattle gesehen habe.«

»Yeah«, sagte Spivey mit völlig desinteressiertem Ton. »Mach das.« Er lachte leise. »Heißt das, du hast sie noch nicht angerufen?«

»Ja.«

Spivey lachte wieder. »Weißt du, was du bist, Pick? Du bist ein totales Weichei.«

»Könnte sein.«

»Laß mich wissen, was der Senator sagt.«

»In Ordnung.«

»Und Sonntag können wir mit dir rechnen?«

»Klar, Jake«, sagte Dill. »Ihr könnt mit mir rechnen.«

Als er auflegte, fühlte sich Dill, als hätte er die letzte Stunde damit verbracht, durch ein weites und weithin unerforschtes Land mit einer jener uralten Karten zu wandern, auf der stand: HIER GIBT ES UNGEHEUER. Dill wußte, daß die Karte recht hatte. Er war hier schon mal hergekommen. Trotzdem glaubt man einfach nicht, daß es sie wirklich gibt – die Ungeheuer. Nein, das ist falsch. Man glaubt schon, daß es sie gibt, doch nachdem man sie fünfzehn Jahre beobachtet, über sie geschrieben und sie sogar aufgespürt hatte, glaubte man immer noch, sie seien normal, harmlos und gezähmt. Sogar stubenrein.

Aber was wäre, wenn sie am Ende doch die Norm sind und

du bist in Wirklichkeit die Abweichung? Der Gedanke begeisterte Dill. Seine Einfachheit war bestechend, sein indirektes Angebot der Absolution unwiderstehlich. Er war so zufrieden mit der vom Whisky inspirierten Idee, daß er den Rest Old Smuggler in ein Glas goß und es austrank. Dann machte er die vorher so sorgfältig festgelegte Reihenfolge rückgängig (tschüs, kalte Logik) und rief alle drei Nummern an, unter denen man Senator Ramirez vielleicht in New Mexico erreichen konnte.

Später sollten manche behaupten, daß Senator Ramirez, wäre er denn dort gewesen, wo er hatte sein wollen, nämlich unter irgendeiner der drei Nummern, vielleicht hätte verhindern können, daß es passierte – oder wenigstens zum Teil verhindern. Aber diejenigen, die das behaupteten, waren zumeist professionelle Parteigänger und politische Gegner des Senators. Tim Dolan wandte stets ein, daß es wirklich keine Rolle gespielt habe, wen Dill an jenem Morgen anrief, weil niemand hätte verhindern können, was schließlich passierte. Dill selbst behauptete gar nichts, und er war es, der die drei Anrufe nach New Mexico machte und mit den drei verschiedenen Anrufbeantwortern verbunden wurde, die in zwei Sprachen sagten, daß der Senator nicht erreichbar sei, aber jeden zurückrufen werde, der nach dem Piepton sowohl seinen Namen als auch seine Telefonnummer hinterließe. Dill hinterließ dreimal seinen Namen und seine Telefonnummer und weckte dann Tim Dolan in Washington.

Nachdem Dill ihn von seinen Gesprächen sowohl mit Jake Spivey als auch mit Clyde Brattle unterrichtet hatte, hörte er auf zu reden und wartete auf Dolans Reaktion. Dieser politische Kopf brauchte nicht lange, um die Schlußfolgerung zu ziehen, von der Dill wußte, daß er sie ziehen würde.

»Sie wollen sich beide gegenseitig in Stücke zerlegen, nicht wahr – Spivey und Brattle?« sagte Dolan in befriedigtem Ton, der alle Schläfrigkeit verloren hatte.

»So sieht es aus.«

»Dann schnappen wir sie uns beide.«

»Tim«, sagte Dill, »ich glaube nicht, daß du diese Typen richtig verstehst.«

»Was gibt's da zu verstehen? Wir lassen sie sich in Stücke zerlegen, und dann servieren wir sie dem Justizministerium auf Toast. Der Senator bekommt neunzig Sekunden Sendezeit in den Nachrichten und ist drei Tage lang zu Hause ein Held, vielleicht sogar eine Woche.«

»Ich glaube, du wirst dich für einen der beiden entscheiden müssen«, sagte Dill.

»Nicht beide, wie?«

»Nein.«

»Okay«, sagte Dolan. »Welchen?«

»Das ist nicht meine Entscheidung.«

»Du weichst aus, Ben.«

»Ich weiß.«

»Okay, ich sag dir, was wir machen. Wir werfen es dem Senator vor und lassen ihn entscheiden. Was meinst du?«

»Schön«, sagte Dill.

»Dann wäre das geklärt. Er und ich kommen Montag abend oder Dienstag früh zu dir runter.«

»Ist das Hearing noch aktuell?«

»Nicht ganz«, sagte Dolan. »Wir haben beschlossen, daß wir nicht zu schnell an die Öffentlichkeit gehen wollen. Der Senator möchte sich privat mit Spivey treffen. Kannst du das arrangieren?«

»Ja.«

»Was ist mit Brattle?«

»Ich hab das Gefühl, daß er in Verbindung bleiben wird«, sagte Dill.

»Mit dir?«

»Mit mir.«

»Sieh mal, ob du ein Treffen für ihn mit dem Senator arrangieren kannst.«

»Was ist mit dem FBI?«

»Was soll mit denen sein?«

»Jemand muß sie anrufen. Wegen Brattle.«

»Laß mich das von hier aus machen«, sagte Dolan. »Ich kenne dort zwei Typen, die halbwegs akzeptabel sind.

»Dann kümmerst du dich darum?« sagte Dill.

»Ich kümmere mich darum«, versprach Dolan. »Du gehst besser ins Bett. Du klingst erschöpft.«

Hinterher hatte niemand außer Dill eine sehr gute Antwort auf die Frage, die von ratlosen Mitgliedern der Grand Jury in Washington am häufigsten gestellt wurde: »Warum habt ihr Burschen nicht einfach das FBI angerufen oder so?«

»Ich dachte, jemand hätte es getan«, erwiderte Dill immer.

19

Die Limousine, die das Police Department für den etwas verkaterten Benjamin Dill an jenem Samstagmorgen um 9:15 Uhr schickte, war ein schwarzer Cadillac Baujahr 1977, der, wie sein Fahrer sagte, 250.000 Kilometer auf dem Buckel hatte und früher dem Bürgermeister gehört hatte.

»Er hat ihm nicht wirklich gehört, verstehen Sie«, erklärte der Police Sergeant mittleren Alters in Sommeruniform, der sagte, er heiße Mock, »aber er ist ihm als Dienstwagen zugewiesen worden, und als man ihm dann seinen neuen gekauft habe, ging der hier zurück an den städtischen Fahrzeugpark. Sie wollen jemanden abholen?«

»Eine Miss Singe an der Ecke Twenty-second und Van Buren.«

»Das Old Folks Home, stimmt's?« sagte Sergeant Mock und hielt die hintere Tür für Dill auf, der in den klimatisierten Wagen stieg und sich in die weichen Polster sinken ließ. »So hat man sie doch früher genannt – ich meine die Van Buren Towers«, fügte Mock hinzu, als er sich ans Steuer setzte. »Ich weiß nicht, warum man sie so genannt hat, aber das hat man.«

Der Sergeant fuhr vom Bordstein vor dem Hawkins Hotel los und ließ den schweren Wagen auf dem Broadway nach Norden gleiten. Er warf im Rückspiegel einen Blick auf Dill, der zusammengesackt in der rechten Ecke saß und auf den spärlichen Samstagmorgenverkehr starrte.

»Das mit Ihrer Schwester tut mir leid, Mr. Dill«, sagte Sergeant Mock. »Sie war ein echt nettes kleines altes Mädchen – obwohl, ich glaube, so klein war Felicity ja gar nicht – mit eins siebenundsiebzig oder achtundsiebzig, um den Dreh.«

»Eins achtundsiebzig«, sagte Dill.

»Groß für eine Frau.«

»Ja.«

»Wollen Sie, daß ich die Klappe halte?«

»Das könnte helfen.«

»Kleiner Kater?«

»Kleiner.«

»Schauen Sie in das Fach direkt vor Ihnen – Sie müssen es aufschieben. Ich hab drei Dosen kaltes Budweiser reingetan, für alle Fälle.«

»Sie sind ein Heiliger«, sagte Dill, öffnete das Schubfach und nahm eine der noch beschlagenen Dosen heraus. Er öffnete sie und trank dankbar daraus.

Der Sergeant grinste in den Rückspiegel. »Ich mach das immer bei Beerdigungen«, sagte er. »Als erstes geh ich morgens nach dem Aufstehen in die Küche und lege drei oder vier Dosen in den Tiefkühler – wissen Sie, damit sie richtig kalt werden. Viele Leute brauchen ein bißchen was, wenn sie zu 'ner Beerdigung gehen. Traurige Sache, 'ne Beerdigung.« Er blieb einen Augenblick still. »Also, ich halt jetzt die Klappe.«

»Danke«, sagte Dill.

Anna Maude Singe trug Schwarz – einfaches teures monotones Schwarz –, bis auf die weißen Handschuhe, die sie in der Hand hielt. Begleitet von Sergeant Mock, der sich bereit erklärt hatte, sie zu holen, kam sie aus den Van Buren Towers. Dill rutschte hinüber in die linke Ecke der Limousine, als Mock die rechte Tür für Singe öffnete. Anmutig stieg sie ins Auto, ihr Hinterteil zuerst, gefolgt von den langen Tänzerinnenbeinen, die sie in einer geschmeidigen Bewegung hineinschwang. Sie wandte sich prüfend Dill zu, der seinen dunkelblauen Anzug trug, ein weißes Hemd und die gestrickte schwarze Seidenkrawatte. Singe nickte ihm zugleich grüßend und anerkennend zu. »Nett siehst du aus«, sagte sie, »und der Kater, den du verbergen willst, verleiht dir eine gewisse traurige Glaubwürdigkeit.«

»Irgendwie wußte ich, daß du morgens redest«, sagte Dill.

Sie lächelte. »Tut das nicht jeder?«

Sergeant Mock, der wieder hinter dem Steuer saß, ließ den Motor an, drehte den Kopf und sagte: »Die Dame sieht nicht so aus, als würde sie ein Bier brauchen, Mr. Dill, aber falls doch, wissen Sie ja, wo es ist. Ich rolle jetzt die Trennscheibe hoch, damit Sie ungestört sind. Leute, die auf Beerdigungen gehen, sind immer gern ungestört.«

»Danke«, sagte Dill. Mock drückte einen Knopf, und die gläserne Trennwand glitt aus dem Rückenteil des Vordersitzes, und der große Wagen fuhr wieder vom Bordstein los.

»Möchtest du ein Bier?« fragte Dill.

Singe schüttelte den Kopf. »Wo hast du dir den Kater geholt?«

»Oben in meinem Zimmer, allein.«

»Ich dachte, du hättest mit mir nicht soviel getrunken.«

»Ich hatte einen Besucher.«

»Oben in deinem Zimmer?«

»Unten in der Hotelgarage. Wir haben uns in seinem Van unterhalten.«

»Wer?«

»Clyde Brattle.« Dill machte eine Pause. »Ich hab dir von Brattle nichts gesagt, oder?«

Wieder schüttelte sie den Kopf.

»Das sollte ich vielleicht besser tun.«

»Wo ist denn das Bier?« fragte sie.

»Das Fach da vor dir – schieb es einfach auf.«

Singe öffnete das Fach, nahm ein Bier heraus, drückte den Verschluß ein und reichte es Dill. »Okay«, sagte sie. »Erzähl.«

Dill nahm einen langen Schluck von dem zweiten Bier und erzählte ihr dann von seinem Treffen mit Clyde Brattle und den beiden Männern namens Harley und Sid in dem blauen Dodge-Van. Als er fertig war, näherten sie sich der Trinity Baptist Church, die an der Ecke 13th und Sherman lag, wenig mehr als fünfzehn Blocks von den Van Buren Towers entfernt.

Singe blickte eine Weile nachdenklich vor sich hin, als Dill seinen Bericht beendet hatte. Dann runzelte sie die Stirn und sagte: »Mir wäre wohler, wenn du das FBI selbst angerufen hättest.«

»Ja«, sagte Dill. »Mir auch.«

Es gab weit mehr Baptisten in der Stadt und im Staat als sonst etwas, gefolgt – mit einigem Abstand – von Methodisten, Presbyterianern, Christen, Fundamentalisten verschiedener Richtungen, Katholiken und einer erstaunlichen Zahl von Episkopalen, die von den meisten Leuten für wohlhabend, elegant, Ostküsten-orientiert gehalten wurden, und für nicht annähernd so sehr sonderbaren Ritualen hingegeben wie die Katholiken mit ihrer verdächtigen Anhänglichkeit an Rom. 1922 war ein Gerücht aufgekommen, daß der Papst mit dem Zug der MKT Railroad aus Chicago um 12:17 Uhr in der Union Station eintreffen würde, und geschätzte dreitausend Menschen hatten sich eingefunden, um zu sehen, ob es stimmt. Die meisten von ihnen waren bloß zum Gaffen gekommen, aber andere hatten daran gedacht, Teer und Federn mitzubringen. Alle waren enttäuscht, als Pius XI. nicht aus dem Zug stieg.

Trinity Baptist war Mitte der fünfziger Jahre nach Plänen eines Architekturprofessors an der Universität erbaut worden, der für seinen außergewöhnlichen Geschmack bekannt war, was Design, Frauen und Politik anging. Die staatliche Legislative war nicht unbedingt der Ansicht, daß sie die Frauenzimmer eines Mannes etwas angingen, oder welche Art Backstein er bevorzugte, doch sie wußte durchaus, wie ein Mitglied es formulierte, »politisch richtig gut Bescheid«. Die Abgeordneten wußten auch, daß sie keine rosa angehauchten Sozis an der Uni auf ihre Kinder loslassen wollten. Also zerrten sie den Professor vor einen Unterausschuß des staatlichen Abgeordnetenhauses für subversive Aktivitäten und quetschten ihn gnadenlos über seine verrückten politischen Theorien und, als sie davon genug hatten, über seine Frauen und sein zeichnerisches Können aus.

Ein zweiundsiebzigjähriger Abgeordneter aus einer Gegend des Staates, die als Little Dixie bekannt war, fuchtelte mit der Darstellung einer in ziemlich freier Form ausgeführten Rundplastik herum, die dazu bestimmt war, die Außenanlagen der Kirche zu schmücken. Er wollte wissen, ob der Professor wirklich glaube, Johannes der Täufer hätte so ausgesehen. Der Professor erwiderte, er finde, daß sie Johannes tatsächlich sehr ähnlich sehe. Freundlich lächelnd fragte er dann, ob der Ausschuß schon rosa Spuren im Bart des Heiligen gefunden hätte, doch keines seiner Mitglieder konnte sich zusammenreimen, worauf er hinauswollte. Die Anhörung wurde kurz darauf beendet. Der Professor schrieb eine aus vier Worten bestehende Kündigung (»Scheiß drauf. Ich kündige.«) und ging an die University of California nach Berkeley, um dort zu lehren. Die Baptisten gingen hin und bauten die Kirche, die er für sie entworfen hatte. Fast jedem gefiel sie inzwischen ungemein.

Dill war überrascht von der Zahl der Autos, die den Parkplatz der Kirche füllten und draußen in zwei Reihen standen. Er zählte vierundzwanzig Polizeimotorräder – alles die Knochen durchrüttelnde Harley-Davidsons, stellte er fest, und nicht die unendlich viel besseren Kawasakis. Made in America gilt hier unten noch etwas, dachte er, drückte auf den Knopf, der die Trennscheibe absenkte, und fragte: »All diese Leute hier sind doch nicht nur zur Beerdigung meiner Schwester gekommen, oder?«

»Aber sicher doch«, sagte Sergeant Mock. »Ihre Schwester war ein Cop, Mr. Dill, und wenn Cops umgebracht werden, zeigen sich die anderen Cops. Ich hab die Liste gesehen. Mann, wir haben Cops hier von so weit her wie Denver und Omaha und Memphis und sogar den ganzen Weg von New Orleans.«

»Von wo noch?« fragte Singe.

»Mal nachdenken. Dallas, Fort Worth, Houston, Amarillo, Oklahoma City, Tulsa, Kansas City, Little Rock, Santa Fe, Albuquerque und – oh, yeah – der eine, der gesagt hat, er käme von Cheyenne. Sie wollen dabeisein, Mr. Dill, das ist es. Sie wollen alle dabeisein.«

Es war wenige Minuten vor zehn, als Mock die Limousine auf dem reservierten Platz für den Hauptleidtragenden parkte, ausstieg und die Tür für Singe und Dill öffnete. Fünfzig oder sechzig unbewaffnete Polizisten standen noch immer draußen, alle in ihren feinen Sommeruniformen. Aus irgendeinem Grund hatte Dill erwartet, sie würden Blau tragen. Er konnte spüren, wie sie einander auf ihn aufmerksam machten als den Bruder der toten Felicity Dill.

Ein sanft aussehender Lieutenant mit dunkler Haut, der sich als Lieutenant Sanchez vorstellte, brachte liebenswürdig sein Beileid zum Ausdruck und bot an, Dill und Singe auf ihre Plätze zu bringen. Er steuerte sie durch die Gruppe der Polizisten ins Innere der Kirche. Es war das erste Mal, daß Dill sie von innen sah, und er war beeindruckt vom Witz des Architekten. Sie sieht schon wie eine Baptistenkirche aus, dachte er, aber wie eine, wo wirklich alle Welt dem Herrn jauchzet und sie einen Heidenspaß dabei haben.

Das Innere war aus Granit (mit einem kleinen Hauch von Rosa), und es stieg ungeduldig, fast fröhlich nach oben, als sei es tatsächlich für die Herrlichkeit bestimmt. Dill fand, daß die Buntglasfenster ein interessantes und nicht ganz abstraktes Design hatten. Er entschied, daß jemand, den die Predigt langweilte, zu den Fenstern hinaufstarren und sich seine eigenen Geschichten ausdenken konnte. Wenn schon für seine Schwester in einer Kirche gebetet werden mußte, dachte Dill, konnte es gut diese hier sein. Nicht zuletzt hätte ihr auch die Architektur gefallen.

Lieutenant Sanchez führte Singe und Dill zum Mittelgang und übergab sie dem wartenden Chief of Detectives John Strucker. Zum ersten Mal sah Dill Strucker in Uniform. Er war beeindruckt von der Art, wie der Chief sie trug, und von der Uniform selbst, maßgeschneidert aus einem Stoff, der hellbraunes Leinen zu sein schien, jedoch für Leinen nicht genug knitterte. Unter den linken Arm geklemmt trug Strucker seine Feldmütze, die eine Menge Goldlitze auf ihrem Schirm hatte.

»Wir sind alle ganz vorn«, murmelte Strucker, und führte sie zur ersten Reihe rechts. In der ersten Reihe links erhob sich ein Mann und bewegte sich auf sie zu. Es war ein älterer Mann, mindestens Anfang Sechzig, und schließlich erkannte Dill in ihm Dwayne Rinkler, den Polizeichef. Es war Jahre her, seit Dill ihn zum letzten Mal gesehen hatte, und das lange schmale Gesicht des Chefs schien länger, die eisigen blauen Augen noch kälter geworden zu sein, und die dünnen Lippen waren schließlich verschwunden und hatten nur einen breiten geraden Strich hinterlassen. Rinkler hatte auch fast alle Haare verloren, und seine Haut war tief gebräunt. Er trug seine Uniform fast so gut wie Strucker. Auf seiner Mütze war sogar noch mehr Goldlitze.

Strucker übernahm die Vorstellung, und Chief Rinkler gab zuerst Singe und dann Dill die Hand. »Wir sind äußerst traurig, Mr. Dill«, sagte er in seinem rauhen Baß, »wir alle.«

»Danke«, sagte Dill.

»Sie war eine gute Frau«, fügte Rinkler hinzu und nickte, als wolle er seine Einschätzung bekräftigen. Noch immer nickend, drehte er sich um und ging zu seinem Platz zurück. Strucker schloß sich ihm an. Dill und Singe nahmen ihre Plätze auf der anderen Seite ein.

Nachdem er sich gesetzt hatte, musterte Dill den Sarg zum ersten Mal. Den Sarg selbst konnte er eigentlich nicht sehen, weil er mit einer großen amerikanischen Flagge behängt war. Zu beiden Seiten des Sargs standen sechs große stramme Polizisten in makellosen Sommeruniformen bewegungslos in Rührt-Euch-Stellung. Dill fragte sich, wie lange sie schon so dastehen mochten.

Irgendwo begann ein gemischter Chor zu singen. Dill ging dem Klang nach, wandte sich um und schaute hoch. Auf der Chorempore erhoben zwölf sehr junge männliche und weibliche Polizisten ihre unbegleiteten Stimmen zu einer langsamen, feierlichen Wiedergabe von »The Battle Hymn of the Republic«. Offenbar hatten sie vor, alle vier Strophen zu singen, während die Kirche sich füllte. Dill fand, daß sie recht hübsch sangen, und fragte sich, ob Felicity Einwände gegen die Hymne gehabt hätte. Vielleicht früher mal, befand er, aber jetzt nicht mehr.

Als die Hymne vorüber war, gab es das übliche Gescharre und Geräusper und halberstickte Husten. Der jung aussehende Geistliche hatte seinen Auftritt und stieg langsam in die Kanzel, von wo er mit traurigen Augen hinter einer ernsten Hornbrille die Versammlung musterte.

»Wir sind heute hier«, sagte er, »um den Tod eines Menschen zu betrauern und für seine Seele zu beten, der nicht dieser Kirche oder diesem Glauben angehörte, sich aber für ein Leben im öffentlichen Dienst entschied, der sowohl diesen Glauben als auch diese Kirche schützte. Wir sind hier, um Detective Felicity Dill zu betrauern und für sie zu beten und ihr zu danken für ihr allzu kurzes Leben im hingebungsvollen Dienst für diese Gemeinde.«

Er machte noch fünf Minuten so weiter – ein sterbenslangweiliger junger Mann, dachte Dill, anscheinend fromm und offenbar aufrichtig. Als der junge Geistliche die unvermeidlichen Worte »sinnloser Tod« aussprach, schaltete Dill ab, wie er es immer tat, sobald irgendjemand diese Worte sagte. Sie kamen immer gleich nach »Opfer«, ein weiteres Wort, das Dills Aufmerksamkeit auf Wanderschaft schickte. Jemand hat meine Schwester ermordet, dachte er, während die Stimme des jungen Geistlichen sich hob und senkte. Wenn Felicitys Tod nicht sinnlos war, dann weiß ich es auch nicht.

Es kamen neue Töne, und Dill stellte fest, daß der junge Geistliche aufgehört hatte und der Polizeichor eine andere Hymne sang. Das Dutzend frisch geschrubbter junger Polizisten und Polizistinnen ließ jetzt »Amazing Grace« vernehmen, eine Hymne, die Felicity besonders abscheulich gefunden hatte. »Lies die Wörter irgendwann, Pick«, hatte sie ihm geschrieben, kurz nachdem Jimmy Carter durchblicken ließ, daß »Amazing Grace« seine Lieblingshymne sei. »Ich meine, lies sie wirklich, und dann wirst du verstehen können, warum Leute sich immer noch die ganze Scheiße gefallen lassen, die sie sich gefallen lassen.« Dill hörte sich jetzt die Wörter an, hörte wirklich hin, aber sie sagten ihm absolut nichts, obwohl er fand, daß der Polizeichor sie wirklich sehr gut sang.

Als die Hymne vorüber war, nahm Dill an, daß der Gottesdienst es auch wäre, aber das war nicht der Fall. Der junge Geistliche war bereits von der Kanzel gestiegen, und jetzt bestieg sie ein anderer. Dieser andere war Gene Colder, baptistischer Diakon und Captain des Morddezernats, der in seiner

Ausgehuniform, die genauso maßgeschneidert wirkte wie die des Chiefs of Detectives, elegant und melancholisch aussah. Colder ergriff das Pult nicht aus Nervosität, sondern mit der Pose des erfahrenen Redners, der etwas Wichtiges zu sagen hat. Seine Augen musterten sein Publikum, zunächst die ganz hinten Sitzenden und zum Schluß Dill in der ersten Reihe, dem er leicht zunickte. Dann griff Colder sich den Trauernden heraus, zu dem er reden wollte – der irgendwo in der Mitte zu sitzen schien –, und fing an.

»Ich bin gebeten worden, einige Worte über Detective zweiten Grades Felicity Fredricka Dill zu sagen (Gott, wie sie Fredricka haßte, dachte Dill), nicht nur weil sie in meiner Abteilung, im Morddezernat, war, sondern auch, weil wir Freunde waren.« Colder machte eine Pause und fügte hinzu: »Sehr gute Freunde.« Jetzt weiß auch noch der letzte, daß sie miteinander schliefen, falls er es nicht vorher wußte, dachte Dill.

»Detective Dill war das, was ich einen Vorzeige-Cop nennen möchte«, fuhr Colder fort. »Sie erwarb ihre Beförderungen, und es waren in der Tat rasche Beförderungen, wegen ihrer harten, oft brillanten Arbeit. Ich zögere nicht, vorherzusagen, daß sie, wäre sie am Leben geblieben und hätte ihrer Karriere mit derselben Entschlossenheit und Brillanz weiter nachgehen können, der erste weibliche Chief of Detectives dieser Stadt geworden wäre und sogar, auch das ist nicht unvorstellbar, ihr erster weiblicher Polizeichef.« Captain Colder lächelte leicht. »Es versteht sich von selbst, daß sie Captain geworden wäre.«

Danach sprach Colder darüber, was für ein wunderbarer Mensch Detective Dill gewesen war. Er pries ihren Verstand und ihren Mut. Er hatte nette Dinge über ihren gesunden Menschenverstand und ihr ungewöhnliches Mitgefühl zu sagen. Er beschrieb ihren Verlust als tragisch und ihr Vermächtnis als dauerhaft, obwohl Dill nicht wußte, was er damit meinte. Colder erwähnte nicht die Lebensversicherung über zweihundertfünfzigtausend Dollar und das gelbe Zweifamilienhaus, die auch Teil ihres Vermächtnisses waren, doch nach Meinung Dills nicht besonders dauerhaft.

Abschließend sagte Colder: »Ich kann nur das höchste Lob wiederholen, das wir ihr machen können: Sie war ein Vorzeige-Cop, und wir werden sie vermissen. Wir alle.«

Der Diakon ließ den Blick über seine Gemeinde schweifen, denn das war sie inzwischen für Dill, und forderte sie auf, mit ihm das Vaterunser anzustimmen. Dill beobachtete, wie sich die Köpfe der Ehrenwache ruckartig senkten und sie zusammen in Rührt-Euch-Stellung beteten.

Als das Gebet vorüber war, fing der Polizeichor wieder an zu singen. Dill, der kein Kirchgänger war, vermutete, daß es sich diesmal um »Abide With Me« handelte. Er warf einen Seitenblick auf Anna Maude Singe, die seine Hand ergriff und sie drückte. »Stell es dir so vor«, sagte sie leise. »Irgendwo lacht sie über dieses Theater.«

»Bestimmt«, sagte Dill, der es durchaus nicht glaubte. Er wandte sich dem auf sie zugehenden Captain Colder zu, der zuerst Singe und dann Dill die Hand gab. »Ich weiß zu schätzen, was Sie gesagt haben, Captain«, sagte Dill.

»Ich habe jedes Wort ernst gemeint.«

»Es war sehr bewegend«, sagte Singe.

»Ich danke Ihnen.« Er sah Dill an. »Hat alles geklappt – mit der Limousine und so?«

»Es war perfekt. Ich möchte Ihnen sehr danken.«

»Ich werde Sie zu Ihrem Wagen begleiten. Er wird direkt hinter Felicity fahren.« Nicht hinter dem Leichenwagen, bemerkte Dill, sondern hinter der noch nicht beigesetzten Felicity. Colder lächelte aufmunternd. »Die Zeremonie am Grab wird sehr kurz sein, sehr formell. Sollen wir gehen?«

Als sie durch den Mittelgang schritten, hielt Dill nach bekannten Gesichtern Ausschau – nach alten Freunden der Familie, denen er zunicken oder zulächeln konnte –, doch es gab niemand. Sie hat hier sicher Freunde gehabt, dachte er, aber du kennst sie nicht, weil die Kluft von zehn Jahren, die zwischen euch lag, fast unüberbrückbar war. Er bemerkte die Polizisten von auswärts, die zusammensaßen, schmuck und korrekt in ihren verschiedenen Uniformen, und ihn neugierig und voll Mitgefühl anschauten, als er vorbeiging.

Und das sind die, die gekommen sind, um Felicity zu begraben, begriff Dill. Cops und die Frauen von Cops. Die Cops selbst waren jung oder mittleren Alters. Ich glaube, es gibt keine alten Cops mehr, bis auf den Polizeichef. Ich glaube, sie reißen ihre zwanzig oder dreißig Jahre ab, nehmen ihre Pension und scheiden aus. Detective Dill. Sergeant Dill. Captain Dill. Chief of Detectives Dill. Chief of Police F. F. Dill. Nun, wer weiß. Hätte passieren können.

In dem Sitz am Gang in der vorletzten Reihe saß Fred Y. Laffter, der alte Polizeireporter. Er stand auf, trat von der Seite an Dill heran und sagte mit heiserem Flüstern: »Wir werden den Kram über die Versicherungspolice Ihrer Schwester und das Geld, das sie für ihr Haus angezahlt hat, und all den Mist bringen. Wollen Sie dazu irgendwas sagen?«

Dill blieb stehen. »Was meinen Sie mit ›wir‹?«

Laffter zeigte mit einem Finger himmelwärts und zuckte mit den Achseln. »Die in der oberen Etage sagen mir, sie wollen es bringen, also bringen wir es. Ich kann Sie noch immer einbauen, falls Sie wollen, obwohl das meine Idee ist, nicht deren.«

»Kein Zitat von mir«, sagte Dill. »Nichts.«

»Herrgott noch mal, Laffter, nicht jetzt«, sagte Colder und schob sich zwischen Dill und den alten Mann.

»Ich tu ihm einen Gefallen«, sagte Laffter.

»Nicht jetzt, verdammt«, sagte Colder.

Laffter starrte ihn kalt an. »Das ist mein Job, Sonny«, blaffte er, ging behende um Colder herum und baute sich wieder vor Dill auf. »Nichts für ungut, Junge.«

»Verpiß dich«, sagte Dill.

20

Unter Führung der zwei Dutzend Harley Davidsons, die ihrerseits von einem grün-weißen Streifenwagen mit eingeschaltetem Blaulicht angeführt wurden, rollte die anderthalb Kilometer lange Trauerprozession in einem behäbigen Tempo von zwanzig Stundenkilometern auf den Friedhof Green Glade of Rest zu, der mal ein ertragsarmer Bauernhof am östlichen Stadtrand gewesen war.

Das Kernstück des Green Glade war ein nicht allzu kompliziert angelegtes Labyrinth von etwa einem Viertel der Größe eines Footballfelds. Das Labyrinth wurde aus grünen Hecken Spitzblättriger Adelie gebildet, die zweieinhalb Meter hoch und einen halben Meter dick waren. Es gab auch Kieswege, auf denen man schlendern, und Steinbänke in geräumigen Winkeln, wo Trauernde sitzen und sich ausruhen und sich lange Gedanken machen konnten über Leben und Tod und was es alles zu bedeuten hatte. Allerdings war das Gehen auf dem Kies beschwerlich, die Steinbänke waren unbequem, und das Labyrinth wurde für gewöhnlich von Friedhofsbesuchern gemieden.

Innerhalb der vergangenen fünf Jahre hatte das Police Department siebzehn seiner getöteten Angehörigen im Green Glade of Rest beerdigt. Mit Detective Felicity Dill erhöhte sich die Zahl auf achtzehn. Bevor das Department sich seine eigene Friedhofsparzelle gekauft hatte, waren KOD-Polizisten über die ganze Stadt verstreut bestattet worden. KOD stand für Killed on Duty – im Dienst getötet.

Praktisch alle von denen, die zum Gottesdienst in der Kirche gewesen waren, wohnten auch der Zeremonie am Grab bei. Wie versprochen, war die Zeremonie kurz. Ein Polizeipfarrer las den dreiundzwanzigsten Psalm. Ein Trupp Scharfschützen feuerte eine Gewehrsalve ab. Ein Trompeter spielte den Zapfenstreich auf einem Kornett. Die stramme Ehrenwache, die auch als Sargträger fungierte, faltete die amerikanische Flagge, die den Sarg verhängte, zu einem ordentlichen Dreieck zusammen und überreichte sie Dill, der nicht die geringste Ahnung hatte, was er damit tun sollte. Und dann war es vorbei, die tote Schwester begraben, und es war noch nicht mal Mittag.

Der KOD-Abschnitt des Police Department lag auf einer leichten Anhöhe. Nach Beendigung der Beerdigungsfeier begannen die zumeist uniformierten Trauergäste, langsam zu ihren Wagen hinunterzugehen, wobei sie um das Labyrinth herumgingen. Einige blieben noch, um Dill die Hand zu schütteln und ihr Bedauern zu murmeln. Während Dill und Anna Maude Singe langsam zu der wartenden Limousine gingen, schüttelte er die angebotenen Hände und dankte den Murmlern höflich.

Dill und Singe waren fast allein nicht weit von dem Labyrinth, als jemand Dill auf die Schulter klopfte. Er drehte sich um, Singe ebenfalls. Sie fanden sich überflutet von dem engelhaften Schimmer des Lächelns, das zu Clay Corcoran gehörte, der die tote Schwester geliebt hatte.

»Ich konnte einfach nicht wegbleiben, Mr. Dill«, sagte Corcoran.

»Ben«, sagte Dill.

»Ben«, stimmte Corcoran zu und richtete sein warmes Lächeln auf Singe. »Wie geht's, Smokey?«

Singe sagte, es gehe ihr gut. Das blendende Lächeln des großen Mannes verschwand, und er wurde ernst. »Ich fand, es war eine prima Beerdigung«, sagte er. »Felicity hätte wohl hier und da ein bißchen gekichert, aber alles ist richtig nett verlaufen.«

Corcoran wartete offenbar auf eine Bestätigung von Dill, also sagte Dill, auch er fände, daß alles sehr gut vonstatten gegangen wäre. Corcoran blickte über die Köpfe von Dill und

Singe hinweg. Hinter ihnen bewegten sich die Polizisten in ihren Sommeruniformen am Labyrinth vorbei auf ihre Autos zu, obwohl mindestens ein Viertel von ihnen, zumeist jene, die Frauen mitgebracht hatten, sich jetzt zu kleinen schwatzenden Gruppen versammelt hatten.

Corcoran dämpfte seine tiefe Stimme zu etwas, was seiner Hoffnung nach wohl ein vertrauliches Murmeln war. »Ich hab Ihnen doch gesagt, daß ich ein bißchen rumschnüffeln wollte?« Er ließ es wie eine Frage klingen, also nickte Dill.

»Nun«, fuhr Corcoran in derselben Tonlage fort, »vielleicht bin ich da auf was gestoßen.« Wieder blickte er über ihre Köpfe hinweg, als befürchte er, belauscht zu werden. Offenbar zufriedengestellt, fügte er hinzu: »Aber ich muß Ihnen erst zwei Fragen stellen.«

»Okay«, sagte Dill.

»Da ist dieser Typ namens Jake Spivey, der –« Corcoran vollendete den Satz nie, und später dachte Dill, daß die Reflexe des großen Mannes unglaublich gewesen waren. Corcoran versetzte Dill mit der Hüfte einen Stoß, der ihn in die Luft schickte. Er landete anderthalb Meter entfernt. Es war Dills erste Berührung mit einer Kontaktsportart, und er fand sie merkwürdig erheiternd.

Noch bevor Dill gelandet war, hatte Corcoran mit dem linken Arm Anna Maude Singe ausgehebelt und zu Boden gestreckt. Der freundliche Ausdruck auf seinem Gesicht war weggewischt, und Corcorans grimmige Einschüchterer-Miene war zurück, als er sich auf ein Knie niederließ und nach etwas unter seinem rechten Hosenbein griff.

Dill schaute dorthin, wo Corcoran hinschaute. Er sah die große Faust und die kleine Pistole, die in etwa zehn Meter Entfernung aus der dichten Adelie-Hecke ragte. Oder vielleicht war es die kleine Pistole, wie Dill später dachte, wodurch die

Faust so groß wirkte. Er sah, wie die Pistole abgefeuert wurde. Er hörte den scharfen, häßlichen Knall eines einzelnen Schusses. Dill drehte sich um und sah, daß der am Boden kniende Corcoran unten am Hals getroffen war. Der große Mann ließ die kleine flache Pistole vom Kaliber .25 fallen, die er gerade aus dem Knöchelholster an seinem rechten Bein gezogen hatte. Er presste beide Hände gegen die Wunde in seinem Hals. Einen Moment später nahm er die blutigen Hände runter und starrte sie erstaunt an.

Corcoran kniete noch zwei Sekunden da, drei Sekunden, vier Sekunden, dann seufzte er und legte sich langsam auf das Gras. Blut schoß aus seiner Kehle. Dill erhob sich und schaute sich um. Die einzigen, die noch immer standen, waren die Frauen der Polizisten. Die Polizisten selbst hatten sich ins Gras fallen lassen. Einige lagen flach am Boden. Ein Dutzend andere knieten, das rechte oder linke Hosenbein hochgeschoben, wobei weiße haarige Waden und die kleinen Lederholster zum Vorschein kamen, die daran befestigt waren.

Ein Dutzend Pistolen, zumeist klein und flach, ganz wie die von Corcoran, waren plötzlich in großen Fäusten erblüht. Die Cops mit den Pistolen drehten ihre Köpfe, auf der Suche nach jemandem, auf den sie schießen, den sie festnehmen konnten. Aber sie fanden nur andere Cops – und viele davon fremde –, die auch mit Pistolen herumfuchtelten.

Dill dachte später, daß die Stille nach dem einzelnen Schuß nicht länger als drei oder vier Sekunden gedauert haben konnte, und nicht die Stunde, die sie damals zu dauern schien. Eine der Polizistenfrauen schrie schließlich beim Anblick des im Gras liegenden Corcoran auf, dessen Knie fast bis zur Brust angezogen waren und dem das Blut noch immer stoßweise aus der Kehle schoß. Nach dem Schrei begann das Rufen und das Durcheinander.

Dill war als erster bei Corcoran. Die grünen Augen des großen Mannes standen noch offen, aber nicht ganz fokussiert, obwohl er Dill zu erkennen schien. Er versuchte zu sprechen, blies aber stattdessen eine große rosafarbene Blase, die mit einem winzigen Plop platzte. Wieder bewegten sich Corcorans Lippen, und Dill beugte sich hinab, um hinzuhören. Diejenigen, die zuschauten, sagten später, sie glaubten, Corcoran habe nur drei oder vier Wörter zustande gebracht, bevor das Blut aufhörte, aus der Wunde hervorzuschießen. Aus Corcorans Mund kam ein letzter Seufzer. Der bildete wieder eine rosa Blase, die fast sofort platzte. Dann hatte das Herz kein Blut mehr, blieb stehen, und Corcoran war tot.

Dill stand langsam auf. Ein Polizist, der medizinisch ausgebildet zu sein schien, kniete sich schnell neben Corcoran hin und suchte mit geschickten Fingern nach irgendwelchen Lebenszeichen. Er fand keine und ging kopfschüttelnd wieder in die Hocke.

Dill half der zitternden Anna Maude Singe auf die Beine. Als er fragte, ob sie verletzt sei, schüttelte sie langsam den Kopf, die Augen starr auf die riesige, zusammengerollte Leiche Clay Corcorans gerichtet. Dill legte einen Arm um sie und führte sie weg. Er sah, daß Captain Gene Colder ihnen den Weg verstellte. Einen Augenblick später eilte der Chief of Detectives John Strucker herbei. Colder warf einen Blick auf Strucker, als bäte er um Erlaubnis. Strucker erteilte sie ihm mit einem Nicken.

»Antworten Sie schnell, Dill«, sagte Colder mit klarer harter Stimme. »Ich hörte, er hätte noch was gesagt. Konnten Sie verstehen, was er gesagt hat?«

Dill nickte. »Klar. Er hat gesagt: ›Es tut weh. Es tut weh.‹ Er hat es zweimal gesagt.«

»Das ist alles?« sagte Strucker, Zweifel in seinem Ton, wenn schon nicht im Gesicht.

»Das war's.«

Strucker wandte sich zu Colder. »Sie wissen, was zu tun ist, Captain. Sie machen sich besser an die Arbeit.«

»Ja, Sir«, sagte Colder, drehte sich um und eilte davon, zeigte zuerst auf diesen Polizisten und winkte dann jenen herbei. Es war das einzige Mal, soweit Dill sich erinnern konnte, daß er Colder Sir zu Strucker hatte sagen hören.

Der Chief of Detectives zog eine Zigarre aus der Brusttasche und streifte langsam die zellophanähnliche Plastikhülle ab, ohne dabei die Augen von der Leiche Corcorans abzuwenden. Er zerknüllte das Zellophan zu einer kleinen Kugel und schnippte sie weg. Noch immer auf Corcoran hinabstarrend, biß er ein Ende der Zigarre ab, spuckte es aus und zündete sie mit einem Wegwerffeuerzeug an.

»Sie kannten ihn, äh – Corcoran«, sagte Strucker, der noch immer auf den toten Mann starrte.

»Er sagte, er wäre früher mit meiner Schwester liiert gewesen.«

»Das stimmt«, sagte Strucker, der seinen Blick schließlich Dill zuwandte. »Ist er.«

»Er sagte, er wäre Cop gewesen.«

»Ist er. Auch nicht schlecht, obwohl er als Linebacker Klassen besser war. Hat er gesagt, was er jetzt machte?«

»Er behauptete, er sei Privatdetektiv«, sagte Dill. »ein Mann, der andere einschüchtert, wie er es nannte.«

Strucker lächelte, aber nur kurz und grimmig. »Auch darin war er nicht schlecht, obwohl er im Football besser war als in sonst irgendwas. Er kam also einfach so an und stellte sich Ihnen vor, wo – im Hotel?«

»Richtig.«

»Worüber haben Sie sich unterhalten?«

»Über meine Schwester, worüber sonst?«

»Hat er Ihnen erzählt, daß sie ihn plötzlich hat fallenlassen?«
»Ja.«
»War er immer noch wütend deswegen?«
»Er schien eher resigniert als sonst irgendwas – resigniert und traurig, natürlich.«

Strucker wandte sich zu Anna Maude Singe. »Sie haben ihn doch auch gekannt, nicht wahr, Miss Singe?«
»Ja. Ziemlich gut.«
»Was ist hier passiert – vor ein paar Minuten?«
»Ich bin mir nicht absolut sicher.«

Strucker zog an seiner Zigarre, blies Rauch in die Luft und weg von Singe. Er nickte ihr ermutigend zu. »Sagen Sie mir nur, was Sie gesehen haben und woran Sie sich erinnern.«

Sie runzelte die Stirn. »Also Clay kam zu uns und sagte, es sei eine ganz schöne Beerdigung gewesen und alles schiene doch ganz glatt abgelaufen zu sein. Mr. Dill stimmte ihm zu, und dann sagte Clay noch, er hätte sich ein bißchen umgesehen oder vielleicht herumgestöbert und müsse Mr. Dill noch etwas fragen. Aber dann, nun, dann hat er wohl irgendwas hinter uns gesehen – hinter Mr. Dill und mir –, denn danach geschah alles furchtbar schnell. Er stieß gegen Mr. Dill – «

Dill unterbrach sie. »Er hat mir einen Hipshot verpaßt.«

Strucker nickte und lächelte Anna Maude wieder ermutigend zu.

»Dann schoß sein Arm so nach vorn«, sagte sie und demonstrierte, wie Corcorans Arm sich bewegt hatte. »Und bevor ich mich versah, lag ich flach auf dem Rücken.«

»Hat er sie ausgehebelt?« fragte Strucker Dill.
»Offenbar.«

»Dann hörte ich den Schuß«, fuhr Anna Maude Singe fort, »und dann schaute ich hoch und sah Clay, nur daß er inzwischen kniete, und er hatte sein Hosenbein oben und eine kleine Pistole in der Hand. Aber er ließ die Pistole fallen, und seine Hände fuhren hoch zu seiner Kehle, und als er sie wegnahm, waren sie blutig. Danach beschloß er einfach, sich hinzulegen, jedenfalls sah es ganz so aus. Er legte sich hin, und seine Knie gingen hoch zu seiner Brust, und er – er rollte sich einfach zusammen und starb.«

Sie schaute weg. »Sind Sie okay?« fragte Strucker.

Sie nickte. »Ja. Ich bin okay.«

Strucker wandte sich zu Dill. »Was haben Sie gesehen?«

»Dasselbe – nur daß ich auch eine Hand gesehen habe, die da drüben eine Pistole durch die Hecke schob.« Dill zeigte zu der Stelle hinüber, wo ein Grüppchen Polizisten auf Händen und Knien in ihren Ausgehuniformen nahe dem Punkt in der Hecke, auf den Dill gezeigt hatte, den Rasen des Friedhofs sorgfältig absuchten. Er vermutete, daß sie nach einer Patronenhülse suchten.

Strucker sah ihnen eine Weile zu und schüttelte trübselig den Kopf. »Sehen Sie sich die an«, sagte er. »Alle in Uniform und so gleich wie ein Ei dem anderen. Er könnte sich irgendwo eine Uniform von auswärts beschafft haben, zur Beerdigung gegangen, hier rausgekommen sein, auf Corcoran geschossen und sich auf der anderen Seite des Labyrinths aus dem Staub gemacht haben. So könnte es passiert sein.«

»Vielleicht«, sagte Dill.

Strucker sah ihn mit neu erwachtem Interesse an. »Was meinen Sie mit vielleicht?«

»Als ich mich dieses eine Mal mit Corcoran unterhalten habe, erzählte er mir, daß er oft als Leibwächter gearbeitet hat. Vielleicht war es auch das, was er hier gemacht hat – beinahe reflexartig. Er schaffte Anna Maude und mich aus dem Weg und nahm sich dann den Schützen vor – nur, daß es nicht so gut geklappt hat.«

Strucker paffte nachdenklich an seiner Zigarre, hustete zweimal und nickte dann – ein bißchen widerwillig, fand Dill. »Und hinter wem war der Schütze her?« sagte Strucker. »Hinter Ihnen?«

Dill sah Anna Maude an. »Oder hinter ihr.«

Anna Maude Singes Augen weiteten sich einen Moment lang, und ihr Mund klappte auf, schloß sich jedoch wieder, so daß sie noch das M in ihrem überraschten »*Mir?*« bilden konnte.

»Vielleicht«, sagte Dill.

»Warum denn ich, zum Teufel?«

»Was das angeht«, sagte Dill, »zum Teufel, warum überhaupt jemand?«

21

Vor dem Polizeipräsidium wartete Sergeant Mock in der Limousine, während Dill und Singe kurze Aussagen auf ein Tonband sprachen. Dann fuhr er sie zum Hawkins Hotel zurück. Die Frage, mit der Dill gerechnet hatte, kam erst, als er und Singe mit dem Fahrstuhl nach unten in die Tiefgarage gefahren waren und in dem gemieteten Ford saßen, dessen Motor im Leerlauf schnurrte und dessen Klimaanlage auf vollen Touren lief. Draußen meldete die Zeit- und Temperaturanzeige an der First National Bank 38 Grad um 13:31 Uhr.

»Warum hast du ihnen nicht erzählt, was Clay über Jake Spivey gesagt hat?« fragte Anna Maude Singe.

»Was hat er denn gesagt?«

»Er sagte: ›Da ist dieser Typ namens Jake Spivey, der –‹« Sie machte eine Pause. »Das ist wortwörtlich.«

»Da ist dieser Typ namens Jake Spivey, der was?« sagte Dill.

»Ich weiß nicht.«

»Ich auch nicht, und deshalb hab ich ihnen nichts erzählt. Warum hast du's nicht gemacht?«

»Du bist mein Klient.«

»Das ist es nicht«, sagte Dill und fuhr den Ford rückwärts aus der Parklücke.

»Vielleicht«, sagte sie, »vielleicht habe ich's auch deswegen nicht gemacht, weil Clay gerade hätte sagen wollen: ›Da ist dieser Typ namens Jake Spivey, der mich aufgefordert hat, Sonntag zum Grillen zu seinem Haus zu kommen und in seinen Swimmingpool zu springen, und man hat mir gesagt, daß ihr beide auch kommt.‹ Oder ...« Sie verstummte.

»Oder was?« sagte Dill, während er die Rampe hochfuhr.

»Ich weiß nicht.«

Sie kamen auf die Our Jack Street, fuhren an der Ecke Broadway an eine rote Ampel heran, hielten an und bogen bei Rot rechts ab – eine logische Regelung, die die Stadt 1929 entwickelt hatte und die später ohne ein Wort der Anerkennung von Kalifornien übernommen worden war.

Nachdem sie den Broadway zwei Blocks Richtung Norden gefahren waren, sagte Dill: »Bist du hungrig?«

»Nein.«

»Dann bring dein ›Oder‹ zu Ende.«

»Oder«, sagte sie, »›Da ist dieser Typ namens Jake Spivey, der mich gebeten hat, bei ihm Leibwächter zu spielen und jemanden davon abzuhalten, ihn umzubringen.‹«

»Gar nicht schlecht«, sagte Dill.

Sie schüttelte den Kopf und verwarf alle Mutmaßungen. »Die Variationen sind endlos«, sagte sie. »Und sinnlos.«

»Bist du sicher, daß du nicht hungrig bist?« fragte er.

»Ich möchte einen Drink.«

»Okay, wir halten irgendwo an, und du bekommst einen Drink, und ich bestell mir ein Sandwich und einen Drink.«

»Und was dann?«

»Dann«, sagte Dill, »nun, dann wollen wir nachsehen, wo Felicity wirklich gewohnt hat.«

Anna Maude Singe überlegte es sich anders und nahm in Binkies Bar and Grille ein Sandwich mit Schinken, Salat und Tomaten sowie eine Bloody Mary. Das »e« am Ende von Grille hatte Dill gestört, doch drinnen war das Lokal ganz einladend, trotz zuviel Massivholz und zu vieler Pflanzen. Er bestellte ein Bier und einen Cheeseburger. Der Cheeseburger erwies sich als ausgezeichnet. Singe sagte, ihr Sandwich sei auch hervorragend.

Nachdem sie das Sandwich aufgegessen und ein wenig Mayonnaise von einem Finger geleckt hatte, sagte sie: »Was erwartest du denn zu finden?«

»In ihrer Garagenwohnung?«

Singe nickte.

»Ich weiß nicht«, sagte er.

»Sind denn nicht die Cops schon dagewesen?«

»Ja. Klar.«

»Wonach willst du dann eigentlich noch suchen?«

»Nach einer kleinen Spur meiner Schwester«, sagte Dill. »Bislang scheint es keine zu geben.«

Das große Haus stand auf der anderen Straßenseite direkt gegenüber dem Washington Park. Der Park wurde von einer zehn Hektar großen tiefen Senke gebildet, zu der es gekommen war, weil es hier ein Ziegelwerk gegeben hatte. Der ausgegrabene Ton war zu dem üblichen roten Backstein verarbeitet worden, den man für den Bau der meisten Häuser der Stadt vor 1910 verwendet hatte. Danach erfuhr die Stadt einen plötzlichen Wachstumsschub, die Grundstückspreise stiegen, und die Gegend um das Ziegelwerk herum wurde für Immobilienspekulanten attraktiv – nur, daß niemand dort wohnen wollte, wo nebenan Backsteine gemacht wurden. Die Stadt entschied rasch, Fortschritt und Profit seien weit wichtiger als Backsteine. Sie gab das Ziegelwerk zum Abriß frei und machte aus dem Zehn-Hektar-Erdloch den Washington Park. Im öffentlichen Schwimmbad des Parks hatten Benjamin Dill und Jake Spivey Schwimmen gelernt.

Das alte Backsteinhaus war eine ausladende dreistöckige Angelegenheit, erbaut 1914, mit breiten Traufen und einer riesigen abgeschirmten Veranda. Seine sechzehn Zimmer standen auf einem erstklassigen Eckgrundstück, das sechzig Meter tief und fünfundvierzig Meter breit war. An Bäumen gab es Ulmen, Blüten-Hartriegel, Robinie, zwei Aprikosen und einen Pfirsich. Am hinteren Ende der Auffahrt befand sich ein zweigeschossiges Kutschenhaus, wo der tote Detective gelebt haben sollte.

Nachdem sie den Ford an der 19th Street geparkt hatten, gingen Dill und Anna Maude Singe die Auffahrt hinauf zum Haus. Dill fischte den Schlüssel heraus, den Captain Colder ihm gegeben hatte, und benutzte ihn, um die Tür im Erdgeschoß aufzuschließen. Innen war eine steile, schmale Treppe. Das Treppenhaus hatte keine Fenster, wodurch es dunkel und stickig wurde. Dill tastete die Wand ab, fand einen Schalter und drehte ihn um. Eine Vierzig-Watt-Birne sorgte für Licht. Er ging die Treppe hinauf, gefolgt von Anna Maude Singe.

Oben auf der Treppe war ein kleiner Absatz, etwas mehr als ein Quadratmeter groß. Dill steckte denselben Schlüssel in das Schloß der zweiten Tür. Er paßte. Dill schob die Tür auf, ging hinein, fand den Lichtschalter, knipste ihn an und wußte sofort, daß Felicity Dill tatsächlich hier gelebt hatte.

Zum einen gab es die Bücher: zwei ganze Wände, plus ordentliche Stapel auf dem Boden und in den tiefen Nischen der vier Dachfenster, die auf die Auffahrt hinausgingen. In eins der Fenster war eine Klimaanlage von General Electric eingebaut. Dill ging hin und schaltete sie ein. Er hob eins der Bücher auf und sah, daß es von einem staatlichen Universitätsverlag publiziert worden war. Er blätterte es durch und las Singe den Titel vor: »*Imkerei im Neu-England des achtzehnten Jahrhunderts*«. Im Text gab es Unterstreichungen und Notizen. Dill stellte das Buch zurück und wandte sich von dem Regal ab, um den Rest des Zimmers zu mustern.

In der Nähe der Stelle, wo Singe stand, befand sich ein großer tiefer Ohrensessel neben einer Ottomane. Eine geschwungene Stehlampe aus Messing war so plaziert, daß das Licht über die linke Schulter des sitzenden Lesers fiel. Dill erinnerte sich, daß man ihn das in der Grundschule gelehrt hatte. Das Leselicht sollte immer über die linke Schulter einfallen. Er hatte nie begriffen, warum, und versuchte sich zu erinnern, ob er die merkwürdige Idee an Felicity weitergegeben hatte. Er glaubte nicht, daß es immer noch in der Schule gelehrt wurde.

»Das ist allerdings ihr Zimmer«, sagte er.

Singe nahm eine glasierte blaugelbe Vase von einem Beistelltisch, musterte sie und stellte sie wieder zurück. »Ich erinnere mich, wie sie die hier gekauft hat«, sagte sie. »Wir sind zu einem privaten Flohmarkt gegangen. Da hat Felicity eine Menge von ihren Sachen gekauft – auf Flohmärkten. Sie meinte, das verleihe allem einen Hauch von Verzweiflung – sogar von Drama.«

»Das ist meine Schwester«, sagte Dill.

»Ist dir was aufgefallen?«

»Was?«

»Nirgendwo ist Staub.«

Dill sah sich um, fuhr mit einem Finger über die Kante des höchsten Bücherbords und sah nach, ob Staub daran war. »Du hast recht. Ich nehme an, sie haben sich jedes Buch einzeln vorgenommen.«

»Die Polizei?«

Er nickte.

»Sie waren furchtbar ordentlich.«

»Dafür hat Gene Colder wahrscheinlich gesorgt.«

Dill sah sich noch einmal um. Es gab wirklich nicht viel mehr zu sehen: einen verschlissenen Orientteppich auf dem Fußboden, der vermutlich maschinell gewebt war, und einige Bilder an den Wänden – Felicity-mäßige Bilder, dachte Dill, was hieß, daß sie mehr Gefühl als Kunst enthielten. Eins davon zeigte eine im Stil des achtzehnten Jahrhunderts gekleidete Frau mit traurigem Gesicht, die sich auf ein Fenstersims lehnte. Dill fand, ihr Gesichtsausdruck passe gut zu einer Selbstmörderin. Ein anderes zeigte einen fetten, lärmenden Trunkenbold, der auf einem dreibeinigen Schemel saß, einen Bierkrug auf einem Knie und eine dralle, einfältig lächelnde Schankwirtin auf dem andern. Das schien frühes neunzehntes Jahrhundert zu sein. Das dritte war ein abstraktes Werk von derart grellen Farben, daß es fast schrie vor Wut. Eine Couch stand an einer Wand, davor der Kaffeetisch. Es gab auch einige Stühle, einen Zeitschriftenständer (voll) und in einer Ecke eine Etagere. Keines der Möbelstücke paßte zu einem anderen, und trotzdem wirkte keins deplaziert.

Ein kurzer Flur führte aus dem Wohnzimmer. Dill ging hindurch und stellte fest, daß rechts ein Badezimmer und links eine kleine Küche lag. Er schaltete das Licht in der Küche ein und sah die Gewürze. Es gab ein aus sechs Fächern bestehendes Gewürzregal mit mindestens dreißig oder vierzig verschiedenen Sorten. Es gab auch ein Regalbrett von einem Meter zwanzig, das mit Kochbüchern vollgestopft war. Er öffnete eine der Türen der Hängeschränke und fand etliche Konserven und einen reichlichen Vorrat an Kool-Aid. Wie üblich, dachte Dill lächelnd, gab es genug Konserven, um den Winter zu überstehen. Eine Durchsicht des Kühlschranks ergab, daß jemand alle verderblichen Waren entfernt – wahrscheinlich die Polizei – und nur sechs Flaschen Beck's Bier dagelassen hatte. Niemand hatte den Kühlschrank ausgestellt, und das Bier war noch kalt.

»Willst du ein Bier?« fragte er Anna Maude Singe, die Küchenschubladen auf- und zumachte.

»Ein Bier wäre gut«, sagte sie.

»Siehst du einen Öffner?«

»Hier«, sagte sie, nahm einen aus einer Schublade und gab ihn Dill.

Er öffnete die zwei Bierflaschen und gab ihr eine. »Brauchst du ein Glas?« fragte er.

»In der Flasche bleibt es kälter.« Sie nahm einen Schluck, ging zu einer der Schubladen und zog sie auf. »Hier ist ihr ganzes Silber.«

»Das war ihr Erbe, als unsere Eltern gestorben sind. Das ganze.«

»Sie hat es sogar poliert«, sagte Singe und schloß die Schublade. »Was kommt als nächstes – das Bad?«

»Okay.«

Es war ein geräumiges, altmodisches Badezimmer, dessen Wände bis zur Mitte mit quadratischen weißen Kacheln gefliest waren. Auf dem Boden waren kleine weiße sechseckige verlegt. Badewanne und Waschbecken hatten getrennte Hähne für Warm- und Kaltwasser. Im Arzneischrank befand sich nichts von Interesse.

»Keine verschreibungspflichtigen Medikamente«, sagte Dill und machte die Tür zu.

»Felicity war ziemlich gesund.« Singe musterte ihn neugierig. »Hast du gefunden, wonach du gesucht hast?«

Er nickte. »Hier hat sie gelebt. Und es schien ihr zu gefallen. Das ist alles, was ich wirklich wissen wollte.«

»Sollen wir uns das Schlafzimmer ansehen?«

»Klar.«

Das Schlafzimmer war nicht ganz so groß wie das Wohnzimmer, weil der Einbau eines geräumigen Wandschranks viel Platz beansprucht hatte. Vor den Fenstern hingen hübsche gelbe Vorhänge, und auf dem Fußboden lag ein prächtiger weißbrauner Teppich. Das Bett war von der französischen Sorte, durchaus groß genug für einen oder sogar zwei, vorausgesetzt, Nummer zwei hatte nicht vor, über Nacht zu bleiben.

Das Schlafzimmer enthielt auch eine altmodische Chaiselongue, die ihm die Atmosphäre eines Boudoirs verlieh. Kartentisch, Bridgelampe, elektrische Reiseschreibmaschine und Regiestuhl verliehen ihm die Atmosphäre Felicity Dills.

Dill ging zum Wandschrank und ließ eine der Türen zurückgleiten. Der Schrank war voll mit Frauenkleidung, alles ordentlich auf Bügel gehängt, die Wintersachen in Plastiksäcken und die Sommerkleidung griffbereit. Dill schob die aufgehängten Sachen zur Seite, um nachzusehen, ob sich noch irgend etwas Bemerkenswertes darin fände, und entdeckte den Mann an der Rückseite des Schranks. Der Mann hatte ein langes, schmales Gesicht, das ein albernes Lächeln zeigte. Seine Augen waren von einem gelblichen Braun und wirkten in die Enge getrieben. Sie wirkten auch schlau, fand Dill.

»Wer zum Teufel sind Sie, Freund?« fragte Dill.

»Das muß ich erklären«, sagte der Mann.

Dill machte schnell einen Schritt zurück, sah sich nach etwas Hartem um, entdeckte das Fensterbrett und zerschlug die Bierflasche darauf. Damit hatte er eine Waffe in Form eines Flaschenhalses und sechs oder sieben Zentimetern grünes scharfkantiges Glas.

»Erklären Sie das hier draußen«, sagte Dill.

Der Mann kam mit einem kleinen Werkzeugkasten aus dem Wandschrank und hatte immer noch das alberne Lächeln im Gesicht.

»Ich sag Ihnen genau, was Sie tun sollen«, sagte Dill. »Sie werden den Kasten ganz vorsichtig abstellen, dann genauso vorsichtig in Ihre Tasche greifen – es ist mir gleich, welche – und irgendeinen Ausweis rausholen. Wenn Sie das nicht tun, schneide ich Ihnen das Gesicht auf.«

»Immer mit der Ruhe«, sagte der Mann und lächelte noch immer sein starres Lächeln. Er setzte anweisungsgemäß den Werkzeugkasten ab, griff in eine Gesäßtasche und zog eine abgegriffene schwarze Brieftasche hervor. Er hielt sie Dill hin.

»Geben Sie das ihr«, sagte Dill.

Der Mann hielt die Brieftasche Anna Maude Singe hin. Behutsam nährte sie sich ihm, riß ihm die Brieftasche fast aus der Hand und trat rasch zurück. Sie öffnete die Brieftasche und fand einen Führerschein.

»Er heißt Harold Snow«, sagte Singe. »Ich kenne den Namen.«

»Ich auch«, sagte Dill. »Sie sind Cindys Mitbewohner, nicht wahr?«

»Sie kennen Cindy?« sagte der Mann in verwundertem Ton, das alberne Lächeln versuchte immer noch zu gefallen.

»Wir sind uns begegnet«, sagte Dill.

»Harold ist der Mieter«, sagte Singe. »In Felicitys Haus. Sein Name steht im Mietvertrag.«

»Ich weiß«, sagte Dill.

Endlich verschwand Harold Snows albernes Lächeln. Die gelbbraunen Augen wirkten nicht mehr in die Enge getrieben und begannen statt dessen verschlagen auszusehen.

»Sie beide sind also keine Cops«, sagte er erleichtert.

»Schlimmer, Harold«, sagte Dill. »Ich bin der Bruder.«

22

Harold Snow befolgte Dills Anweisungen genau. Die Arme auf dem Rücken, ging er in die Hocke, tastete nach dem Griff des Werkzeugkastens, fand ihn, stand auf und hielt den Werkzeugkasten knapp unterhalb seines Hosenbodens.

»Jetzt gehen wir ins Wohnzimmer, Harold, wo es kühler ist«, sagte Dill. »Aber wenn ich Stop sage, dann will ich, daß Sie stoppen, oder ich schneide Ihnen ein Ohr ab, verstanden?«

»Verstanden«, sagte Snow.

»Also los.«

Snow ging zuerst in den Flur, gefolgt von Dill. Anna Maude Singe kam zuletzt. Als sie zur Küchentür kamen, sagte Dill: »Stop, Harold.«

Snow blieb stehen. »Du weißt, wo die Messer sind?« sagte Dill zu Singe.

»Was für eins willst du haben?«

»Etwas, das Harold beeindruckt.«

»Richtig.«

»Sie brauchen kein Messer«, sagte Snow.

»Still, Harold«, sagte Dill.

Dill konnte hören, wie Singe in der Küche eine Schublade auf- und zumachte. Kurz darauf hörte er sie sagen: »Was ist mit dem hier?«

Dill drehte sich um. Sie hatte ein gefährlich aussehendes Brotmesser in der Hand. »Prima«, sagte Dill, nahm das Messer und gab ihr den abgebrochenen Hals der Bierflasche.

»Okay, Harold, ins Wohnzimmer.«

Noch immer den Werkzeugkasten hinter sich tragend, ging Snow, gefolgt von Dill und Singe, ins Wohnzimmer hinein. Sie warf den Hals der Bierflasche in einen Papierkorb.

»Sie können die Kiste absetzen, Harold«, sagte Dill.

Es war mühsam, mit der Kiste im Rücken in die Knie zu gehen, aber Snow schaffte es und erhob sich wieder. »Was jetzt?« sagte er.

»Setzen Sie sich da drüben hin.«

»Hier?« sagte Snow und ging zu dem bequemen Sessel mit der Ottomane und der Stehlampe.

»Genau dahin.«

Snow ließ sich in dem Sessel nieder. »Ist Ihr Werkzeugkoffer verschlossen, Harold?« fragte Dill.

»Er ist unverschlossen.«

»Machen wir ihn doch mal auf und sehen nach, was drin ist.« Snow machte Anstalten aufzustehen. »Nicht Sie, Harold«, sagte Dill und gestikulierte mit dem Brotmesser, damit er sich wieder setzte.

Anna Maude Singe kniete sich neben den Werkzeugkoffer und öffnete ihn. Sie hob ein Fach mit allerlei Werkzeugen hoch und schaute auf den Boden des Koffers. »Entweder ist er der Mann vom Telefondienst oder der Mann, der die Hi-Fi-Anlage repariert«, sagte sie. »Ich glaube aber nicht, daß einer von denen das hier in seinem Werkzeugkoffer hätte.«

Dill schaute schnell nach links und dann wieder auf Harold Snow. »Ist er geladen?« fragte er Anna Maude.

»Er ist geladen.«

»Gib ihn her.« Anna Maude stand auf, ging zu Dill und händigte ihm den kurzläufigen, fünfschüssigen Smith & Wesson Revolver Kaliber .38 aus. Er gab ihr das Brotmesser. Dill richtete die Waffe auf Snow und lächelte. Das Lächeln ließ Snow nervös schlucken.

»Harold, wir werden den Cops erzählen, daß wir Sie bei einem Einbruch überrascht haben, daß Sie uns mit dem Ding hier bedroht haben, daß ich's Ihnen abgenommen und Sie dann ins

Knie geschossen habe. Ins rechte Knie, glaube ich.« Dill senkte die Waffe, so daß sie auf Snows rechtes Knie gerichtet war.

»Das würden Sie nicht machen«, sagte Snow.

»Warum nicht?« sagte Anna Maude Singe.

»Herrgott, Lady, Leute laufen nicht einfach rum und schießen auf andere Leute.«

»Er ist der Bruder, Harold – erinnern Sie sich? Der Tod seiner Schwester hat ihn irgendwie verrückt gemacht.«

»Harold«, sagte Dill.

Snow schaute ihn an. »Was?«

»Ich frage Sie jetzt, was Sie hier zu suchen haben. Falls Sie mich belügen, verspreche ich Ihnen, ich schieße – ins Knie. Verstanden?«

»Sie werden nicht auf mich schießen«, sagte Snow so trotzig, wie er nur konnte.

Dill zog den Abzug des Revolvers durch. Es knallte. Das .38er Geschoß schlug in die Ottomane vor Snows Knie ein Loch. Snow schrie auf und wich in dem Sessel zurück. Dill fragte sich, ob jemand den Schuß gehört hatte. Wahrscheinlich nicht, entschied er, nicht hier hinten an der Auffahrt, am Ende eines sechzig Meter tiefen Grundstücks. Außerdem entschied er, daß es ihm wirklich egal war.

»Tut mir leid, Harold«, sagte Dill und richtete die Revolver diesmal mit beiden Händen sorgfältig auf Snows rechtes Knie.

»Das Tonband!« rief Snow. »Das ist alles. Bloß das Tonband.«

Dill senkte den Revolver. »Welches Tonband, Harold?« sagte er freundlich.

»Das letzte«, sagte Snow.

»Das letzte. Und wo ist dieses letzte Band?«

Snow zeigte zur Decke. »In der Zwischendecke. Es ist eine Art Speicher. Man kommt da rein, indem man durch eine Falltür im Wandschrank im Schlafzimmer klettert.«

»Woher wußten Sie, daß das Band da oben ist, Harold?«

»Ich hab den Recorder da hochgebracht.«

»Den Kassettenrecorder?«

Snow nickte. »Er ist sprachgesteuert, und ich hab ihn hier ans Stromnetz angeschlossen, damit ich mich nicht mit Batterien rumschlagen muß.«

»Wann haben Sie das alles gemacht, Harold?« fragte Anna Maude Singe.

Snow schaute sie und dann wieder Dill an. »Wer zum Teufel ist sie?«

»Sie ist meine Zeugin, Harold, wenn ich Sie ins Knie schieße. Aber wenn Sie unsere Fragen beantworten, ist das vielleicht nicht nötig.«

»Darf ich rauchen?« sagte Snow.

»Nein«, sagte Dill. »Wann haben Sie das Tonband da oben im Speicher installiert?«

»Vor ungefähr sechs Monaten.« Snow schmollte. »Warum darf ich nicht rauchen?«

»Darum«, sagte Dill. »Weshalb haben Sie den Recorder da oben installiert?«

»Man hat mich dafür bezahlt, deshalb.«

»Wer hat Sie bezahlt, Harold?«

»Ein Typ.«

»Ich wette, ein Typ hat einen Namen.«

»Seinen Namen kann ich Ihnen nicht sagen«, sagte Snow. »Er ist ein ... ein Klient.«

»Harold«, sagte Anna Maude Singe sanft.

Er sah sie an. »Was?«

»Sie sind kein Anwalt, Harold, und kein Doktor und kein Priester und nicht mal ein Privatdetektiv, also gibt's für Sie auch keine Schweigepflicht. Sie haben keine Klienten, Harold. Sie haben nur skrupellose Kunden, und wenn Sie uns nicht sagen wollen, wer ›ein Typ‹ ist, wird Mr. Dill Sie ins Knie schießen. Stimmt's, Mr. Dill?«

»Absolut«, sagte Dill.

Snow schaute Dill, dann wieder Singe und dann noch mal Dill an. Er fuhr sich mit der Zunge über die Oberlippe, als versuche er, den Schweiß abzulecken. Auch seine Stirn war davon bedeckt. Er benutzte den Ärmel seines verschwitzten blauen T-Shirts, um ihn wegzuwischen. Danach trocknete er die Hände an den Beinen seiner Chinohose. Schließlich senkte er den Blick, bis er auf das gezackte Loch gerichtet war, das das .38er Geschoß in die Ottomane gerissen hatte. Er sprach in leiser, fast unhörbarer Stimme mit der Ottomane. »Er heißt Corcoran. Clay Corcoran.« Er sah hoch zu Dill. »Er war mal verknallt in Ihre Schwester, und er wird mir den verdammten Kopf abreißen, wenn er rausfindet, daß ich's Ihnen erzählt hab.«

Dill schüttelte den Kopf. »Er wird Ihnen nicht den Kopf abreißen, Harold.«

»Sie kennen ihn nicht.«

»Klar kenne ich ihn. Aber er wird Ihnen nicht den Kopf abreißen, weil jemand ihn erschossen hat. Gegen Mittag. Heute.«

Snows Überraschung war offensichtlich nicht gespielt. Sein Kinn fiel runter, und seine Augen weiteten sich. Ungläubigkeit stand ihm im Gesicht geschrieben. Schließlich brachte er heraus: »Erschossen?«, und seine Stimme war von Zweifel erfüllt.

»Totgeschossen, Harold«, sagte Anna Maude Singe. »Auf dem Friedhof.«

»Erzählen Sie, Harold«, sagte Dill beinahe sanft. »Fangen Sie ganz vorne an, und erzählen Sie uns alles über sich und meine Schwester und Clay Corcoran.«

»Darf ich rauchen?«

»Natürlich dürfen Sie.«

Snow fischte eine Packung Vantage Menthols aus der Hosentasche und zündete sich die Zigarette mit einem Papierstreichholz an. Er blies den Rauch aus und sah Dill an. »Sind Sie sicher, daß er tot ist?« sagte er.

»Er ist tot, Harold. Ich hab ihn sterben sehen.«

Snows gelblich-braune Augen konzentrierten sich auf einen Punkt. »Haben Sie ihn getötet?«

Dill lächelte nur und sagte: »Von Anfang an, Harold.«

Snow blickte sich nach einem Aschenbecher um. Anna Maude Singe fand einen und gab ihn ihm. Er dankte ihr nicht. Statt dessen schnippte er Asche hinein und sagte: »Wir sind eingezogen, sofort nachdem Ihre Schwester das Haus gekauft hat – das Haus Ecke Thirty-second und Texas. Wir haben sie nicht oft gesehen, ich und Cindy. Dann kam eines Abends Corcoran vorbei, als sie nicht da war, und machte oben im ersten Stock vor ihrer Tür einen Mordskrach.«

»Als meine Schwester nicht da war, richtig?«

»Yeah. Richtig. Er war schon einmal vorher da und hat Krach geschlagen, aber an dem Tag war Ihre Schwester zu Hause. Diesmal war sie weg. Cindy auch. Nur ich war da. Also bin ich nachsehen gegangen, was los war. Er war betrunken und gesprächig und sagte, er und Ihre Schwester hätten sich getrennt und sie wäre jetzt mit irgendeinem andern zusammen. Er sagte nicht, wer der andere Typ war, aber das wußte ich schon. Na ja, was soll's, es roch nach ein paar leicht verdienten Dollars, also machte ich ihm einen Vorschlag. Ich sagte ihm, ich könnte ein Kontaktmikro durch die Decke führen und alles, was Ihre Schwester und der andere Kerl sagten, auf Band aufnehmen. Corcoran wollte wissen, wer zum Teufel ich wäre. Ich sagte ihm meinen Namen, und daß ich mich mit Elektronik auskenne. Er wollte wissen, wieviel es kosten würde. Das hab ich ihm gesagt, und er meinte, wir hätten einen Deal. Ich meinte, wir hätten erst dann einen Deal, wenn ich etwas Geld sähe. Worauf er meinte, ich sollte am nächsten Tag zu ihm ins Büro kommen, und da würden wir alles regeln. Und das hab ich gemacht. Ich ging zu ihm ins Büro. Stellt sich raus, daß er Privatdetektiv ist. Ich erinnere mich an ihn als Footballspieler, aber ich wußte nicht, daß er Privatdetektiv war.«

»Er hatte ein Büro«, sagte Dill. »Wo?«

»Sie kennen doch das Cordell Building, oder?«

Dill nickte.

»Aber er war nüchtern, als Sie ihn in seinem Büro aufsuchten«, sagte Singe.

»Stocknüchtern, Lady. Und ganz sachlich. Er sagte mir genau, was er haben wollte. Er wollte, daß das Mikro durch die Zimmerdecke in ihr Schlafzimmer geht, und er wollte auch ihr Telefon anzapfen. Und er wollte es sprachgesteuert haben. Nun, das würde kosten, und das sagte ich ihm, und wieviel. Er zog ein Geldbündel heraus und bezahlte mich mit Hundertern – keine Quittung, keine Fragen, nichts. Und das hab ich gemacht.«

»Wie oft hat Corcoran die Bänder geholt?« fragte Dill.

»Einmal die Woche«, sagte Snow und drückte seine Zigarette im Aschenbecher aus.

»Was war auf den Bändern?« sagte Dill.

Snow starrte ihn einen Moment an, und Dill dachte, er sähe Besorgnis und Angst aus Snows Augen verschwinden. Sie wurden ersetzt durch etwas, das Dill schließlich als Gier erkannte. Er glaubt, daß er irgendwie doch noch ein paar Dollar dabei rausholen kann.

»Sie wollen wissen, was auf den Bändern war, wie?« fragte Snow. »Na ja, Fickgeräusche waren auf den Bändern, nehm ich an, aber ich weiß es wirklich nicht, weil ich sie mir nicht angehört habe. Ich hab 'ne ganze Menge von dieser Art Arbeit gemacht, und am Anfang hab ich mir die Bänder immer angehört, aber nach 'ner Weile läßt man's sein, weil es immer derselbe Scheiß ist.«

»Sie haben sie sich nicht angehört«, sagte Singe.

»Nein.«

»Kein einziges Mal?«

»Ich hab ein bißchen vom ersten angehört, um die Qualität zu prüfen, aber danach hab ich sie nur in einen Umschlag gesteckt.«

»Und was dann?« sagte Dill.

»Dann ruft Corcoran an und sagt, er will mich sehen. Und wieder war er ganz sachlicher Geschäftsmann. Ich meine, es war so, als würde man mit IBM oder so jemandem Geschäfte machen. Er sagt, Ihre Schwester hätte noch eine Wohnung, wo sie 'ne Menge Zeit verbringt, und er will das auch verkabelt haben. Er meinte diese Wohnung hier. Ich fuhr also erst mal vorbei und sah mich um, und die Sache gefiel mir nicht, also ging ich zurück und sagte ihm das. Wollen Sie wissen, was er gesagt hat? Er hat gesagt: Wieviel? Das war alles. Wieviel? Aber ich hatte hier ein Problem. Er wollte sowohl das Schlafzimmer als auch das Telefon. Und das konnte ich schon machen und alles da oben in den Speicher schicken. Aber wie sollte ich an die Bänder rankommen? Ich meine, einmal konnte ich hier einbrechen und meine Anlage installieren, aber ich konnte nicht jede Woche hier einbrechen, nur um die Bänder abzuholen, oder?«

»Was haben Sie also gemacht, Harold?« sagte Dill.

»Burst-Signale«, sagte Snow.

»Burst-Signale.«

»Yeah. Ich hab einen Sender gebastelt, so was wie CB-Funk.« Dill nickte.

»Also, ich hab dieses sprachgesteuerte Band mit niedrigem internen Energieverbrauch verwendet, oder? Ich meine, Sie können Stunden damit aufnehmen. Ich bin jeden zweiten oder dritten Tag mit dem Van hergekommen, hab geparkt und dem Sender da oben im Speicher ein Signal geschickt. Der hat das Band zurückgespult und mir die Aufnahme als Burst-Signal zurückgeschickt – in vielleicht zwei, drei, vier Sekunden. Nie mehr als fünf. Das hab ich hinten im Van auf meinem Band aufgezeichnet, dann mit normaler Geschwindigkeit überspielt und Corcoran gegeben.«

»Und das hat funktioniert?« fragte Dill.

»Klar hat es funktioniert.«

»Klingt teuer.«

»War's auch.«

»Wie teuer, Harold?« fragte Anna Maude Singe.

Statt einer Antwort zog Snow wieder die Packung Vantage Menthols aus der Hosentasche und steckte sich eine an. »Wissen Sie, ich hab nachgedacht«, sagte er, während er das Streichholz ausschüttelte und es in den Aschenbecher warf. »All das hier sollte euch doch ein bißchen was wert sein.«

Dill seufzte, beugte sich vor und schlug Snow mit dem Revolverlauf auf das rechte Knie. Snow schrie, ließ seine Zigarette fallen und packte das getroffene Knie mit beiden Händen. Dill bückte sich, hob die Zigarette auf und steckte sie zwischen Snows Lippen. »Seien Sie nicht dumm, Harold«, sagte Dill. »Sie sind nicht richtig schlau, aber dumm sind Sie auch nicht. Wieviel hat Corcoran Ihnen bezahlt?«

Die Zigarette war noch zwischen Snows Lippen, und er massierte noch das getroffene Knie, als er sagte: »Eintausend die Woche.«

Anna Maude Singe pfiff leise. »Wie hat er Sie bezahlt, Harold?« fragte sie.

»Was meinen Sie, wie er mich bezahlt hat?« sagte Snow und nahm die Zigarette aus dem Mund. »Mit Geld.«

»Cash?«

»Stimmt, Cash.«

»Glauben Sie, es war sein Geld, Harold?« sagte Dill.

Wieder kroch die Gerissenheit in seinen Blick. »Wissen Sie, das ist 'ne interessante Frage. Ich glaube, es war schon sein eigenes Geld, als ich die erste Sache machte. Aber später, glaube ich, hat er angefangen, Geld von anderen Leuten zu nehmen. Ich glaub, es gab andere Leute, die rausfinden wollten, was ihre Schwester vorhatte.«

»Er hat einen Klienten gefunden, wie?« sagte Dill.

»Yeah. Einen Klienten.«

»Wen?«

»Woher soll ich das wissen? Wenn jemand einen Riesen pro Woche in Zehnern und Zwanzigern rüberwachsen läßt, wollen Sie ihm nicht zu viele Fragen stellen.«

»Oder sich die Bänder anhören«, sagte Anna Maude Singe.

»Ich hab sie mir nicht angehört, Lady. Das bißchen, was ich gehört hab, waren meistens Fickgespräche, und das interessiert mich nicht.« Er machte eine Pause. »Aber eins will ich Ihnen sagen.«

»Was?« sagte Dill.

»Er wollte, daß ich noch jemanden verwanze.«

»Corcoran?«

»Yeah. Er sagte: Nennen Sie Ihren Preis. Also bin ich hin und hab mich umgesehen und bin dann zurück zu ihm und hab gesagt: Keine Chance. Ich meine, dieser Typ war so abgeschirmt, als würde er geradezu erwarten, daß jemand sich an ihn ranmacht.«

»Was hat Corcoran gesagt, als Sie meinten, Sie würden es nicht tun?« fragte Dill.

»Was konnte er sagen? Ich hab ihm nicht gesagt, ich würde es nicht tun; ich hab ihm gesagt, ich könnte es nicht tun. Wenn man nicht kann, kann man nicht.«

»Wer war's denn, Harold?« sagte Dill.

»Irgendein Typ in einem großen Haus draußen in Cherry Hills. Mehr weiß ich nicht.«

»Hieß er Jake Spivey?«

Harold Snow machte sich nicht mehr die Mühe, bei irgendwas, das Dill sagte, überrascht auszusehen. »Ja«, sagte Snow. »Jake Spivey. Woher zum Teufel wußten Sie das?«

23

Die eigene Pistole noch immer auf sich gerichtet, benutzte Harold Snow einen Küchenhocker, um in die Zwischendecke über dem Wandschrank im Schlafzimmer zu klettern und die Aufnahme- und Sendeeinrichtung abzubauen. Sie war kleiner, als Dill erwartet hatte – nicht viel größer als eine Zigarrenkiste –, und in einer grünen Metallschachtel untergebracht.

»Das ist es?« fragte er Snow.

»Das ist es.«

»Was ist mit den Mikrofonen?«

Snow zeigte auf einen Punkt an der Decke genau über dem Bett. »Sehen Sie das?«

»Was?«

»Sieht aus wie ein Nagelloch.«

»Ich sehe es.«

»Das ist das Kontaktmikro. Ich werd es drinlassen. Lohnt sich nicht, das auszubauen. Ich hab das Telefon auch da oben angeschlossen.«

»Sie glauben nicht, daß die Cops es bei der Durchsuchung der Wohnung gefunden haben?«

Snow schüttelte den Kopf. »Wenn sie nicht oben in die Zwischendecke reingekrochen sind, und das sind sie nicht.«

»Woher wissen Sie das?«

»Talkum. Nachdem ich alles eingebaut hatte, hab ich ein bißchen Talkumpuder verstreut. Der war noch immer da.«

Anna Maude Singe kam herüber und schaute auf die kleine grüne Metallkiste hinunter, die Harold Snow noch in der Hand hielt. »Sie sagten, da ist ein letztes Band drin.«

»Das ist richtig.«

»Können Sie es abspielen?« sagte sie. »Ich meine, können Sie es so abspielen, daß wir es hören können?«

Snow sah Dill an, der den Revolver seitlich herunterhängen ließ. »Kann ich meine Sachen behalten, wenn ich's tue? Kann ich das hier behalten?« Er drehte die grüne Schachtel ein bißchen herum. Dill hob den Revolver an. Snow brachte hastig seine Erklärung vor. »Sehen Sie, ich hab's selbst zusammengebaut, und es ist zweitausend wert. Ich weiß, wo ich mindestens zweitausend dafür bekommen könnte.«

»Sie können es behalten, Harold«, sagte Dill.

Sie mußten ins Wohnzimmer zurückgehen, wo Snow seinen Werkzeugkoffer stehengelassen hatte. Er brauchte weniger als zwei Minuten, um das Kabel, das aus der grünen Schachtel herauskam, mit einem Wandstecker zu verbinden. Er schob ihn in die Steckdose und sagte: »Der Lautsprecher in diesem Ding hat nur einen Durchmesser von etwa drei Zentimetern, deshalb ist die Qualität nicht so toll.«

»Spielen Sie es einfach ab, Harold«, sagte Dill.

»Viel ist da nicht drauf«, warnte Snow.

»Spielen Sie es einfach ab, Harold«, sagte Dill wieder.

Das erste, was sie zu hören bekamen, war ein gedämpftes Klicken. »Das ist das Telefon, das gerade abgehoben wird«, erklärte Snow.

»Warum klingelt es nicht?«

»Beim Klingeln schaltet es sich nicht ein.«

»Hallo«, sagte die Frauenstimme. Es war die Stimme von Dills toter Schwester. Dill spürte einen kleinen frostigen Schauder. Einen *frisson*, dachte er, überrascht davon, daß ihm das Wort in den Sinn gekommen war.

Eine Männerstimme sagte: »Na?«

»Ich denke, selbe Zeit, selber Ort«, sagte Felicity Dill.

»Schön«, sagte der Mann. Es gab ein leises Klicken. Eine

kurze Stille. Noch ein Klick. Und wieder sagte Felicity Dill: »Hallo.«

»Ein anderer Anruf«, erläuterte Snow.

MÄNNERSTIMME: »Ich bin's.«

FELICITY: »Hi.«

MÄNNERSTIMME: »Ich schaff's heute abend nicht, verdammt.«

Dill erkannte die Stimme wieder. Sie gehörte zu Captain Gene Colder.

FELICITY: »Tut mir wirklich leid. Was ist passiert?«

COLDER: »Es ist was dazwischengekommen, wobei der Troll mich braucht, sagt er.«

FELICITY: »Du läßt ihn besser nicht hören, daß du ihn so nennst.«

COLDER: (Lachen) »Ich hab's von dir übernommen, oder nicht?«

FELICITY: »Laß es nur Strucker nicht hören.«

COLDER: »Werd ich dir fehlen?«

FELICITY: »Natürlich wirst du mir fehlen.«

COLDER: »Was wirst du machen?«

FELICITY: »Na ja, wenn du nicht zu mir kommen kannst, werd ich wohl rüber zum Haus fahren und mir die Haare waschen.«

COLDER: »Ich würd dir gern helfen.«

FELICITY: »Beim Haarewaschen?«

COLDER: »Dich von oben bis unten zu waschen.«

FELICITY: (Lachen) »Nächstes Mal.«

COLDER: »Ich muß los. Hab dich lieb.«

FELICITY: »Ich dich auch.«

COLDER: »Tschüs!«

FELICITY: »Mach's gut, Darling.«

Es gab ein Klicken und danach nichts, bis eine Männerstimme sagte: »Sieht aus, als hätte sie 'ne Menge gelesen.«

Snow schaltete das Gerät ab. »Das sind die Cops. Wollen Sie das hören?«

Dill sagte, das wolle er, und Snow ließ es laufen, aber es war nicht viel drauf, außer ein gelegentliches »Was hältste denn hiervon, Joe?« Und irgendwann blieb das Gerät endgültig stumm.

»Können Sie es noch mal für uns abspielen, Harold?« sagte Dill.

»*Alles?*«

»Nur das erste Telefongespräch.«

FELICITY: »Hallo.«

MÄNNERSTIMME: »Na?«

FELICITY: »Ich denke, selbe Zeit, selber Ort.«

MÄNNERSTIMME: »Schön.«

Dann ein leises Klicken, und Dill sagte: »Noch einmal, Harold.« Snow spulte zurück und spielte die vier Zeilen Unterhaltung noch einmal ab.

»Noch mal«, sagte Dill.

Snow ließ es noch einmal laufen. Dill schaute zu Anna Maude Singe hin.

»Zwei Worte sind alles«, sagte sie. »›Na‹ und ›Schön‹.«

»Nicht genug?«

Sie runzelte die Stirn. »Nicht für mich.«

»Für mich auch nicht«, sagte Dill und wandte sich an Harold Snow. »Harold, Sie können Ihre wundervolle Maschine behalten, aber ich will das Band haben.«

»Sie meinen, ich kann gehen?«

»Erst, wenn ich das Band habe.«

Snow ließ das Band schnell zurücklaufen, nahm es heraus und übergab es. Er stöpselte das Aufnahme-Sendegerät aus, wickelte das Kabel darum und schob sich alles unter den linken Arm. »Sie hätten mich nicht schlagen müssen«, sagte er, als er sich nach seinem Werkzeugkasten bückte.

»Tut mir leid«, sagte Dill.
»Kann ich meinen Revolver zurückhaben?«
»Nein.«
»Sie können die Patronen rausnehmen und ihn mir geben.«
»Wiedersehn, Harold.«
Harold Snow ging auf die Tür zu. »Dieses Band sollte Ihnen was wert sein. Hundert Dollar jedenfalls.«
»Gehen Sie nach Hause, Harold.«
Snow blieb vor der Tür stehen. »Wollen Sie mir nicht wenigstens die Tür aufmachen?«
Dill ging hin und öffnete die Tür, die zu der Treppe führte.
»Ich möchte Sie was fragen?« sagte Snow. »Sie hat sich schmieren lassen, oder – Felicity?«
»Ich weiß es nicht, Harold.«
»Sie hätten besser auf sie achtgeben sollen.«
Dill nickte. »Wahrscheinlich.« Er machte eine Pause. »Eine letzte Sache, Harold.«
»Was?«
»Das Band, das wir gerade gehört haben. Können Sie ungefähr sagen, wann das war?«
In die Kojotenaugen trat wieder die Gier. »Für einen Hunderter könnt ich's schon.«
Dill gab sich geschlagen, schüttelte den Kopf, zog das Portemonnaie heraus, entnahm ihm zwei Fünfziger und steckte sie in Snows Hosentasche.
»Es war diesen Mittwoch«, sagte Snow.
»Woher wissen Sie das?«
»Weil ich am Dienstag das Band abgehört habe. Es muß Mittwoch gewesen sein, denn am Donnerstag – na ja, Sie wissen, was Donnerstag passiert ist.«
»Donnerstag ist sie gestorben«, sagte Dill.
Snow nickte, setzte zu einer Erwiderung an, überlegte es sich

anders und ging die Treppe hinunter. Auf halber Höhe blieb er stehen, drehte sich um und schaute zu Dill hoch.

»Tut mir leid«, sagte er. »Ich meine, tut mir leid, daß sie getötet worden ist.«

»Danke, Harold.«

Snow nickte noch einmal, drehte sich wieder um und ging weiter die Treppe hinunter.

24

Dill saß mit einem Drink in der Hand auf der Couch in Anna Maude Singes Wohnzimmer. Er starrte wieder zu dem großen Maxfield-Parrish-Druck hoch, als sie von ihrer Dusche kam; sie trug einen kurzen weißen Seidenumhang, der so dünn war, daß man durchsehen konnte. Sie setzte sich auf die Couch. Das große Polster in der Mitte trennte sie voneinander.

Dill stellte seinen Drink auf dem Couchtisch ab und sagte: »Ich kann da durchsehen.«

»Ich weiß.«

»Du bist gut gebaut, wie man in Baltimore sagt.«

»Teilweise ererbt, teilweise erarbeitet.«

»Durch Tanzen?«

»Woher weißt du das?«

»Hauptsächlich dadurch, wie du dich bewegst.«

»Sie dachten, das würde mir bei dem hier helfen«, sagte sie und berührte die leichte Narbe an ihrer Oberlippe.

»Was ist das?«

»Es war mal eine Hasenscharte. Bis ich sieben war, hab ich komisch geredet – oder eigenartig, nehme ich an. Dann hatte ich die Operation und eine Menge Sprachtherapie, und ich hab nicht mehr komisch geredet. Aber ich glaubte, ich täte es immer noch. Also erhielt ich Tanzunterricht – um mehr Selbstvertrauen zu bekommen.«

»Hat es gewirkt?«

»Eigentlich nicht. Aber mit dreizehn wurde ich hübsch. Das passierte fast über Nacht. Jedenfalls schien es so: Knall auf Fall. Also beschloß ich, daß ich etwas tun wollte, bei dem das Aussehen keine große Rolle spielt. Ich beschloß, Rechtsanwältin zu werden.«

»Mit dreizehn?«

»Klar. Warum nicht?«

»Mit dreizehn«, sagte Dill, »wollte ich Botschafter bei den Vereinten Nationen werden.«

»Warum das denn?«

»Man durfte in New York leben. Man mußte beim Arbeiten nicht stehen. Es gab immer Leute, die hinter einem saßen, einem Geheimnisse ins Ohr flüsterten und wichtige Zettel gaben. Es sah nach einem festen Arbeitsplatz aus. Mit dreizehn war ich von Leuten mit festem Arbeitsplatz sehr beeindruckt.«

Er nahm seinen Drink von dem Couchtisch, nippte daran, stellte ihn wieder ab und rückte neben Anna Maude Singe. Er berührte die kleine Narbe an ihrer Lippe. »Mit den R's hab ich immer noch ein kleines Problem«, sagte sie.

»Ist mir nicht aufgefallen«, log Dill und küßte die Narbe.

»Weißt du, warum ich das Tanzen wirklich aufgegeben habe?«

»Warum?«

»Weil es eine Therapie war. Sie sagten, ich wäre sehr gut, aber ich nahm an, das hieß, daß ich nur gut in der Therapie war – darin, mich selber zu kurieren. Als ich dreizehn wurde, beschloß ich, ich sei geheilt, und hörte auf.«

Dills Hand wanderte zu ihrer Taille und begann, den locker geschlungenen Gürtel zu lösen. Sie beugte den Kopf vor, um ihm dabei zuzusehen. »Dein Morgenrock«, sagte er. »Er sieht ungefähr so aus wie die auf dem Parrish-Druck.«

»Ich weiß. Als ich geduscht habe, dachte ich an dich und wurde ganz aufgeregt. Ich dachte, der Morgenrock könnte dazu beitragen, die Dinge voranzutreiben.«

Er streifte ihr den Morgenrock von den Schultern. Ihre Brüste waren etwas heller als die übrige Haut. Die Brustwarzen waren steif. Er berührte erst die rechte, dann die linke. »Auf dem Parrish-Druck«, sagte er, »konnte ich nicht rausfinden, ob es Jungen oder Mädchen sind.«

»Ich hoffe, du magst Mädchen, sonst machen wir uns eine Menge Umstände für nichts und wieder nichts.«

»Ich mag Mädchen sehr gern«, sagte er und küßte die rechte Brustwarze.

»Erdbeere«, sagte sie. »Die andere ist Vanille.«

Er küßte die linke. »So ist es.«

Als er sich aufrichtete, sagte sie: »Du hast zu viele Sachen an«, und begann, seine Krawatte zu lösen. Dill arbeitete an seinen Hemdknöpfen. Sekunden später lagen seine Sachen am Boden. Sie musterte ihn mit aufrichtigen Interesse und sagte: »Ich sehe gern nackte Männer an.«

»Frauen sind besser.«

»Sie sind okay, aber Männer sind besser – ich weiß nicht – konstruiert. Nimm zum Beispiel mal das hier.«

»Nimm du es.«

»In Ordnung«, sagte sie. »Es ist das bemerkenswerteste Ding in der Welt.«

»Nicht ganz«, sagte er, wobei seine Hand und Finger die feuchte Nachgiebigkeit zwischen ihren Beinen erforschten.

Mit leicht zurückgeworfenem Kopf schloß sie die Augen und lächelte. »Wir können auf der Couch anfangen und dann auf dem Boden weitermachen.«

»Wo mehr Platz ist.«

»Stimmt. Dann kannst du mich ins Schlafzimmer tragen, mich aufs Bett werfen und mit mir machen, was du willst.«

»Klingt nach einem verdammt guten Nachmittag.«

»Das hoffe ich«, sagte sie.

Sie kamen in einem heißen hungrigen fieberhaften Kuß zusammen. Sie blieben eine Weile auf der Couch und fanden sich dann irgendwie auf dem Fußboden wieder. Dort blieben sie eine Ewigkeit. Bis ins Bett schafften sie es nie.

Dill lag noch auf dem Teppichboden, die Arme unter dem Kopf verschränkt, als Anna Maude Singe mit zwei Dosen Bier nackt ins Wohnzimmer kam. Sie kniete sich neben ihn und stellte ihm eine der eiskalten Dosen auf die bloße Brust. Dill sagte »Herrgott!« und grinste, zog seine rechte Hand unter dem Kopf hervor und griff sich das Bier von seiner Brust.

Singe erhob ihr Bier zu einem scherzhaften Toast und sagte: »Auf einen verdammt guten Nachmittag.«

»Das war er«, sagte er und richtete sich auf, damit er sich auf den linken Arm stützen konnte.

»Läufst du regelmäßig?« fragte sie und musterte noch einmal seinen Körper. »Du siehst aus wie ein Läufer.«

Dill schaute an sich herab. »Nein, ich laufe nicht. Das ist mein Erbteil, und es ist bald aufgebraucht. Das ist alles, was mir mein alter Herr hinterlassen hat – einen bemerkenswert gesunden Stoffwechsel. Auch die Nase hab ich von ihm, aber die hätte er behalten können.«

»Es ist eine schöne Nase«, sagte sie. »Du siehst damit aus wie Captain Easy, Soldier of Fortune.«

»Du erinnerst dich nicht an Captain Easy.»

»Er hatte einen Kumpel namens Wash Tubbs. Ich hatte mal einen Fall von Urheberrechtsverletzung bei einem alten Comic Strip. Bei meinen Nachforschungen habe ich eine unglaubliche Menge über das gelernt, was man gezeichnete Bildergeschichten nannte – wahrscheinlich viel mehr, als ich wissen wollte. Aber das ist es eigentlich, warum ich die Juristerei mag. Sie führt dich auf sonderbare Abwege.«

Sie stand auf, fröstelte leicht im Luftzug der Klimaanlage, stellte ihr Bier ab und schlüpfte in den durchsichtigen weißen

Morgenmantel. Dill blieb auf der Seite liegen, aufgestützt auf den linken Ellenbogen. Singe setzte sich auf die Couch und nahm sich ihr Bier.

»Na«, sagte sie, »woran denkst du?«

Dill legte sich auf den Teppich zurück und starrte zur Decke. »Felicity hat kein Schmiergeld genommen.«

»Nein, das glaube ich auch nicht.«

»Aber irgendwoher muß sie das Geld bekommen haben.«

»Ich frag mich, woher?«

»Wer weiß.« Ohne sich mit den Händen abzustützen, setzte Dill sich auf. Er griff nach seinem Hemd und der Shorts und begann sich anzuziehen. »Was machst du – hältst du die Temperatur hier bei zwanzig, einundzwanzig Grad?«

»Ich hab's gern kühl«, sagte sie. Nach einem Schluck Bier sagte sie in nachdenklichem Tonfall: »Jake Spivey.«

»Der alte Jake.«

»Clay Corcoran wollte uns irgendwas über ihn erzählen.«

»Wer Corcoran erschossen hat, hat es nicht getan, um ihn davon abzuhalten, mit uns zu reden.«

»Woher willst du das wissen?« fragte sie.

»Zu einfach, zu sauber, zu...«

»Bequem?«

»Auch das«, sagte er.

»Aber es gibt diese andere Verbindung zwischen Jake Spivey und Corcoran«, sagte sie.

»Falls man Harold Snow glauben kann. Vielleicht frage ich Jake morgen danach.«

»Meinst du, er sagt es dir?«

»Könnte sein.« Dill griff sich seine Hose, stand auf und zog sie an.

»Mein Gott!« sagte sie. »Ein Bein nach dem anderen – genau wie alle anderen.«

»Was hast du erwartet?«

»Nach diesem Nachmittag irgendwas – nun ja, anderes.«

Dill lächelte. »Ich betrachte das als Kompliment.«

»Solltest du.«

Dill drehte sich um und sah sich noch mal den Maxfield-Parrish-Druck an. »Mädchen«, sagte er schließlich. »Eindeutig Mädchen.« Er drehte sich wieder zu Singe um. »Dieser alte Typ an der Kirche...«

»Der Reporter?«

»Yeah. Laffter. Ich glaube, ich rede besser mit ihm.«

»Ruf ihn an.«

Dill schüttelte den Kopf. »Jemand hat ihm das mit Felicitys Geldproblemen zugespielt, direkt nachdem sie gestorben war. Bis heute ist er auf der Story sitzengeblieben, aber jetzt hat ihm jemand anders grünes Licht gegeben. Ich möchte gern wissen, wer diese Jemands sind.«

»Weißt du, wo er wohnt?«

»Laffter? Ich weiß, wo er rumhängt. Magst du Steak?«

Sie zuckte mit den Achseln. »Ich esse es. Wo hattest du vor hinzugehen?«

»In den Presseclub.«

»Wann?«

»Gegen acht.«

»Was machen wir bis dahin?«

Dill grinste. »Wir können dein Bett ausprobieren.«

Sie erwiderte sein Grinsen. »Dann wirst du allerdings deine Hose noch mal ausziehen müssen.«

»Das kriege ich hin.«

Sie schafften es an diesem Samstagabend erst um 20:35 Uhr in den Presseclub, weil Dill beschloß, er wolle vorher bei seinem Hotel vorbeifahren, um ein anderes Hemd anzuziehen und nachzusehen, ob es eine Nachricht für ihn gab. In seinem Fach fand er die Aufforderung, Senator Ramirez in Tucumcari anzurufen, aber als Dill anrief, hörte er nur die höfliche zweisprachige Entschuldigung des Anrufbeantworters.

Die Temperatur war auf 33 Grad gefallen, als sie den Presseclub betraten. Dill in einem frischen weißen Hemd und dem blauen Beerdigungs-Anzug und Anna Maude Singe in einem ärmellosen gelben Kleid, dessen Stoff er für Leinen hielt, sie aber als eine Art knitterfeste Synthetik bezeichnete.

Er drückte die Klingel zum Presseclub. Drinnen sah Levides der Grieche zu, wie sie sich der L-förmigen Theke näherten. Am kürzeren Ende des L waren noch zwei Plätze frei, und Levides forderte sie mit einer Kopfbewegung auf, sich dort hinzusetzen. Als sie auf den Hockern Platz genommen hatten, sagte Levides zu Anna Maude Singe: »Sie sind doch manchmal mit AP-Geary hierhergekommen, oder?«

»Im Gegensatz zu?«

»UPI-Geary.«

»UPI-Geary kenne ich nicht.«

»Er ist auch ein Penner. Singe, nicht wahr?«

»Anna Maude.«

»Richtig.« Levides nickte zu Dill hin, schaute Singe aber weiter an. »Sie haben sich nicht gerade verdammt verbessert.«

»Er ist alles, was ich auftreiben konnte«, sagte sie.

Levides wandte sich zu Dill. »Superbeerdigung, wie ich höre. Ein Typ wird umgebracht. Tausend Cops stehen rum, und jemand erschießt einen armen Trottel, und niemand sieht was. Fast wär ich gekommen. Jetzt bedaure ich, daß ich nicht da war.«

»Scotch«, sagte Dill.

»Und Sie?« sagte Levides zu Singe.

»Weißwein.«

Nachdem er Singe ihren Wein und Dill seinen Scotch mit Wasser gebracht hatte, sagte Levides: »Haben Sie die Zeitung gesehen?«

»Die von morgen?« sagte Dill.

Levides nickte, griff unter die Theke und zog die frühe Sonntagsausgabe der *Tribune* hervor, die auf Seite drei aufgeschlagen war. »Chuckles behauptet, Ihre Schwester wäre reich geworden.«

Es war ein zweispaltiger Artikel im Kasten, der unter den drei Spalten umfassenden Bericht über den Mord auf dem Friedhof plaziert war. Die zweispaltige Überschrift lautete:

POLIZEI PRÜFT NACHLASS
VON ERMORDETEM DETECTIVE

Die Story war, wie Dill fand, in dem patentierten staubtrockenen Stil der *Tribune* geschrieben, dessen sie sich bediente, um über Vergewaltigung, Mord, Kindesmißbrauch, Hochverrat, Erdrutschsiege der Demokraten und andere Katastrophen zu berichten, die am Frühstückstisch der Familie gelesen würden. Er selber war im letzten Absatz von Lafter mit den Worten zitiert worden, er gebe dazu keinen Kommentar ab.

Dill reichte die Zeitung an Anna Maude weiter und fragte Levides: »Ist Lafter schon hier?«

»Er sitzt hinten in seiner Ecke, sternhagelvoll, und ist dabei, sein Chili mit irgendwas zu löffeln.«

»Fragen Sie Harry den Kellner, ob er uns einen Tisch neben ihm geben kann.«

Während er über Dills Bitte nachdachte, fuhr sich Levides nachdenklich mit einem Knöchel über den Schnurrbart. »Warum nicht, zum Teufel«, sagte er schließlich und machte sich auf die Suche nach Harry dem Kellner.

Singe brauchte nur noch dreißig Sekunden, um die Geschichte zu Ende zu lesen. Sie legte die Zeitung zurück auf die Theke und sagte zu Dill: »Steht nichts Neues drin; nichts auch nur annähernd Verleumderisches. Ich glaube, ich habe fünf ›angeblich‹ gezählt. Alles außer ihrem Tod ist angeblich. Sie geben ohne Umschweife zu, daß sie tot ist.«

»Hab ich festgestellt«, sagte Dill und trank noch einen Schluck von seinem Scotch. »Ich werde gemein zu dem alten Knaben sein.«

»Laffter?«

Er nickte.

»Gemeiner als du heute nachmittag zu Harold warst?«

Wieder nickte Dill.

»Das muß ich sehen.«

»Ich brauche deine kühle Zustimmung.«

»Kühl, knapp und anwaltlich.«

»Richtig. Und egal, was ich sage, sieh nicht überrascht aus.«

»Okay.« Sie nippte an ihrem Wein und musterte ihn neugierig. »Wo hast du gelernt, so etwas zu machen?«

»Was zu machen?«

Bevor Anna Maude antworten konnte, kam Levides zum schmalen Ende der Theke zurück. »Harry sagt, daß er Sie in rund fünf Minuten neben Chuckles unterbringen kann. Okay?«

»Prima.«

»Er möchte wissen, was Sie essen wollen.«

Dill sah Anna Maude Singe an und fragte: »Filet, Ofenkartoffel und Salat?«

Sie nickte. »Eins blutig.«

»Und eins halb durch.«

Levides nickte und ging wieder. Und Anna Maude Singe wandte sich wieder an Dill und fragte: »Wo hast du das gelernt, was du heute nachmittag mit Harold gemacht hast?«

»Ich weiß nicht«, sagte Dill. »Ich glaube, ich bin immer so gewesen.«

»Aber du tust nur so, nicht wahr?«

»Klar«, sagte Dill, »ich tu nur so«, und fragte sich, ob das zutraf.

25

Der alte Mann hatte sein vergilbtes Seidenhemd mit Chili bekleckert. Er war gerade dabei, mit einer Serviette, die er in sein Wasserglas getaucht hatte, daran herumzuwischen, als Dill und Anna Maude sich neben ihn setzten. Laffter blickte zu ihnen auf und rieb dann weiter auf dem Chilifleck herum. Die gepolsterte Sitzbank, die an der Wand stand, endete in der Ecke, in der der alte Mann saß. Singe saß auch auf der Bank, Dill auf einem Stuhl ihr gegenüber am Tisch. Ohne zu Dill aufzusehen, sagte der alte Mann: »Gefällt Ihnen meine Geschichte?«

»Ich glaube, ich habe dreizehnmal angeblich gezählt.«

»Ich hab's viermal gebraucht, aber ein Scheißer in der Redaktion hat noch eins reingetan.« Jetzt blickte er hoch. »Was haben Sie vor?«

»Möchten Sie einen Drink?«

»Wenn Sie zahlen, klar.« Er nickte zu Anna Maude Singe hinüber. »Wer ist sie?«

»Meine Anwältin«, sagte Dill. »Miss Singe, Mr. Laffter, den manche Chuckles nennen.«

Singe wandte den Kopf und nickte Laffter kühl zu. »Kichern Sie viel, Mr. Laffter?«

»So gut wie nie«, sagte der alte Mann.

An Dills Tisch tauchte Harry der Kellner mit Servietten und Silberbesteck auf. Während er sie auslegte, fragte er Dill und Singe, ob sie frische Drinks haben wollten. Dill sagte ihm, daß sie bei denen bleiben wollten, die sie von der Bar mitgebracht hatten, fügte aber hinzu: »Du kannst Chuckles einen Drink bringen.«

»Der alte Bock hat genug«, sagte Harry der Kellner.

»Ich nehme einen Cognac, alter Mohrenkumpel«, sagte Lafster. »Einen doppelten.«

Harry der Kellner musterte ihn. »Chili aufs Hemd gekleckert, wie? Na, Mensch, du trägst es ja erst vier Tage. Hättest mindestens noch zwei rausholen können, wenn du nicht gekleckert hättest.«

»Zieh Leine und hol den Drink, Kellner«, sagte der alte Mann so laut, daß sich einige Köpfe nach ihnen umdrehten.

»Ich denk gerade dran, dir hier und jetzt Lokalverbot zu erteilen«, sagte Harry der Kellner.

Der alte Mann starrte ihn an. »*Denken? Du?*« In gut geheuchelter Skepsis schüttelte er den Kopf.

»Ein alter, runtergekommener Reporter«, sagte Harry der Kellner und schnalzte mitleidig mit der Zunge. »Der traurigste Anblick der Welt. Abgetakelt. Ausgebrannt. War nie anders. Die meiste Zeit halb betrunken.« Er wandte sich an Dill. »Sind Sie sicher, daß Sie diesem alten Narren einen Drink spendieren wollen?«

»Ich bin sicher«, sagte Dill.

Harry der Kellner schüttelte den Kopf und drehte ab. Als er davonging, sagte der alte Mann mit lauter Stimme vorgetäuschter Rechtfertigung: »Vermißt den Dschungel, wissen Sie.« Er grinste Dill freudlos an. »Was versprechen Sie sich davon, mir einen doppelten Cognac zu spendieren?«

»Ich muß herausfinden, wer die Geschichte über meine Schwester gedruckt sehen wollte.« Dill lächelte, doch es war ein kaltes und sogar herzloses Lächeln, ganz wie er beabsichtigt hatte. »Das ist Punkt eins«, sagte er. »Zwei, ich muß herausfinden, wer Ihnen das zugespielt hat.«

»So, das müssen Sie also«, sagte der alte Mann.

»Und drei, falls Sie es mir nicht sagen, werde ich dafür sorgen, daß Sie sich wünschen, Sie hätten es getan.«

Der alte Mann schnaubte. »Was glauben Sie denn, was Sie mir antun können, Dill? Verdammt, ich bin dreiundsiebzig Scheißjahre alt. Ich hab das alles schon mitgemacht. Sie wollen die Scheiße aus mir rausprügeln? Ein Schlag, und ich bin tot, und wollen Sie wissen, was meine letzten Worte wären? ›Besten Dank auch‹, das wären sie. Dafür sorgen, daß man mich feuert? Ich würde nach Florida ziehen und in der Sonne braten, was ich schon vor fünf Jahren hätte tun sollen. Sie können nicht dafür sorgen, daß ich mir wünsche, ich hätte irgendwas getan.«

Dill lächelte wieder sein Lächeln. »Meine Schwester hatte eine Lebensversicherung, Chuckles. Ich bin der einzige Nutznießer. Die Summe, die sie mir hinterläßt, beläuft sich auf eine Viertelmillion Dollar. Sind Sie bedürftig?«

Laffters verwaschene blaue Augen wurden mißtrauisch. »Was meinen Sie mit bedürftig?«

»Haben Sie keine Rücklagen? Sind Sie pleite? Abgebrannt? Bankrott? Pfeifen Sie auf dem letzten Loch?«

Der alte Mann zuckte mit den Achseln. »Ich hab ein paar Dollar.«

»Gut. Dann können Sie sich einen Rechtsanwalt leisten.«

»Wozu?«

»Sie werden ihn brauchen, wenn ich Sie wegen Verleumdung verklage. Nein, nicht die *Tribune*, nur Sie. Ich weiß, Chuckles, daß meine Schwester nicht korrupt war, aber Ihre Geschichte behauptet das. Ich glaube, es wird nicht allzu schwer sein, Ihnen Böswilligkeit nachzuweisen – Miss Singe, was meinen Sie?«

»Ich glaube, Ihr Fall ist wasserdicht«, sagte Singe.

»Und was läßt sich mit zweihundertfünfzigtausend Dollar an Rechtsdienstleistungen kaufen«, fragte Dill sie.

Singe lächelte. »Jahre. Einfach Jahre.«

»Wenn ich Sie jetzt verklage, Chuckles, glauben Sie, daß die *Tribune* Ihre Anwaltskosten übernimmt?«

»Sie haben ja gar keinen Fall«, sagte der alte Mann hohnlächelnd. »Sie wissen nichts über Verleumdung, keiner von Ihnen. Von Verleumdung weiß ich mehr, als Sie beide zusammen. Man wird Sie auslachen.«

»Dann legen wir Berufung ein«, sagte Singe mit einem kühlen Lächeln.

»Berufungen kosten Geld«, sagte Dill. »Ich kann zweihundertfünfzigtausend ausgeben, Chuckles. Wieviel haben Sie?«

»Sie haben einen Dreck«, sagte der alte Mann, als Harry der Kellner auftauchte und ein Cognacglas vor ihn stellte.

»Wer hat einen Dreck?«, sagte Harry der Kellner.

»Dieser Arsch sagt, er will mich wegen Verleumdung verklagen.«

Harry der Kellner grinste Dill an. »Brauchen Sie einen Zeugen? Brauchen Sie jemanden, der vor Gericht auftritt und sagt, wie gemein der alte Narr hier ist. Falls ja, bin ich Ihr Mann.«

»Zieh Leine«, sagte Lafter.

Harry der Kellner zog grinsend ab. Lafter sah ihm nach. Dann erinnerte er sich an seinen Cognac, nahm sein Glas und trank. Als er es absetzte, schmatzte er und zündete sich eine seiner Pall Malls an.

»Es gab keine Verleumdung in der Geschichte«, sagte er zu Dill. »Glauben Sie, ich wüßte nicht, wenn ich zu weit gehe?«

Dill zuckte mit den Achseln und sah Singe an. »Verleumdungsprozesse können sich lange hinziehen, nicht wahr?«

»Sie können endlos lange dauern«, sagte sie.

Dill schaute wieder Lafter an. »Wissen Sie, was der alte Hartshorne machen wird, wenn ich Sie verklage? Er läßt Sie im Stich, Chuckles, besonders dann, wenn die *Tribune* nicht mit verklagt ist. Er wird sich nicht mal an Ihren Namen erinnern. Vielleicht feuert er Sie sogar, aber das hält die Klage nicht auf. Ich habe das Geld und die Zeit. Ich glaube nicht, daß Sie von beidem genug haben.«

Laffter trank seinen Cognac mit einem Schluck aus. »Erpressung«, sagte er.

»Gerechtigkeit«, sagte Dill.

»Ich hab nicht gesagt, daß sie korrupt war.«

»Sie haben es unterstellt. Sie haben mir erzählt, daß Sie früher mal eine andere Geschichte über sie geschrieben haben, ein Feature, aber daß es nicht gedruckt wurde. Es wäre schon interessant, herauszufinden, warum.«

»Sie haben es abgewürgt, das ist alles.«

»Aber warum?« fragte Anna Maude Singe. »Haben sie es abgewürgt – falls es so war –, weil es ungenau, bösartig, ungerecht – verleumderisch gewesen ist? Was?«

»Es war ein verdammtes Feature, Lady, das ist alles. Es war allenfalls niedlich. Sie können nicht klagen wegen niedlich.«

»Die Story in der heutigen Ausgabe war nicht niedlich, Chuckles«, sagte Dill.

Der alte Mann starrte Dill lange an. Als er schließlich seufzend sagte: »Das würden Sie tatsächlich tun, wie?«, wußte Dill, daß er gewonnen hatte, und er wünschte fast, dem wäre nicht so.

»Verlassen Sie sich drauf.«

»Vor fünf Jahren hätte ich Ihnen gesagt: Fick dich ins Knie.«

»Vor fünf Jahren waren Sie erst achtundsechzig.«

»Also was wollen Sie?«

»Wer hat das Zeug über die Finanzen meiner Schwester durchsickern lassen?«

»*Durchsickern?*« sagte Laffter. »Woher wissen Sie, daß jemand was hat durchsickern lassen? Ich hab da Zapfstellen, die ich auf- und zudrehe wie einen Wasserhahn. Wissen Sie, wie lange ich schon das Polizeiressort habe? – Fünfzig Jahre, so lange. Denken Sie drüber nach. Fünfzig Jahre – außer während des Kriegs. Ich hab gesehen, wie sie als Anfänger zur Polizei kamen, alt wurden und in Pension gingen. Gott, ich habe sogar Anfänger gekannt, die jetzt selber Kinder haben, die verdammt kurz vor der Pensionierung stehen. Ich bin hier so was wie eine Institution, Dill. Durchsickern!« Das letzte Wort spuckte er fast aus.

»Von wem haben Sie es, Chuckles?« sagte Dill.

Der alte Mann seufzte wieder, nahm sein leeres Glas und trank die letzten Tropfen aus. »Vom Chief«, sagte er mit resignierter Stimme.

»Sie meinen den Polizeichef – Rinkler?«

»Vom Chief of Detectives, Sie Arsch. Strucker.«

»Warum?«

»*Warum?*« sagte der alte Mann mit ungläubigem Ton. »Haben Sie jemals jemanden gefragt, warum er Ihnen was erzählt hat? Haben Sie das bei UP so gemacht, Dill? Wenn irgend jemand vom Kapitol Ihnen was mitteilte, haben Sie gesagt: ›Meine Güte, warum erzählen Sie mir das alles?‹ Haben Sie so gearbeitet, Kerlchen?«

»Nein.«

»Dann fragen Sie mich nicht, warum.«

»Was hat er Ihnen denn gesagt?«

»Strucker? Er sagte: Vielleicht finden Sie das hier interessant. Er hat es abgespult, und ich hab's aufgeschrieben. Und bin drauf sitzengeblieben – bis heute, als grünes Licht kam, und sie sagten: Wir bringen den Kram über Felicity Dill, den du hast. Es war eine Story, das ist alles – Neuigkeiten –, und ich hab sie schnurgerade geschrieben, weil ich's immer so mache. Und es war kein Wort Verleumdung drin. Sie wissen das, und ich weiß es.«

»Wer hat grünes Licht gegeben – der alte Hartshorne?« fragte Dill.

»Ich weiß nicht«, sagte Laffter. »Entweder er oder der Junior. Verdammt, welchen Unterschied macht das?« Er machte eine Pause und sagte dann: »Das ist es. Das ist alles, bei Gott!« Er schob den Tisch beiseite und stand auf. »Wenn Sie immer noch klagen wollen, Dill, na, dann verklagen Sie mich, verdammt noch mal.«

Lafzter schob sich am Tisch vorbei, blieb aber stehen. Seine blaßblauen Augen traten hervor, sein Gesicht verfärbte sich dunkelrot und verzerrte sich in reinem Schmerz. Er fuhr sich mit der rechten Hand an die Brust und beugte sich vornüber. Da begann er einzuknicken und versuchte, sich mit dem linken Arm am Tisch abzustützen, aber er verweigerte ihm den Dienst. Er sackte zusammen und wäre hingefallen, wäre Harry der Kellner nicht herbeigeeilt, hätte ihn gepackt und sanft auf dem Boden abgelegt.

Harry blickte zu Dill hoch. »Sagen Sie dem Griechen, er soll für den alten Narren hier den Notarzt rufen.«

»Das mache ich«, sagte Anna Maude Singe. Sie stand auf und eilte zur Theke.

»Du wirst mir hier nicht sterben, alter Mann«, murmelte Harry der Kellner, als er Lafzter die speckige graue Krawatte herunterriß. »Du wirst nicht in meinem Lokal sterben!«

Harry der Kellner schüttelte den alten Mann bei den Schultern und rief: »Bist du okay?« Es kam keinerlei Reaktion, aber er schien auch nicht damit zu rechnen. Er schob die linke Hand unter den Nacken des alten Manns, hob ihn an und drückte mit der rechten Hand die inzwischen schweißnasse Stirn nach unten. Der Mund des Alten klappte auf. Harry der Kellner beugte sich, um ihn abzuhorchen, und schüttelte dann fast angewidert den Kopf.

»Ich werd dich schon wieder auf den Mund küssen müssen, alter Mann«, murmelte Harry der Kellner. Er ließ die linke

Hand unter Laffters Nacken, hob ihn noch weiter an und kniff mit der rechten Hand Laffters Nasenlöcher zusammen, bis sie sich schlossen. Harry der Kellner holte tief Luft, öffnete den Mund, so weit es ging, preßte ihn auf den Mund des alten Manns und blies hinein. Dill konnte sehen, wie sich die Brust des alten Manns hob. Harry der Kellner hob den Kopf, um zu sehen, ob sich die Brust des alten Manns senkte, und als er feststellte, daß das nicht der Fall war, blies er vier volle schnelle Atemstöße in Laffters Mund. Diesmal hob sich die Brust des alten Manns, senkte sich und blieb still.

Harry der Kellner erhob sich auf die Knie und fühlte nach Laffters Halsschlagader neben dem Kehlkopf. »Gottverdammter alter Mann«, sagte er. Er legte den Ballen der linken Hand fast drei Zentimeter unter die Spitze des Brustbeins am Schwertfortsatz, verschränkte die Finger der Hände, beugte sich über Laffter und drückte nach unten. Die Brust des alten Mannes schien sich um fünf Zentimeter zu senken. Harry der Kellner wiegte sich nach hinten, kam nach vorn und wiederholte den Vorgang. Das wiederholte er fünfzehnmal, beugte sich dann schnell nach unten und blies zweimal in den Mund des alten Manns.

Eine Frauenstimme in Dills Rücken sagte: »Ist das nicht ekelhaft?« Er drehte sich um und sah, daß sich eine kleine Menge neugieriger Essensgäste versammelt hatte.

Harry der Kellner schaute zu Dill hoch. »Kannst du Luft in ihn reinblasen?«

»Klar«, sagte Dill und kniete sich neben Laffter. »Sag mir nur, wann.«

»Wenn ich wieder bei fünf bin«, sagte Harry der Kellner und begann jeden Pumpstoß, den er vornahm, laut mitzuzählen. Als der Kellner bei fünf ankam, holte Dill tief Luft, bedeckte den Mund des alten Mannes mit seinem und blies.

»Noch mal«, sagte Harry der Kellner.

Dill holte noch einmal Luft und blies wieder. Der Mund des alten Mannes schmeckte nach schalem Zigarettenrauch und Cognac. Und wahrscheinlich Kukident, dachte Dill, während er sich zwang, nicht zu würgen.

»Wieder bei fünf«, sagte Harry der Kellner.

»Gut«, sagte Dill.

Nachdem der Kellner wieder einen fünften Pumpstoß gemacht hatte, blies Dill wieder zweimal Luft in die Lunge des alten Manns. Sie waren beide noch ein paar Minuten später damit beschäftigt, als die Sanitäter der Feuerwehr ankamen und übernahmen. Die Sanitäter gaben Lafftter Sauerstoff, hoben ihn auf eine Tragbahre und rollten ihn zum Ausgang des Clubs. Dill und Harry der Kellner gingen mit ihnen. Die Schaulustigen kehrten zu ihren Drinks und ihrem Essen zurück.

»Wird er durchkommen?« fragte Harry einen der Sanitäter.

»Yeah, ich denke schon. Du hast ihn mit deiner CPR wieder auf Vordermann gebracht, Harry. Danke.«

Als die Sanitäter gegangen waren, fragte Dill Harry: »Du hast schon mal CPR bei ihm gemacht?«

»Zweimal.«

»Herr im Himmel.«

»Ich habe dem alten Narren immer wieder gesagt, er stirbt mir nicht in meinem Lokal. Er stirbt zu Hause allein in seinem Bett. So und da wird er sterben. Nicht hier in meinem Lokal. Hast du wirklich gesagt, du willst ihn verklagen?«

Dill nickte.

Harry der Kellner schüttelte den Kopf und grinste. »Das hat ihn in Fahrt gebracht. Das hat ihn bestimmt in Fahrt gebracht. Weißt du, wem der alte Narr alles vermacht, was er hat?«

Dill konnte Harry den Kellner nur völlig fassungslos anstarren.

Harry der Kellner grinste unentwegt weiter. »Ganz recht. Mir. Ist das nicht stark?« Er fuhr sich mit der Zunge über die Lippen und verzog das Gesicht. »Und schmeckt der alte Mann nicht gräßlich?«

26

Dill fand Anna Maude Singe am schmalen Ende der L-förmigen Theke über ein Glas mit etwas gekauert, das wie Wodka on the rocks aussah. Er sagte dem Griechen, daß er dasselbe nähme, egal, was es sei. Levides schenkte ein und zeigte auf die schweigende Frau. »Ich hab ihr gesagt, es hätte wirklich nichts damit zu tun, was Sie beide gesagt oder getan haben, aber sie nimmt's mir nicht ab.«

Dill nickte und trank. Es stellte sich als Wodka heraus. Er sah Singe an. Sie starrte weiter in ihr Glas.

»Ich hab ihr gesagt, der alte Knabe ist dreiundsiebzig«, fuhr Levides fort, »und daß er am Tag mindestens eine Flasche Schnaps wegsteckt, drei Päckchen Pall Mall raucht, Fett und Mist ißt und pro Woche vielleicht fünfzig oder sechzig Schritte läuft, wenn überhaupt, und es das ist, was ihn früher und heute abend umgehauen hat. Nicht irgendwas, was irgendwer gesagt hat.« Er machte eine Pause. »Herrgott, Sie und Harry der Kellner haben ihm das Leben gerettet.«

»Falls er am Leben bleibt«, sagte Dill.

»Na und? Er ist dreiundsiebzig.« Levides machte eine Pause. »Verdammter alter Narr.«

»Ich möchte hier raus«, sagte Anna Maude Singe, die noch immer in ihren Drink starrte.

Dill legte einen Zehn-Dollar-Schein auf die Bar, hob sein Glas und trank es in drei Schlucken leer, schüttelte sich und sagte: »Gehen wir.«

Schweigend stieg sie von ihrem Barhocker ab und ging zur Tür. Dill nahm sein Wechselgeld in die Hand, als Levides, der woanders hinsah, in seinem zu beiläufigen lässigen Tonfall fragte: »Was haben Sie eigentlich zu dem alten Chuckles gesagt?«

»Ich hab gesagt, ich würde ihn wegen Verleumdung verklagen.«

»Ohne Flachs«, sagte Levides, als Dill sich abwandte und hinter Anna Maude Singe herging.

Dill fuhr nach Süden über den TR Boulevard in Richtung Innenstadt. Anna Maude Singe kauerte sich gegen die rechte Tür. Dill warf ihr einen Blick zu und sagte: »Du bist wohl nicht hungrig.«

»Nein.«

»Ich auch nicht.«

»Ich möchte nach Hause.«

»In Ordnung«, sagte er. »Was dagegen, wenn ich an einem Drugstore halte?«

»Weshalb?«

»Mundspülung. Ich kann ihn noch immer schmecken.«

Dill hielt vor einem Drugstore, dessen digitale Temperatur- und Zeitanzeige sagte, es sei 21:39 Uhr und 32 Grad. Er kaufte eine kleine Flasche Scope, kam heraus, schraubte die Flasche am Bordstein auf, spülte sich den Mund aus und spuckte in die Gosse, etwas, was er seiner Erinnerung nach noch nie getan hatte – zumindest nicht seit seiner Kindheit.

Er stieg wieder ins Auto, ließ den Motor an und fuhr los. Singe sagte: »Damit konntest du nicht warten, bis du wieder zu Hause bist?«

»Nein«, sagte er, »konnte ich nicht. Ich konnte ihn noch immer schmecken.«

»Wie schmeckte er denn?«

»Wie alter Tod.«

»Ja«, sagte sie, »so hab ich mir auch vorgestellt, daß er schmecken würde.«

Als sie sich den Van Buren Towers näherten, hielt Dill nach einem Parkplatz Ausschau. »Spar dir die Mühe«, sagte sie. »Laß mich einfach vorn raus.«

»Okay.«

Er fuhr vor ihr Haus und hielt an. Anna Maude Singe machte keine Anstalten auszusteigen. Statt dessen sagte sie, vor sich hin starrend: »Ich glaube, ich möchte nicht mehr deine Freundin sein. Ich bin deine Anwältin, falls du willst, aber ich möchte nicht deine Freundin sein.«

»Das ist schade«, sagte er. »So viele Freunde habe ich nicht.«

»Hat niemand.«

»Liegt es daran, daß der alte Mann fast gestorben ist?«

Sie sah ihn an und schüttelte langsam den Kopf. »Du hast nicht versucht, ihn umzubringen.«

»Du hast recht. Hab ich nicht.«

»Wenn ich deine Freundin bleibe und nicht nur deine Anwältin, dann, fürchte ich, könnten zwei Dinge passieren.«

»Was?«

»Ich könnte mich in dich verlieben – und wahrscheinlich würde ich in irgendwelche Schwierigkeiten geraten, in die ich nicht geraten will. Dich zu lieben – nun, damit könnte ich fertig werden. Zumindest glaube ich das. Bei dem andern bin ich mir nicht sicher.«

»Welches andere?«

»Die Schwierigkeiten.«

»Du meinst, wie heute nachmittag mit Harold Snow?« Sie nickte. »Das hat dir gefallen«, sagte Dill, »das konnte ich sehen.«

»Du hast recht«, sagte sie. »Hat es. Ich hätte früher nicht gedacht, daß mir so was gefällt. Ich dachte immer, ich mag die sicheren, höflichen Sachen.« Sie schüttelte den Kopf, als wäre sie erstaunt. »Sogar heute abend hat es mir gefallen, als wir nur mit diesem alten Mann geredet haben, mit Lafter, und er sich nicht bloß hingelegt und alles geschluckt hat. Der hat uns Paroli geboten. Eigentlich war er besser als du – als wir –, jedenfalls die meiste Zeit, und das hat mir auch gefallen. Zumindest, bis er umgekippt ist. Das ist mir an die Nieren gegangen. Auch als Clay erschossen wurde, hat mich das nicht so hart getroffen. Und der arme dumme Harold Snow, na ja, das war einfach ein Heidenspaß. Aber bei dem alten Mann war ich beteiligt. Ich hab zu dem Ergebnis beigetragen. Und das hat mich getroffen, weil ich schließlich begriff, daß es nicht nur ein So-tun-als-ob ist, oder?«

»Nein«, sagte Dill.

»Du erinnerst dich, daß ich dich gefragt habe, ob du nur so tust.«

»Ja.«

»Du tust nicht nur so.«

»Ich glaube nicht.«

»Es macht mich ängstlich, und ich will nicht ängstlich sein. Und ich will auch nicht in dich verliebt sein. Und ich will nicht deine Freundin sein.«

»Nur meine Anwältin?«

»Allerhöchstens.«

Dill war sich durchaus nicht sicher, was er sagen sollte. Also sagte er nichts. Statt dessen streckte er den Arm aus und zog sie an sich. Zuerst war sie unwillig, doch dann schwand aller Widerstand, und ihre Münder waren wieder in einem ihrer langen, fast wütenden Küsse aufeinandergepreßt.

Als er vorüber war, lag sie halb im Autositz mit dem Kopf an seiner Schulter. »Das wollte ich«, sagte sie. »Ich wollte sehen, ob ich alten Tod schmecken kann.«

»Konntest du?«

»Falls er wie Scope schmeckt, konnte ich's.«

Er küßte sie noch einmal, diesmal sanft, fast liebevoll, und sagte: »Du willst nicht wirklich nur meine Anwältin sein, nicht wahr?«

Sie seufzte. »Ich schätze, nein.«

»Du kannst sowohl meine Anwältin wie mein Schätzchen sein.«

»Dein *Schätzchen*? Großer Gott.«

»Was spricht denn dagegen?«

Sie setzte sich auf und schaute ihn an. »Ich will keine weiteren Schwierigkeiten.«

Dill grinste. »Du magst sie. Schwierigkeiten. Hast du selbst gesagt.«

Sie legte ihren Kopf zurück an seine Schulter. »Schätzchen«, sagte sie ungläubig. »Mein Gott. Schätzchen.«

Als er über die Our Jack Street ins Hawkins Hotel zurückfuhr, sah Dill, daß die First National Bank um 22:31 Uhr 31 Grad verkündete. Als er in die Tiefgarage fuhr, hielt er automatisch nach Clyde Brattles blauem Dodge-Van Ausschau, aber er sah ihn nicht. Dill stieg aus dem Ford und eilte zum Fahrstuhl, wobei er vorsichtig einen Bogen um die großen quadratischen Betonpfeiler machte. Er fuhr mit dem Fahrstuhl direkt zum achten Stockwerk hinauf, ohne noch mal bei der Rezeption vorbeizuschauen und nachzusehen, ob eine Nachricht für ihn hinterlassen worden war.

Dill schloß die Tür zu Zimmer 981 auf und stieß sie weit zurück, ohne jedoch hineinzugehen. Das einzige Geräusch, das er hörte, kam von der Klimaanlage. Er ging schnell hinein, schloß die Tür hinter sich und sah im Badezimmer nach, wo jedoch nur der Wasserhahn am Waschbecken tropfte. Er drehte ihn zu.

Zurück im Zimmer, ging Dill zum Telefon und rief die Auskunft an. Er fragte nach der Nummer des St. Anthony's Hospital und erhielt sie. Er rief das Krankenhaus an, und nachdem er durch vier verschiedene Abteilungen gereicht worden war, verband man ihn schließlich mit einem Mr. Wade, der sich sehr jung und sehr lässig anhörte.

»Ich wüßte gern, wie es einem Ihrer Patienten auf der Intensivstation geht«, sagte Dill. »Laffter. Fred Y.«

»Laughter, wie haha?« fragte Mr. Wade.

»Wie L-a-f-f-t-e-r.«

»Ich seh mal nach. Laffter ... Laffter. Oh, yeah, der ist gestorben. Vor etwa zwanzig Minuten. Sind Sie ein Verwandter?«

»Nein.«

»Bei der Aufnahme wurden keine nächsten Angehörigen angegeben. Was meinen Sie, wen sollte ich benachrichtigen?«

Dill dachte einen Momet nach und sagte Mr. Wade dann, er solle Harry den Kellner im Presseclub anrufen.

Etwas später rief Dill den Zimmerservice und bat darum, ihm eine Flasche J&B Scotch heraufzuschicken, etwas Eis und ein Steaksandwich. Als alles gebracht worden war, ignorierte er das Sandwich und mixte sich einen Drink. Er trank ihn rasch im Stehen und mixte sich dann einen zweiten.

Er nahm den zweiten mit ans Fenster und blieb, daran nippend, davor stehen und starrte hinunter auf die Our Jack Street am Samstagabend. Wenige Autos waren zu sehen und noch weniger Fußgänger. Früher waren die Leute am Samstagabend in die Innenstadt gekommen, aber das taten sie nicht mehr, und er fragte sich, wohin sie gingen – oder ob sie überhaupt irgendwohin gingen. Dann dachte er über Clay Corcoran nach, den toten Footballspieler und späteren Privatdetektiv, der Dills tote Schwester geliebt hatte. Die beiden Todesfälle waren irgendwie verbunden, das wußte Dill, aber er wurde es bald überdrüssig, verstehen zu wollen, worin die Verbindung bestand. Danach dachte er über den schafsgesichtigen Harold Snow nach, aber nur kurz, und dann nahmen seine Gedanken eine Richtung, die ihm nicht behagte, und er dachte über den alten aufbrausenden Polizeireporter nach, der allein im

Krankenhaus gestorben war, womöglich an einem Schlaganfall. Er dachte lange über Laffter nach und hörte nur auf, weil er merkte, daß sein Glas leer war. Er schaute zur Zeit- und Temperaturanzeige der First National Bank. Sie sagte, es sei zwei Minuten nach Mitternacht am Sonntag, dem 7. August. Sie behauptete auch, die Temperatur sei immer noch 31 Grad.

Dill gab seine Nachtwache am Fenster auf, ging zum Telefon hinüber und rief Anna Maude Singe an. Beim siebten Läuten nahm sie mit einem fast unhörbaren Hallo ab.

»Er ist vor ungefähr zwei Stunden gestorben«, sagte Dill.

Am anderen Ende war es eine ganze Weile still, dann sagte sie: »Tut mir leid.« Und nach einer Pause: »Kann ich irgend etwas tun?«

»Nein.«

»Du machst dir Vorwürfe, nicht wahr?«

»Einige, glaube ich. Ich hab ihn ziemlich wütend gemacht.«

»Nun, es ist geschehen. Es ist vorbei. Es gibt nichts, was du tun kannst, es sei denn, du willst um ihn trauern.«

»So gut habe ich ihn nicht gekannt.«

»Dann gebe ich dir einen juristischen Rat.«

»Okay.«

»Vergiß es, Schätzchen«, sagte sie und legte auf.

27

Um kurz nach neun am Sonntagmorgen klingelte das Telefon in Dills Hotelzimmer. Beim ersten Läuten hatte er noch geschlafen, und er war immer noch halb am Schlafen, als er sich mit einem kratzigen Hallo meldete und Senator Ramirez sagen hörte: »Hier ist Joe Ramirez, Ben. Sind Sie wach?«

»Ich bin wach.«

»Wir kommen morgen nachmittag gegen vier Uhr an. Könnten Sie vielleicht ein Auto mieten und uns vom Flughafen abholen?«

»Uns?«

»Dolan und mich. Er wird aus Washington kommen. Ich bin noch in Santa Fe.«

»Gegen vier«, sagte Dill. »Morgen.«

»Natürlich nur, wenn es keine Umstände macht.«

»Ich werde da sein. Können Sie einen Moment dranbleiben?«

»Natürlich.«

Dill legte den Hörer ab, ging hinüber ins Badezimmer, spritzte sich kaltes Wasser ins Gesicht, kam zurück, bemerkte die Whiskyflasche, blieb stehen, kippte sie, nahm einen raschen Schluck und meldete sich wieder mit einer Frage. »Hat Dolan Ihnen von Clyde Brattle erzählt?«

»Ja, hat er, und das stellt ein Problem dar, nicht?«

»Ich hab Dolan gesagt, daß Sie entweder Brattle oder Jake Spivey haben können – aber nicht beide.«

»Ich bin mir da nicht ganz sicher, Ben. Ich denke, ich werde mit beiden reden müssen. Können Sie das einfädeln?«

»Spivey ist kein Problem. Ich treffe ihn heute. Aber ich muß warten, bis Brattle mich anruft, obwohl ich mir ziemlich sicher bin, daß er es tun wird – es sei denn, das FBI hat ihn erwischt.«

»Sie haben denen nicht gesagt, daß er da ist, oder?« Der Bariton des Senators erhob sich zu einer Frequenz, die in Dills Ohren fast erschrocken klang.

»Ich habe nicht mit dem FBI gesprochen, Senator«, sagte er bedächtig. »Ich wollte sie anrufen, aber Dolan meinte, er würde sich in Washington drum kümmern. Hat er das?«

»Ich bin sicher, das hat er wohl.«

»Vielleicht sollte ich besser ihre Außenstelle hier anrufen – nur um sicherzugehen.«

»Das glaube ich wirklich nicht, Ben«, sagte der Senator in einem Tonfall, dem es gelang, sowohl vernünftig als auch bestimmt zu klingen. »Ich bin zuversichtlich, daß Dolan alles in Washington geregelt hat. Ein Anruf von Ihnen könnte – na ja, die Dinge durcheinanderbringen und ruinieren, was wir an politischem Vorteil daraus ziehen könnten. Ich spreche von politischem Vorteil im weitesten Sinne natürlich.«

»Natürlich«, sagte Dill, der sich nicht die Mühe machte, seine Skepsis zu verbergen. »Was soll ich Brattle erzählen, wenn er anruft?«

»Sagen Sie ihm, ich wäre bereit für ein ganz inoffizielles Sondierungsgespräch entweder morgen spät oder Dienstag früh.« Der Senator machte eine Pause. »Anwesend sind dabei nur er, Dolan, ich ... und Sie natürlich.«

»Was ist mit Jake Spivey?«

»Machen Sie ihm dasselbe Angebot, aber die Zeiten sollten sich nicht überschneiden.«

»Ich werde es arrangieren«, sagte Dill.

»Gut.« Noch eine Pause. »Und, Ben?«

»Ja?«

»Ich hab heute morgen eine Kurzmeldung im *New Mexican* gelesen. Es ging darin um die Beerdigung Ihrer Schwester. Ein Expolizist ist dabei ermordet worden?«

»Clay Corcoran.«

»Derselbe Corcoran, der mal für die Raiders gespielt hat?«

»Derselbe. Er war auch mal mit meiner Schwester liiert.«

»Ich – nun, ich weiß nicht, wie ich meine nächste Frage formulieren soll.«

»Am besten wird sein, Sie fragen einfach.«

»Nichts von dem, was mit Ihrer Schwester oder Corcoran geschehen ist, hat etwas mit Ihnen zu tun – oder mit uns, nicht wahr?«

»Nicht daß ich wüßte.«

»Es könnte furchtbar peinlich sein, falls es so wäre – obwohl ich nicht sehen kann, wie das möglich sein könnte.«

»Ich auch nicht«, sagte Dill.

»Nun gut. Ich seh Sie dann morgen – am Flughafen.«

Dill sagte, er werde dort sein. Als der Senator aufgelegt hatte, rief Dill den Zimmerservice an. Im Badezimmer stellte er sich fünf Minuten unter die Dusche, rasierte sich, putzte sich weitere fünf Minuten lang die Zähne und zog seine graue Hose, ein weißes Button-down-Hemd und polierte schwarze Slipper an. Der Kaffee kam, als er gerade fertig angezogen war. Er gab demselben Zimmerkellner noch einmal zwei Dollar Trinkgeld und erhielt ein fröhliches Dankeschön, Sir, zur Antwort. Der Kellner ging, Dill schenkte sich eine Tasse Kaffee ein, zögerte, fügte einen Schuß Scotch hinzu und setzte sich an den Schreibtisch, um ihn zu trinken. Er war bei seinem vierten Schluck, als das Telefon wieder läutete.

Als Dill sich mit hallo gemeldet hatte, sagte Clyde Brattle: »Haben Sie schon mit unserem Freund aus dem Land der Verzauberung gesprochen?«

»Ich bin gerade durchgekommen.«

»Und?«

»Er möchte ein ganz inoffizielles Treffen, entweder morgen

abend oder Dienstag morgen. Früh. Nur Sie, er, Dolan und ich.«

»Ein bißchen ungleich, nicht wahr?«

»Was schlagen Sie vor?«

»Ich würde gern Sid und Harley mitbringen – nur für einen Sicherheitscheck natürlich.«

»Wenn Sie die beiden mitbringen, schlage ich den Treffpunkt vor.«

Es entstand eine Pause, bis Brattle sagte: »Vorausgesetzt, es ist ein neutraler Ort.«

»Meine Schwester hatte ein Kutschenhaus – am Ende einer Zufahrt und gegenüber einem Park. Sehr zurückgezogen. Wie klingt das?«

Brattle dachte darüber nach. »Ja«, sagte er, »das könnte gehen. Wie lautet die Adresse?«

»Ecke Nineteenth und Fillmore – an der Zufahrt.«

»Wie wär's mit morgen abend um sechs?«

»Sieben wäre besser«, sagte Dill.

»Dann also bis sieben«, sagte Brattle. »Übrigens, ich höre, Sie haben das FBI doch nicht angerufen. Warum eigentlich nicht, wenn ich fragen darf?«

»Woher wissen Sie, daß ich sie nicht angerufen habe, Clyde?«

»Was für eine seltsame Frage.«

»Dolan kümmert sich von Washington aus darum.«

»So, tut er das? Nun, das ist schön. Ja, das ist hervorragend. Also dann, bis morgen.«

Als Brattle eingehängt hatte, legte Dill den Hörer in die Gabel, nahm ihn wieder auf und rief die Auskunft an. Er fragte nach einer Nummer und erhielt sie. Er wählte sie, und beim dritten Läuten meldete sich eine Frau mit hallo.

»Cindy«, sagte Dill mit vorgetäuschter Munterkeit. »Hier ist Ben Dill.«

»Wer?«

»Ben Dill – Felicitys Bruder.«

»Oh. Yeah. Sie. Also, ich kann jetzt nicht reden.«

»Ich möchte mit Harold reden, Cindy.«

»Mit Harold?«

»Richtig.«

Es entstand eine Pause, und Dill konnte hören, wie Cindy McCabe mit gedämpfter Stimme rief: »Es ist Felicitys Bruder, und er sagt, daß er mit dir reden will.«

Harold kam an den Apparat mit einer knurrenden Frage: »Was zum Teufel wollen Sie?«

»Würden Sie gern tausend Dollar für eine Stunde Arbeit verdienen, Harold?«

»Hä?«

Dill wiederholte seine Frage.

»Und was muß ich dafür tun?«

»Nur das wieder anbringen, was Sie gestern abgebaut haben.«

»Sie meinen da draußen – gegenüber dem Park oben im Speicher?«

»Aber diesmal über dem Wohnzimmer, Harold – zum leichteren Zuhören.«

»Wann?«

»Entweder heute morgen oder heute nachmittag.«

»Wann ist Zahltag?«

»Nehmen Sie einen Scheck?«

»Nein.«

»Okay. Bargeld. Später am Tag. Irgendwann heute abend.«

»Wo?«

»Bei Ihnen.«

»Was ist los?«

»Glauben Sie mir, Harold, das ist Ihnen wirklich egal.«

»Sie möchten, daß ich alles wie vorher anbringe – nur diesmal über dem Wohnzimmer.«

»Richtig.«

»Und Sie kommen später am Tag mit dem Dingsbums vorbei.«

»Spätestens um sieben. Ich nehme an, Sie möchten nicht, daß Cindy das mit dem Dingsbums mitbekommt.«

»Ich glaube, das ist nicht nötig«, sagte Snow.

»Ich auch, Harold«, sagte Dill und legte auf.

Als Dill Anna Maude Singe aus ihrer Wohnung abholte, war es kurz vor Mittag, und das Radio des Ford sagte voraus, daß am Sonntag, dem 7. August, durchaus ein Hitzerekord aufgestellt werden könnte. Um 12 Uhr mittags waren es bereits 35 Grad. Es gab keinen Wind, keine Wolken, und keine Erleichterung war in Sicht.

Anna Maude trug weiße Segeltuch-Shorts, ein gelbes Baumwollhemd darüber und Sandalen. Als sie ins Auto stieg, musterte sie Dill kritisch. »Wohin, sagtest du, wollen wir gehen?«

»Zu Jake Spivey.«

»Zu einer Gebetsstunde?«

Dill schaute auf sein weißes Hemd und die graue Hose. »Ich könnte die Ärmel hochkrempeln, nehme ich an.«

»Auf dem Weg gibt es einen TG&Y, der offen hat«, sagte sie. »Wir kaufen dir ein Hemd und etwas zum Schwimmen. Dann kannst du deine Socken ausziehen und deine Slipper barfuß tragen, und jeder wird denken, du wärst gerade aus Südkalifornien eingeflogen.«

»Wofür steht eigentlich TG&Y?« sagte Dill. »Ich hab's vergessen.«

»Tops, Gewehre und Yo-Yos«, sagte sie. »Zumindest hat Felicity das immer behauptet.«

Sie hielten vor einem großen Warenhaus in einem Einkaufszentrum, das ein Milchbetrieb gewesen war, als Dill zum letzten Mal dagewesen war. Er kaufte ein einfaches weißes Polohemd und eine hellbraune Badehose. Als er wieder im Auto saß, zog er das Button-down-Hemd aus und streifte sich das Polohemd über.

»Jetzt die Socken«, sagte sie.

»Findest du das nicht ein bißchen gewagt?«

»Du bist hier zu Hause, nicht in Georgetown.«

»Auch in Georgetown zieht man sich manchmal seltsam an«, sagte Dill, als er sich nach vorn beugte und die wadenlangen schwarzen Socken auszog. Es waren die einzigen, die er trug, vor allem deshalb, weil sie alle genau gleich waren und er sich, wenn er in die Sockenschublade griff, keine Sorgen machen mußte, ob sie zusammenpaßten.

»Nun?« sagte er.

Singe musterte ihn wieder kritisch. »Du siehst immer noch so aus, als würdest du am Samstag ins Büro gehen, aber ich glaube, daran ist nichts mehr zu ändern.«

»Wo ist dein Badeanzug?« fragte er.

»Ich hab ihn drunter an – sowenig es auch ist.«

Dill grinste, während er den Motor anließ und aus dem Parkplatz zurücksetzte. »Machst du Reklame?« fragte er.

Sie lächelte. »Ich könnte einen reichen Klienten brauchen. Die sind heute da, oder – reiche Leute?«

»Bei Jake Spivey?« sagte Dill und schüttelte den Kopf. »Man kann nie sagen, wer bei Jake aufkreuzen wird.«

28

Am großen Eisentor zu Jake Spiveys Grundstück stand ein junger mexikanischer Wächter. Als Dill ihn das letzte Mal gesehen hatte, war er dabei gewesen, etwas in Spiveys Garten auszugraben. Jetzt saß er in einem Regiestuhl aus Segeltuch unter einem Cinzano-Schirm. Am Boden zu seinen Füßen stand eine Viereinhalbliter-Thermoskanne mit einem kühlen Getränk. Auf seinem Schoß lag eine Flinte. An der rechten Hüfte trug er einen Revolver mit einem perlmuttfarbenen Plastikgriff im Holster.

Der Mexikaner stand auf, als Dill den Wagen halb durch die Toreinfahrt fuhr und anhielt. Der Mexikaner ging zu Dills Seite des Fords. Er trug die Flinte quer vor der Brust. Dill bemerkte, daß sie entsichert war. Der Mexikaner bückte sich, um Dill und Singe durch eine dunkle Fliegerbrille gründlich zu mustern. Er nickte bedächtig bei dem Anblick und sagte: »Sie sind?«

»Ich bin Ben Dill, und das ist Miss Singe.«

Den Zeigefinger immer noch am Abzug der Flinte, die Dill jetzt als Kaliber 12 erkannte, griff der Mexikaner mit der anderen Hand in eine Hemdtasche und zog eine Karteikarte heraus, die eine Liste getippter Namen enthielt. Er studierte sie einen Moment, nickte dann und sagte: »Dill«, wobei er den Namen fast so aussprach wie Deal.

Der Mexikaner zeigte mit seiner Flinte zum Haus. »Fahren Sie bis zum Haus«, sagte er. »Jemand wird Ihren Wagen parken.«

Dill dankte ihm und fuhr über die gewundene asphaltierte Zufahrt. Wieder liefen alle Sprenger, und das Gras sah kühl und feucht und sehr grün aus.

»Beauchamp Lane«, sagte Singe wie zu sich selbst. »Mein Gott, ich hab's endlich zum Haus vom alten Ace Dawson in der Beauchamp Lane geschafft.«

»Ich war zum ersten Mal mit elf hier draußen«, sagte Dill. »Zu einer Weihnachtsfeier.«

»Ihr habt euch da reingeschwindelt, du und Spivey. Felicity hat mir davon erzählt. Ich bin richtig eingeladen – na ja, irgendwie jedenfalls.«

Die asphaltierte Zufahrt endete kurz hinter der großen eichenen Haustür und bildete dann ein großes Quadrat, auf dem bereits ein Dutzend Wagen geparkt waren. Es waren alles ganz neue Wagen, zumeist teure einheimische Marken, darunter vier Cadillacs, zwei Lincolns, ein Oldsmobile 98 und ein Buick Riviera Cabrio. Außerdem standen dort noch zwei Mercedes, ein Porsche und ein großer BMW. Dill schätzte, daß auf dem kleinen Parkplatz Autos im Wert von drei- oder vierhunderttausend Dollar standen – und ein gemieteter Ford.

»Sieht so aus, als hätte ich recht gehabt«, sagte Singe, als ein anderer junger Mexikaner sich dem Auto näherte.

»Mit den reichen Leuten, die hier sind?«

Singe nickte, als der junge Mexikaner rasch um den Ford herumging und ihr die Tür aufmachte. Er lächelte höflich, als sie ausstieg. Anschließend wartete der Mexikaner darauf, daß Dill den Platz hinter dem Steuer freigab. Als er das tat, rutschte der Mexikaner immer noch lächelnd über die Sitzbank. Er trug ein weites weißes Hemd über seiner schwarzen Hose. Beim Rutschen auf den Fahrersitz verschob sich das Hemd gerade weit genug, um Dill einen Blick auf die Pistole im Holster zu gestatten. Sie sah aus wie ein ausländisches Fabrikat vom Kaliber 9 Millimeter. Der Mexikaner bemerkte Dills Interesse an der Pistole. Das Lächeln verflog, kehrte dann fast sofort höflicher denn je zurück, als er den Motor anließ und den Ford fachmännisch in eine Parklücke zwischen einem Cadillac und dem BMW einparkte.

Noch bevor Dill und Anna Maude Singe die »How dry I am«-Türglocke läuten konnten, wurde ihnen von einer lächelnden Daphne Owens geöffnet, die noch weniger Stoff trug als bei Dills erster Begegnung mit ihr. Diesmal hatte sie nur ein blaßgrünes Bikiniunterteil und ein ärmelloses Oberteil mit enorm weiten Armausschnitten an, das aussah, als könnte es aus einem alten Sweatshirt gemacht sein, obwohl Dill wußte, daß es das nicht war.

Er übernahm die Vorstellung und war aus irgendeinem Grund zufrieden, daß beide Frauen sich sofort nicht leiden konnten. Obwohl ihr Lächeln höflich, ihre Begrüßung förmlich und ihr Händedruck zwanglos war, brachte die Begegnung auf Anhieb zwei Feindinnen hervor.

»Wie soll ich Sie nennen?« fragte Daphne Owens. »Anna oder Maude oder beides?«

»Die meisten Leute verschmelzen sie miteinander und nennen mich beides.«

»So mach ich's auch. Sie müssen mich Daffy nennen – wie in Duck, stimmt's, Mr. Dill?«

»Stimmt«, sagte er.

»Jetzt gehen wir nach hinten, damit Sie etwas zu trinken bekommen und alle kennenlernen.«

Sie folgten ihr durch die lange breite Vorhalle und durch eine Fenstertür auf eine Terrasse, deren Boden wie ein Puzzlespiel aus großen unregelmäßigen schwarzen Schieferplatten gebildet wurde. Aus den Fugen zwischen den Platten wuchs sorgfältig gepflegtes, kurzgeschnittenes Gras. Dill hielt es für möglich, daß das grüne Gras ein Wort oder einen Namen oder sogar ein Bild sichtbar werden ließ, wenn er hoch genug stiege, vielleicht aufs Dach des Hauses. Vermutlich etwas Unanständiges, dachte er und beschloß, Spivey danach zu fragen.

Als er sich umschaute, sah er, daß in dem großen Swimmingpool vier Leute herumplanschten. Daphne Owens machte ihn und Singe mit drei verschiedenen Grüppchen von Gästen zwischen Anfang Dreißig und Ende Vierzig bekannt. Alle waren schlank, gepflegt und hielten Gläser mit Wein oder Perrier in der Hand, aber keine Zigaretten. Die Männer sahen aus, als liefen sie täglich zehn Kilometer, die Frauen, als trainierten sie mit Jane Fonda. Dill vergaß ihre Namen sofort.

Die Namen der nächsten beiden Personen, die er und Singe kennenlernten, vergaß er nicht. Es waren Männer, und beide waren älter. Der ältere war so alt, daß er vielleicht nicht imstande war, sich aus seinem weißen eisernen Gartenstuhl zu erheben. Der andere, der erst siebenundsechzig war, stand mühelos auf.

»Ich glaube nicht, daß Sie die Hartshornes schon kennen«, sagte Daphne Owens. »Mr. Jim Hartshorne, und das hier ist – «

Bevor sie den Satz beenden konnte, hielt der siebenundsechzig Jahre alte Mann, der aufgestanden war, Singe die Hand hin und sagte: »Ich bin Jimmy junior.«

Sie gab ihm die Hand und sagte: »Anna Maude Singe und Ben Dill.«

»Wer ist das, Junior?« sagte der sehr alte Mann in seinem Eisenstuhl.

»Miss Singe und Mr. Dill, Daddy.«

»Dill? Dill?« sagte der sehr alte Mann mit brüchiger Stimme. »Trinken Sie was mit uns, Dill.«

Daphne Owens fragte Dill und Singe, was sie gern hätten. Sie nannten ihre Wünsche. Sie sagte, sie würde es ihnen bringen lassen, und ging. Der ältere Mann klopfte auf den Eisenstuhl neben sich und sagte: »Sie setzen sich hierher, junge Dame, deren Namen ich leider nicht verstanden habe.«

»Anna Maude«, sagte sie und setzte sich neben den sehr alten Mann, der eine graue Seersucker-Hose trug, die ihm fast bis zur Brust ging. Sie bedeckte den größeren Teil des kurzärmligen blauen Pullovers mit einem kleinen Krokodil darauf. Seine Füße steckten in blauen Laufschuhen. Eine purpurfarbene Brille verdeckte seine Augen. Das linke Ohr, das Singe zugewandt war, enthielt ein winziges Hörgerät. Kurz über den Ohren waren ihm noch ein paar Haare geblieben, aber der Rest war seit langem weg. Er hatte eine Glatze zurückgelassen, die bis zu der Stelle, wo früher der Haaransatz gewesen war, glatt und gebräunt war. Dort begannen die Runzeln – Furche nach paralleler Furche bis fast zu seiner Nase herab, wo sie die Richtung änderten und sich in kleine, senkrechte Rillen verwandelten, die strahlenförmig in kurze winzige feine Runzeln und andere, nicht so feine ausliefen, die sich in alle Richtungen verzweigten. Die Lippen des alten Mannes waren bläulich verfärbt, und wenn er den Mund öffnete, war nur ein schwarzes Loch zu sehen. Die Nase war noch immer scharf und neugierig, doch das einst feste Kinn schien kurz vor der Auflösung. James Hartshorne senior war siebenundneunzig Jahre alt.

»Dill, Sie setzen sich hierher«, sagte der alte Mann und tätschelte den Stuhl auf seiner anderen Seite. »Junior, hol dir einen andern Stuhl.«

Während sein Sohn sich einen anderen Stuhl holte, wandte sich der alte Mann wieder an Anna Maude Singe. »Ich mag nackte Frauenarme«, sagte er und fuhr rasch über Singes rechten Arm. »Sie erregen mich so, wie mich dieser Tage irgendwas erregt, was nicht gerade verdammt viel ist. Aber nackte Arme taten es immer. Mit blondem Haar beflaumt. – Liest ihn heutzutage noch jemand?«

»Kids im College, wie ich höre«, sagte Anna Maude. »Sie haben ihn gekannt, nicht wahr?«

»Eliot?«

»Tut mir leid. Ich meinte Ace Dawson.«

»Old Ace. Yeah, ich kannte Ace. Der raffinierteste Hund, der je den Yellowfork hochgekommen ist.« Der alte Mann krächzte wie eine Krähe, und Dill nahm an, er sei am Kichern. »Er kam irgendwo aus Texas, und ich kam aus Shreveport. Ich hab immer geglaubt, daß Typen wie Ace nicht mehr gemacht werden. Das hab ich geglaubt, bis ich diesen Jungen kennenlernte, dem jetzt das Haus hier gehört. Wo haben Sie Jake eigentlich kennengelernt?«

»Hab ich noch nicht«, sagte Singe.

Der alte Mann wandte sich Dill in dem Moment zu, als der mexikanische Gärtner-Hausdiener mit den Drinks ankam. »Dann ist Spivey Ihr Kumpel, ja, Dill?«

»Das ist richtig«, sagte Dill und nahm seinen Drink entgegen.

»Kennen Sie ihn lange?«

»Ewig.«

»Wenn Sie an meiner Stelle wären, würden Sie mit ihm Geschäfte machen?«

»Was für Geschäfte?«

»Vielleicht Politik?«

»Ich glaube, Politik könnte sein, wo Jake Spivey schon sein ganzes Leben hin will.«

Der alte Mann lächelte sein blaulippiges Lächeln. »Jene fernen Gestade, wie?«

»Vielleicht.«

»Daddy«, sagte Hartshorne junior.

»Was?«

»Ich finde, wir sollten Mr. Dill danken.«

»Ja, du hast recht.« Der alte Mann wandte ruckartig seinen Kopf und beäugte Dill. »Junior und ich wollten Ihnen für gestern abend danken.«

»Gestern abend?«

»Daß Sie versucht haben, das Leben des jungen Lafter zu retten – Sie wissen schon, in seinen Mund zu blasen und alles, Sie und dieser Niggerkellner im Presseclub, wie heißt er doch, Harry. Ich hab schon angerufen und mich bei ihm bedankt. Scheint, als hätte das Krankenhaus einen blöden Fehler gemacht und den Nigger angerufen, als Lafter gestorben war. Na ja, es schien jedenfalls ein Fehler zu sein, bis ich hörte, daß Fred dem Nigger alles hinterlassen hat.« Er schaute seinen Sohn an. »Bist du sicher, daß Lafter doch keine Schwuchtel war?«

Hartshorne junior runzelte die Stirn. »Er hat alles Harry hinterlassen, Daddy, weil Harry es all die Jahre mit ihm ausgehalten hat. Das hab ich dir erzählt.«

»Na, du mußt es ja wissen – jedenfalls alles über Schwuchteln.« Er wandte sich an Dill und krächzte wieder. »Junior hat aus irgendeinem Grund nie geheiratet. Er ist jetzt seit fünfundvierzig, sechsundvierzig Jahren der begehrteste Junggeselle der Stadt. Stimmt's, Junior?«

Hartshorne junior beachtete seinen Vater nicht und wandte sich an Dill. »Jedenfalls, Mr. Dill, möchten wir Ihnen sagen, wie sehr wir würdigen, was Sie getan haben.«

»Wie sehr würdigen Sie es wirklich?« fragte Dill.

Hartshorne senior nahm langsam die purpurfarbene Brille ab und setzte eine runde Hornbrille auf. Trifokalgläser, stellte Dill fest. Der alte Mann legte den Kopf zurück und musterte Dill durch alle drei Ebenen. Die Augen hinter den Gläsern sahen glänzend und schwarz und seltsam jung aus.

»Was haben Sie auf dem Herzen, Dill?«

»Warum haben Sie den Artikel über meine Schwester gebracht?«

Der alte Mann schaute zu seinem bejahrten Sohn hinüber. »Welchen Artikel?«

Der Sohn runzelte wieder die Stirn. »Felicity Dill. Detective beim Morddezernat. Ermordet. Finanzielle Unregelmäßigkeiten. Laffters letzten Artikel.«

»Oh«, sagte der alte Mann und starrte Dill an. »Sie sind also der Dill, wie? Der Bruder. Das hätte mir doch gleich aufgehen müssen. Aber ich verstehe Ihre Frage immer noch nicht.«

»Warum haben Sie diesen Artikel über die Finanzen meiner Schwester gebracht?«

»Denken Sie daran zu klagen?«

»Nein.«

»Würde Ihnen auch nichts nützen. Nichts Verleumderisches drin. Wir haben Anwälte, die darauf achten. Und warum hätte ich ihn nicht bringen sollen? Wollen Sie sagen, jemand schreibt mir vor, was ich drucken darf und was nicht?« Bevor Dill antworten konnte, wandte sich der alte Mann wieder an seinen Sohn und sagte: »Warum haben wir das verdammte Ding überhaupt gedruckt?«

Hartshorne junior war ein pummeliger Mann mit einem großen runden Kopf und einem kleinen, rosafarbenen Gesicht. Das Fett an seinem nackten rechten Arm wabbelte, als er das Glas an die Lippen führte. Sein Mund war klein und schmollend gespitzt, als wollte er dauernd »Oh-oh!« sagen. Er trug eine gelbe Hose und ein hellgrünes kurzärmliges Hemd darüber. Mit Ausnahme der Augen sah er seinem Vater nicht sehr ähnlich. Hartshorne juniors Augen waren auch schwarz und glänzend, aber sie wirkten nicht seltsam jung. Sie wirkten furchtbar alt. Er nippte an seinem Weißwein. Als er ihn auf dem Tisch mit der Glasplatte abstellte, wabbelte wieder das Fett an seinem rechten Arm.

»Wir haben den Artikel gebracht«, sagte er langsam, »weil uns die Polizei darum gebeten hatte.« Er räusperte sich. »Wir arbeiten regelmäßig mit der Polizei zusammen, besonders wenn sie uns sagt, daß es bei ihren Ermittlungen hilfreich ist. Das macht fast jede Zeitung.«

»Bei ihren Ermittlungen von was?« sagte Dill.

»Vom Tod Ihrer Schwester natürlich«, sagte Hartshorne junior. »Und auch der Tod des Mannes, der gestern umgebracht wurde – der Exfootballspieler.«

»Corcoran«, sagte Dill.

»Stimmt. Corcoran. Clay Corcoran.«

»Mr. Hartshorne«, sagte Anne Maude Singe. Vater und Sohn schauten beide zu ihr hin. »Jimmy junior, meine ich.« Er lächelte. »Darf ich Sie etwas fragen?«

»Natürlich.«

»Welcher Cop hat Sie aufgefordert, ihn zu bringen?« fragte sie mit kühler, ausdrucksloser Stimme.

Hartshorne senior ließ wieder sein Krächzen hören. »Das ist die Art Frage, die ich mag. Rundheraus. Auf den Punkt. Kein Herumgeblödel. Eine Frage wie diese verdient eine Antwort. Sag's ihr, Junior. Sag ihr, welcher Cop uns gesagt hat, wir sollten ihn bringen.«

Hartshorne junior spitzte die Lippen. »Es war eine Bitte, kein Befehl, Daddy.«

»Sag's ihr.«

»Es war Strucker«, sagte Hartshorne junior. »Chief of Detectives Strucker.«

Hartshorne senior sah Dill an. »Wollen Sie es mit ihm aufnehmen, mit Strucker? Ihn vielleicht fragen, warum?«

»Vielleicht.«

»Er ist hier, wissen Sie.«

»Strucker?«

»Ja. Als ich ihn zuletzt sah – vor nicht mehr als einer halben Stunde –, war er mit Ihrem alten Kumpel Jake Spivey auf dem Weg zu einer Verhandlung. In der Bibliothek.« Der alte Mann sah zum Pool hinüber. »Das da drüben ist Mrs. Strucker«, sagte er. »Die in dem schwarzen Badeanzug.«

Dill schaute hin und sah eine hochgewachsene, schwarzhaarige Frau, die auf der tiefen Seite am Beckenrand stand. Sie sah um die Vierzig aus, fand er. Sie sprang sauber ins Wasser. Es war ein einwandfreier Kopfsprung.

»Gutaussehende Frau«, sagte Hartshorne senior. »Ihr Mann und Jake reden drinnen über Politik.«

»Wir haben vor, später zu ihnen zu stoßen«, sagte Hartshorne junior.

»Über die Zukunft des Chiefs zu reden«, sagte sein Vater, drehte den Kopf und sah Mrs. Strucker zu, wie sie aus dem Pool kletterte. Er wandte sich wieder an Dill. »Was ist Ihrer Ansicht nach das Wichtigste, das eine Frau zur politischen Kampagne ihres Mannes beisteuern kann?«

»Geld«, sagte Dill.

Der alte Mann nickte zustimmend und richtete den Blick wieder auf Mrs. Strucker. »Und sie hat so ziemlich alles, was es gibt.«

»Vor einiger Zeit«, sagte Dill, »vielleicht vor einem Jahr, haben Sie einen Artikel abgewürgt, den Lafter über meine Schwester geschrieben hat. Er sagte, es sei ein harmloses Feature über eine Frau als Detective gewesen. Warum haben Sie es abgewürgt – falls Sie es getan haben?«

Der alte Mann starrte noch immer zu Mrs. Strucker hinüber. »Ich schätze, das fragen Sie auch besser den Chief, Mr. Dill.«

29

Das Quartett wurde durch die Ankunft des mexikanischen Hausdiener-Gärtners (und mutmaßlichen Butlers) unterbrochen, der Dill fragte, ob er bitte Señor Spivey in der *biblioteca* aufsuchen würde. Die Vorstellung, daß Jake Spivey einen Butler hatte, den er mit der Einladung zu einem Treffen in Señor Spiveys höchsteigener Bibliothek schickte, kam Dill komisch vor, doch niemand sonst lächelte auch nur, nicht mal Anna Maude Singe, die sagte, sie ginge wohl ein wenig schwimmen, und begann, sich die Bluse aufzuknöpfen. Hartshorne junior sagte, er werde wohl ein bißchen herumschlendern. Hartshorne senior krächzte wieder und sagte, er werde wohl ein Nickerchen machen, sobald Anna Maude damit fertig sei, den Rest ihrer Sachen auszuziehen.

Dill folgte dem Hausdiener-Gärtner. Sie kamen an der Stelle des Gartens vorbei, wo die drei Mexikaner am Freitag gegraben hatten. Dill erkannte jetzt, daß das, was sie ausgehoben hatten, eine gewaltige Grube für den Grill war. Ein Rinderviertel drehte sich an einem Spieß über einem Bett aus Hickory-Kohle. Die Spareribs von mindestens drei oder vier Schweinen brutzelten auf einem Grill. Ein großer Eisentopf mit Sauce köchelte daneben vor sich hin. Der Koch war ein älterer Schwarzer mit weißem Haar, der zu wissen schien, was er tat. Der Geruch des bratenden Fleischs machte Dill heißhungrig.

Kurz bevor er das Haus betrat, schaute Dill zum Swimmingpool zurück. Er sah, daß Anna Maude Singe mit Mrs. Strucker plauderte. Einen Augenblick später gesellte sich Daphne Owens zu ihnen. Singe sagte lachend etwas zu Mrs. Strucker und sprang dann in den Pool. Dill, der etwas von Kopfsprüngen verstand, fand, daß sie sehr gut sprang.

Die Außentemperatur, die bereits 38 Grad erreicht hatte, ließ es in dem klimatisierten Haus fast kalt erscheinen. Als der Mexikaner die Doppeltür der Bibliothek zurückschob, ging Dill in den Raum, wo er Spivey hinter dem Schreibtisch sitzend und Strucker davor stehend antraf, als wolle er gerade gehen. Spivey rief Dill zu: »Wie geht's dir, Pick?«

»Gut«, sagte Dill.

»Du kennst den Chief hier.«

Dill sagte ja und nickte Strucker zu, der zurücknickte und sagte: »Ich wollte gerade gehen.«

»Ich würde Sie später gern sprechen«, sagte Dill.

»Gut«, sagte Strucker, drehte sich noch einmal zu Spivey um und fügte hinzu: »Wir können das heute nachmittag alles durchgehen.«

Spivey erhob sich. »Wir werden uns etwas einfallen lassen.«

»Ich geh wohl besser und mische mich unter das Volk«, sagte Strucker, grinste und ging hinaus. Spivey sah ihn nachdenklich gehen. Als Strucker die Schiebetür hinter sich zugemacht hatte, lächelte Spivey Dill an. »Glaubt, er würde gern Bürgermeister. Für den Anfang.«

»Und danach?«

»Kongreßmann. Oder Gouverneur. Oder Senator. Eins davon auf jeden Fall. Er hat Geschmack dran gefunden, gewählt zu werden.« Spivey lächelte wieder. »Natürlich stachelt seine Frau ihn ein bißchen an. Du hast sie kennengelernt?«

»Hab sie gesehen.«

»Die ist schon Spitze. Reich wie 'n Rhesus, wie wir damals sagten, bis du rausgefunden hast, wer Krösus war.«

»Da wir von Geld sprechen, Jake. Ich brauch welches. Heute.«

Spivey runzelte die Stirn. »Herrgott, Pick, es ist Sonntag. Wieviel brauchst du?«

»Eintausend in bar.«

Spiveys Stirnrunzeln verschwand. »Mist, ich dachte, du hättest Geld gesagt.« Er griff in eine Tasche seiner ausgeblichenen Jeans und zog eine Rolle mit Geldscheinen hervor, die von einem Gummiband zusammengehalten wurde. Er riß das Band herunter und zählte zehn Hundertdollarscheine auf den Schreibtisch, griff danach und reichte Dill das Geld. Als Dill es genommen hatte, streifte Spivey das Gummiband wieder über die Rolle. Sie hatte noch immer einen Durchmesser von mehr als sieben Zentimetern. Dill nahm sein Scheckbuch heraus, setzte sich an den Schreibtisch und begann, einen Scheck auszustellen.

»Du bist nicht knapp bei Kasse, oder?« fragte Spivey. »Falls du knapp bist, kannst du ihn mir irgendwann mit der Post schicken.«

»Ich bin nicht knapp bei Kasse«, sagte Dill, riß den Scheck vom Block und händigte ihn Spivey aus, der ihn zusammenfaltete und in die Tasche seines blauen Chamoishemdes steckte, ohne einen Blick darauf zu werfen.

»Ein Bier?« fragte Spivey.

»Klar.«

Spivey setzte sich wieder, entnahm seinem Minikühlschrank zwei Dosen Michelob und reichte eine Dill. Nachdem er sein Bier aufgemacht hatte, trank Spivey in langen Zügen, lächelte voll Freude und sagte: »Das erste heute, wenn man das nicht zählt, das ich zum Frühstück getrunken habe.«

»Wer sind all deine hübschen neuen Freunde?« fragte Dill.

Spivey grinste. »Du meinst die Jungen und die Ruhelosen mit dem leidenschaftlichen Schatten? Nun, Sir, laß mich dir sagen, wer sie sind. Das sind alles Veteranen unserer jüngsten turbulenten Vergangenheit. Fünfundsechzig hättest du ein paar von ihnen in Haight-Ashbury gefunden. Oder in Selma.

Oder siebenundsechzig mit Norman Mailer beim Marsch auf das Pentagon. Aber als dieser ganze Scheiß zu Ende ging, kamen sie nach Hause zurück und gingen wieder zur Schule oder in Daddys Ölgeschäft oder in seine Bank oder in seine Baufirma oder heirateten jemanden, der das tat, und ließen sich als unabhängig eintragen und machten einen Haufen Geld und stimmten für Reagan oder immerhin für den alten John Anderson, und jetzt, wo sie vierzig sind oder dicht dran, finden sie, sie wären bereit, wirklich irgendwas in Bewegung zu setzen. Sie haben schließlich ihr Gewicht im Griff, und sie machen Aerobic, und sie rauchen kein Dope mehr, außer vielleicht ein bißchen am Samstagabend, und sie nehmen fast nie Koks und rühren niemals Spirituosen an. Und jetzt, bei Gott, finden sie, wird es Zeit, daß sie hergehen und ihre Bürgerpflicht tun und irgendwen in irgendein Amt wählen. Nun ja, ich bin so was wie ihr besserer politischer Guru und Bezirkscaptain, weil ich das meiste Geld habe bis auf Dora Lee Strucker, die mehr Geld hat als alle.«

»Und Strucker ist dein Mann?« sagte Dill.

»Vorausgesetzt, die Hartshornes ziehen mit, was ich stark annehme.«

»Ein Law-and-Order-Bürgermeister, stimmt's?« sagte Dill.

Spivey grinste. »Du bist nicht für Lawnorder? – was, wie du merkst, in diesem Haus ein Wort ist.«

Dill lächelte, trank von seinem Bier und schaute dann zur Decke hoch. »Du könntest es schaffen, Jake.«

»Ich denke, was ich wirklich mache, ist, meinen eigenen Dornbusch zu pflanzen. Ihn so hoch und so dicht wachsen zu lassen, daß niemand kommen und drin rumstochern kann.« Er machte eine Pause. »Außer vielleicht dein Kid-Senator.«

»Ich habe mit ihm gesprochen«, sagte Dill, der immer noch an die Decke starrte.

»Und?«

Dill verlagerte seinen Blick von der Decke auf Spivey. »Ich glaube, er will dich am Arsch kriegen, Jake.«

Spivey nickte ruhig. »Er geht mit Clyde, hmh?«

»Ich glaube, er glaubt, er kann euch beide schnappen.«

»Keine Chance, daß er Brattle ohne mich richtig schnappt, und meine Hilfe kriegt er nur, wenn mir Immunität garantiert wird.« Spivey zündete sich eine Zigarette an, inhalierte tief und blies Rauch zur Decke. »Meinen Jungen am Tor hast du gesehen?«

»Hab ich.«

»Und den Knaben, der die Autos parkt?«

»Hab ich auch gesehen.«

»Ich vermute, der alte Clyde ist hinter mir her.«

»Er selbst?«

»Gott, nein! Er wird Harley und Sid beauftragen, jemanden zu finden.« Spivey kicherte. »Vielleicht haben sie schon eine Annonce in *Soldier of Fortune* geschaltet. Oder vielleicht versucht Sid es selber. Der alte Sid macht diese Art Scheiß gerne.«

»Willst du mit dem Senator sprechen?«

»Wann?«

»Morgen. Er und Dolan kommen um vier hier an.«

»Wann trifft er sich mit Brattle?«

»Um sieben.«

»Was meinst du, Pick, sollte ich als erster oder als letzter gehen?«

Dill zögerte nicht. »Als erster.«

»Warum?«

»Weil ich dir vielleicht eine Versicherung besorgen kann.«

»Was würde mich das kosten?«

»Wie viel Einfluß hast du auf Strucker?«

Spivey zuckte mit den Achseln. »Genug, schätze ich. Was willst du denn?«

»Ich will, daß er sich hinsetzt und mich aufklärt.« Dill machte eine Pause. »Ohne Wenn und Aber.«

»Über Felicity?«

Dill nickte.

»Ich werde sehen, was ich tun kann«, sagte Jake Spivey.

Dill lernte Dora Lee Strucker erst kennen, nachdem er einen nicht ganz perfekten halben Rückwärtssalto gestreckt vom Viermeterbrett gesprungen hatte. Als er ins Wasser eintauchte, dachte er, daß er den Rücken etwas mehr hätte durchdrücken können, aber er wußte auch, daß es trotzdem ein ziemlich guter Sprung gewesen war. Wasserspringen war der einzige Sport, den Dill jemals ernsthaft betrieben hatte – wahrscheinlich, weil es im Grunde ein Einzelsport war. Er hatte ihn in der Junior und Senior High-School betrieben und später noch als Erstsemester am College, als er begriff, daß er nie besser sein würde, als er in diesem Moment war, und das war nicht ganz gut genug. Er hatte ihn ohne Bedauern aufgegeben und sogar mit einer gewissen Erleichterung. Wasserspringen machte er heute nur noch im Pool des Watergate-Komplexes, wenn ihn die Lust packte, was anfallartig etwa alle zwei Wochen vorkam.

Als er aus dem Becken stieg, klatschte Anna Maude Singe spöttisch dreimal und sagte »Angeber.« Sie trug einen dunkelroten Badeanzug, der oben aus zwei kleinen Dreiecken und unten aus einer reinen Andeutung von etwas bestand.

Wenn sie alles ausziehen würde, dachte Dill, würde sie weniger nackt wirken. Er sagte: »Ich wollte nur sehen, ob das Gehirn dem Körper noch immer vorschreiben kann, was er tun soll.«

»Ich glaube nicht, daß du Mrs. Strucker schon kennengelernt hast«, sagte Singe und wandte sich an die Frau in dem einteiligen schwarzen Badeanzug. »Ben Dill.«

Mrs. Strucker hielt ihm ihre Hand hin. Dill fand, daß sie einen kräftigen, festen Griff hatte und eine kräftige, feste Stimme, die sagte: »Ich fand, das war ein schöner Sprung.«

Dill dankte ihr und setzte sich neben Singe, die mit gekreuzten Beinen auf einem großen Handtuch saß. Mrs. Strucker saß auf einem Stuhl aus Aluminiumrohr und Kunststoffbezügen. Sie hatte lange gebräunte, stabil aussehende Beine, nicht ganz schwere Hüften, eine sehr schlanke Taille, große, fest aussehende Brüste und herrliche Schultern. Eine Fülle tintenschwarzer Haare türmte sich auf ihrem Kopf. Darunter war ein ausgeprägtes Gesicht: hohe Wangenknochen, schwarze Augen und ein breiter Mund. Ihre Nase hatte etwas Falkenartiges, ein attraktiver Zug, und Dill fragte sich, ob sie indianische Vorfahren hatte und wie sie so reich geworden war. Er schätzte ihr Alter auf dreiundvierzig, obwohl sie sich leicht fünf Jahre jünger machen konnte, falls das notwendig würde. Strucker, der Chief of Detectives, hatte gut geheiratet, wie er fand.

Singe sagte: »Ich erzählte Mrs. Strucker –«

Mrs. Strucker unterbrach sie. »Dora Lee, bitte.«

»Richtig. Ich erzählte Dora Lee gerade, daß du und Jake Spivey euch schon viele Jahre kennt.«

»Äonen«, sagte Dill.

Singe grinste. »Wie lang ist eigentlich ein Äon?«

»Zwei oder mehr Äras, glaube ich«, sagte Mrs. Strucker, und weil das einen geologischen Anklang hatte, entschied Dill, sie müsse ihr Geld mit Öl gemacht haben. Oder ihr Exmann. Oder ihr Vater. Oder irgendwer. Sie lächelte und setzte hinzu: »Was eine ganze Weile ist.«

»Und etwa so lange kenne ich Jake«, sagte Dill. »Eine ganze Weile.«

»War er schon immer so – na ja, so verdammt optimistisch?« fragte Mrs. Strucker.

Dill beschrieb mit der Hand einen kleinen Kreis, der das Schwimmbecken, das Haus und das ganze Grundstück umfaßte. »Vielleicht hat er allen Grund dazu«, sagte er mit einem Lächeln. »Das ist das Micawber-Syndrom. Irgendwas muß sich finden, und für Jake ist das immer so und war es immer so.«

»Sie klingen nicht im geringsten neidisch, Mr. Dill – oder Ben, falls Sie nichts gegen eine plötzliche plumpe Vertraulichkeit haben.«

»Durchaus nicht«, sagte Dill. »Ich meine, ich bin durchaus nicht eifersüchtig auf Jake, und ich habe durchaus nichts dagegen, Ben genannt zu werden.«

»Mir ist aufgefallen«, sagte sie, »daß das Glück eines alten Freundes manchmal die Verzweiflung eines anderen alten Freundes ist.«

»Da haben Sie wahrscheinlich recht«, sagte Dill. »Wenn jemand, den man kennt, scheitert, ist die unmittelbare Reaktion: Gott sei Dank trifft's ihn und nicht mich. Aber wenn jemand, den man kennt, Erfolg hat, dann heißt es: Warum er, Herrgott, und nicht ich. Doch was Jake angeht – na ja, für mich ist Jake so was wie ein wandelndes Wunder: Man glaubt es nicht ganz, aber man hofft auf Teufel komm raus, es stimmt.«

»Sie mögen ihn wohl sehr, nicht wahr?«

»Jake? Sagen wir, Jake und ich verstehen uns und haben uns immer verstanden. Das geht über Zuneigung etwas hinaus.«

»Johnny – das ist mein Mann – sagt, Jake Spivey sei der smarteste Mann, der ihm je begegnet ist.«

»Ich bin mir nicht sicher, was Ihr Mann mit smart meint. Ich denke, Jake könnte der raffinierteste Mann sein, dem ich je begegnet bin, der gerissenste, der – «

»Listigste?« schlug Singe vor.

»Und der listigste.«

Mrs. Strucker musterte Dill sorgfältig, ein halbes Lächeln

auf den Lippen. »Ich habe auch das Gefühl, daß Sie ihm blind vertrauen.«

Bevor Dill ihr sagen konnte, daß sie völlig falschliege, tönte Jake Spiveys aufgeräumte Stimme aus zehn Metern Entfernung zu ihnen herüber: »Wer ist das hübsche kleine halbnackte Ding da, das mir noch niemand vorgestellt hat?«

Dill drehte sich um und sagte: »Sie ist gar nicht so klein.«

Als Spivey bei ihnen ankam, grinste er auf Anna Maude Singe hinunter und sagte: »Bei Gott, du hast recht, Pick, ist sie wirklich nicht.«

»Jake Spivey«, sagte Dill, »darf ich dich mit Anna Maude Singe bekannt machen, meinem Schätzchen.«

»Schätzchen!« sagte Spivey. »Verdammt altmodische Wörter, die du benutzt.« Er grinste immer noch auf Singe runter. »Wissen Sie, wie er mich manchmal nennt? Er nennt mich Pfundskerl, aber man muß wirklich genau hinhören, um zu merken, wie er es ausspricht.« Spiveys Grinsen wanderte zu Mrs. Strucker. »Wie geht's Ihnen, Dora Lee?«

»Ganz gut, Jake. Danke.«

»Na, das ist schön. Wir werden so in dreißig Minuten essen, also sagt mir, falls ihr noch irgendwas braucht.«

»Da ist eine Sache«, sagte Anna Maude.

»Und das wäre, Darling?«

»Wenn ich mich auf den Kopf stelle und einen Käfer esse, macht dann jemand mit mir eine Führung durch Ihr Haus?«

Spivey legte den Kopf schief und lächelte zu ihr hinab. »Sind Sie reich oder arm aufgewachsen, Anna Maude?«

»Ziemlich arm.«

»Dann gebe ich Ihnen die von Jake Spivey persönlich vorgenommene Arme-Leute-, Ach-Gottchen-schau-mal-da-Tour durch die Ace-Dawson-Villa.«

Singe kam schnell auf die Beine. »Im Ernst?«

»Ganz im Ernst.« Er wandte sich an Dill. »Übrigens, Pick, der Bursche, den du treffen wolltest. Ich glaube, er wartet in der Bibliothek auf dich.«

»Danke.«

Spivey wandte sich wieder an Singe. »Gehn wir, Süße.«

Diesmal lächelte Chief of Detectives Strucker nicht oder nickte auch nur, als Dill, wieder in Hemd und Hose, die Bibliothek betrat. Strucker saß vor Spiveys großem Schreibtisch, und Dill dachte einen Moment lang daran, dahinter Platz zu nehmen, verwarf diesen Einfall aber sofort wieder als albern. Strucker war auch leger angezogen – teures dunkelblaues Sporthemd, hellbeige Hose, neu aussehende Bootsschuhe mit grob gerippten weißen Socken. Dill fand, daß Strucker die Kluft wie eine neue und unbequeme Uniform trug.

Sobald sich Dill auf dem anderen Stuhl vor dem Schreibtisch niedergelassen hatte, sagte Strucker: »Ihre Schwester hat sich schmieren lassen.«

Dill sagte nichts. Das Schweigen dehnte sich. Sie starrten einander an, und dem Blick des älteren Mannes gelang es irgendwie, sowohl gelassen als auch unerbittlich zu wirken. Es war der Blick von jemandem, der vor langer Zeit den wirklichen Unterschied zwischen richtig und falsch festgelegt hatte – und wer den Kopf hinhalten sollte. Es war ein Blick ohne Mitleid. Es war der Blick des Gesetzes. Schließlich sagte Dill: »Wieviel?«

Strucker schaute zur Decke hoch, als versuche er, eine schwierige Addition im Kopf zu berechnen. Er nahm eine Zigarre aus seiner Hemdtasche. »Innerhalb von achtzehn Monaten«, sagte er und zündete die Zigarre mit einem Streichholz an. »Plus/minus eine Woche.« Er vergewisserte sich, daß die Zigarre gut brannte. »Wir nehmen an, daß sechsundneunzigtausendzweihundertdreiundachtzig Dollar durch ihre Hände gegangen sind.« Er wedelte das Streichholz aus und ließ es in einen Aschenbecher auf Spiveys Schreibtisch fallen. »Um die zwölfhundertfünfzig pro Woche oder etwas weniger, wenn Sie den Durchschnitt berechnen.« Er machte eine Pause, um das brennende Ende der Zigarre zu überprüfen. »Wir wissen auch, wohin einiges davon gegangen ist: in das Zweifamilienhaus, in ihre Lebensversicherung, die Miete für die andere Wohnung, die sie hatte – die Garagenwohnung –, aber es fehlen dann immer noch rund fünfzigtausend.« Er zog an der Zigarre. »Die fünfzig Riesen sind irgendwie interessant.«

Dill nickte. »Das ist ungefähr soviel, wie sie für die Anzahlung gebraucht hätte.«

»Ungefähr.«

»Warum haben Sie den ganzen Mist an die *Tribune* gegeben und dann verdammt sichergestellt, daß sie ihn bringen?«

Strucker zuckte mit den Achseln. »Publicity ist oft das wirksamste Hilfsmittel bei einer Ermittlung. Das wissen Sie, Dill.«

»Der alte Fred Laffter hat mir erzählt, vor einiger Zeit hätte er ein harmloses nettes Feature über Felicity geschrieben. Man sagt, Sie hätten das abgewürgt. Warum?«

Wieder zuckte Strucker mit den Achseln. »Wir dachten, das wäre verfrüht, das ist alles. Daß es ihr vielleicht mehr schaden als nützen würde.«

»Auf wessen Bestechungsliste hat sie gestanden?«

»Das wissen wir nicht.«

»Warum wurde sie getötet?«

»Das wissen wir auch nicht, und bevor Sie mich fragen, wer sie umgebracht hat oder was sie tun mußte, um sich die zwölfhundertfünfzig Dollar die Woche zu verdienen, muß ich Sie daran erinnern, daß dies eine laufende Mordermittlung ist und es nicht viel mehr gibt, was ich Ihnen erzählen kann, als ich schon getan habe.«

»Sagen Sie mir, wie Clay Corcorans Ermordung mit der meiner Schwester zusammenhängt.«

»Gar nicht.«

»Blödsinn.«

»Blödsinn«, sagte Strucker nachdenklich, ganz so, als wäre er gerade über ein neues und interessantes Synonym gestolpert. »Nun, hier ist noch etwas mehr davon: Corcoran wurde mit einem Bleispitzgeschoß Kaliber fünfundzwanzig aus einer Entfernung von etwa elf Metern getötet. Ich bin überrascht, daß das Loch in seiner Kehle nicht größer war. Ich bin sogar noch mehr überrascht, daß der, der auf ihn geschossen hat, ihn getroffen hat. Er muß der verdammt beste Schütze der Welt sein, falls er wirklich auf Corcoran gezielt hat.«

»Auf wen sollte er sonst gezielt haben?«

»Nun, es gibt Sie, und es gibt Miss Singe.«

»Niemand hat auf mich geschossen.«

»Was ist mit Miss Singe?«

»Auf sie auch nicht.«

Strucker sog noch etwas Zigarrenrauch ein, hielt ihn kurz im Mund, blies ihn in die Luft und sagte: »Ich habe einige Leute in Washington angerufen. Nicht viele. Höchstens zwei oder drei. Es scheint, daß man Sie da oben ganz gut kennt, zumindest gewisse Leute. Soweit ich höre, sind Sie einigen abtrünnigen Geheimagenten auf der Spur – von denen jeder einzelne ein echt harter Fall ist. Vielleicht meinte einer von denen, Sie wären ihm zu dicht auf den Fersen, hat die Uniform eines Cops von außerhalb angezogen (das klingt nach einem Geheimdienstmann, oder?), einen Schuß auf Sie abgegeben, Sie verfehlt und statt dessen den armen alten Clay Corcoran getroffen.« Er zuckte mit den breiten Schultern auf eine etwas merkwürdige, fast mediterrane Art. »Könnte so gewesen sein.«

»Nein«, sagte Dill, »könnte es nicht.« Er machte eine Pause, teils wegen Struckers Ausflüchten, teils weil er eigentlich nicht sagen wollte, was er als nächstes sagte. »Ich höre«, sagte Dill, »Sie wären gern Bürgermeister.«

Strucker wedelte ablehnend mit der Zigarre. »Bloßes Gerede.«

»Aber falls das Gerede sich zu etwas anderem mausert, wird Jake Spivey furchtbar nützlich für Sie sein, stimmt's.«

»Nun ja, Sir, seine Hilfe würde sehr geschätzt, falls er es für angebracht hält, sie zu leisten.«

Dill beugte sich etwas vor, als wolle er Strucker näher in Augenschein nehmen. »Ich kann Jake die Hölle heißmachen«, sagte er. »Ich kann ihn in den Untergrund jagen, wo er für niemanden mehr nützlich ist.«

Strucker nuckelte wieder an seiner Zigarre, nahm sie aus dem Mund, schaute sie an und sagte: »Ihren ältesten Freund.«

»Meinen ältesten Freund.« Dill lehnte sich in seinem Stuhl zurück. Seine Stimme war kalt und distanziert und fast monoton. »Sie war meine Schwester. Das einzige, was ich an Familie hatte. Ich kannte sie besser, als ich irgendwen in meinem Leben gekannt habe. Sie war nicht korrupt. Sie stand bei niemandem auf der Schmierliste. Das weiß ich. Und ich bin ziemlich sicher, daß Sie es wissen. Ich glaube auch, Sie wissen, was mit Felicity passiert ist und warum. Ich muß wissen, was Sie wissen. Entweder sagen Sie es mir also, oder ich laß meinen alten Freund und Ihre politische Zukunft den Bach runtergehen.«

Strucker nickte fast teilnahmsvoll. »Muß irgendwie hart sein, zwischen einem lebenden Freund und einer toten Schwester zu wählen.«

»Ganz so schwer nicht.«

»Vielleicht nicht für Sie.« Er sog noch etwas Rauch seiner

Zigarre ein, blies ihn aus und betrachtete die Zigarre wieder nachdenklich. »Wieviel Zeit kann ich haben – eine Woche?«

»Drei Tage«, sagte Dill.

»Eine Woche wäre besser.«

»Ich würde sagen, okay, aber drei Tage sind alles, was ich habe.«

Strucker erhob sich, reckte sich ein wenig und ließ sein tiefes Seufzen hören. »Also, dann drei Tage.« Er starrte fast neugierig auf Dill hinab. »Das würden Sie wirklich tun, nicht wahr – Ihren alten Freund in die Wüste schicken?«

»Ja«, sagte Dill, »würde ich wirklich tun.«

Strucker nickte noch einmal, so als bestätigte sich für ihn eine zwar erwartete, aber dennoch unangenehme Neuigkeit, machte kehrt und ging aus dem Zimmer. Dill sah ihm nach. Als die Schiebetür geschlossen war, stand Dill auf und ging hinter Spiveys Schreibtisch. Er fuhr mit der Hand unter der Schreibtischkante entlang und fand schließlich den Schalter. Er ging auf Hände und Knie nieder, um ihn zu begutachten. Der Schalter stand auf »Ein«. Dill ließ ihn so, zog die obere rechte Schublade des Schreibtischs auf, dann die mittlere und schließlich die untere. Das japanische Tonbandgerät war in der untersten Schublade und drehte sich langsam. Es war offenbar von einem Fachmann eingebaut worden. Dill schob die Schublade sachte zu und stand auf.

Er sah sich im Zimmer um und sagte dann mit fester, lauter, klarer Stimme: »Ich habe ihm nichts vorgemacht, Jake. Ich würde es wirklich tun.«

30

Die Party bei Jake Spivey begann sich gegen Sonnenuntergang aufzulösen, und es war kurz nach 21 Uhr, als Dill und Anna Maude Singe vor dem gelben Ziegelhaus an der Ecke 32nd und Texas Avenue ankamen. In der unteren Wohnung waren die Lichter an. Das Radio des gemieteten Ford sagte, die Temperatur sei auf 34 Grad gefallen, aber Dill glaubte, es sei noch viel wärmer.

»Er ist zu Hause«, sagte Singe, als sie das Licht in Harold Snows Wohnung sah.

»Halt sie im Wohnzimmer fest, falls er und ich in die Küche gehen«, sagte Dill. »Falls sie in die Küche geht, geh mit und sorge dafür, daß sie mindestens zwei oder drei Minuten dort bleibt.«

»Okay.«

Sie stiegen aus dem Auto und gingen auf dem Weg bis zur Tür mit der Blase im braunen Lack. Dill klingelte. Sekunden später wurde die Tür von dem verärgert dreinblickenden Harold Snow in T-Shirt und Tennis-Shorts geöffnet. Bevor Snow etwas sagen konnte, sagte Dill mit zu lauter Stimme: »Wir sind wegen der Miete gekommen, Harold.«

Weniger als eine Sekunde schaute er verwirrt drein, bis die Kojotenaugen ihr Verständnis anzeigten. Snow drehte den Kopf herum, um sicherzugehen, daß seine Stimme im Wohnzimmer zu hören war. »Yeah. Richtig. Die Miete.«

Snow führte sie durch den kleinen Vorraum ins Wohnzimmer, wo Cindy McCabe gerade rosafarbenen Nagellack auf ihre Fußnägel auftrug, während sie sich eine Fernsehsendung ansah, in der ältere britische Schauspieler mitwirkten. Dill machte die beiden Frauen miteinander bekannt, und Cindy McCabe sagte: »Hallo.«

»Mach den Mist aus«, sagte Snow. »Sie sind wegen der Miete hier.«

Cindy McCabe schraubte den Verschluß der Nagellackflasche zu, stand auf und ging in dem Bemühen, ihre frisch lackierten Zehennägeln zu schonen, tapsig auf den Hacken zu dem großen Fernsehgerät und schaltete es aus. »Was ist denn mit der Miete?« fragte sie.

»Gott, ist das heiß draußen«, sagte Dill und hoffte, er müßte nicht hinzufügen: Das macht wirklich durstig.

Er mußte nicht. Die Schläue huschte über Harold Snows Gesicht, und er sagte: »Möchten Sie ein Bier oder so was?«

Dill lächelte. »Ein Bier wäre toll.«

»Holst du uns vier Bier, Süße?« sagte Snow zu Cindy McCabe. Bevor sie antworten konnte, sagte Anna Maude Singe: »Ich helfe Ihnen, Cindy.« Cindy nickte abwesend und machte sich auf in die Küche, wobei sie noch immer tapsig auf den Hacken lief. Anna Maude ging mit ihr.

»Wo sind meine tausend Dollar?« sagte Snow mit leiser hastiger Stimme.

»Haben Sie es eingebaut, Harold?«

»Ich hab's eingebaut, wie Sie gesagt haben – im Wohnzimmer. Wo ist mein Geld?«

Dill zog die zehn zusammengefalteten Hundertdollarscheine aus seiner Hosentasche und gab sie Snow, der sie rasch durchzählte. »Herrgott«, sagte er, »konnten Sie nicht irgendwo einen Umschlag auftreiben?« Er zählte die Scheine ein zweites Mal und stopfte sie dann in die rechte Tasche seiner Tennisshorts.

»Sind Sie sicher, daß es funktioniert, Harold?« sagte Dill.

»Es funktioniert. Ich hab's überprüft. Sprachgesteuert, genau wie vorher. Komisch ist nur, daß ich noch was gefunden habe.«

»Was?«

»Was kostet extra.«

Dill schüttelte müde den Kopf. »Die Miete, Harold. Sie müssen diesen Monat keine Miete bezahlen.«

»Was ist mit nächstem Monat?«

Dill blickte finster. »Denken Sie an Ihr Knie, Harold.«

Die Warnung ließ Snow einen schnellen Schritt nach hinten tun. Es war fast ein Hüpfer. »Aber ich muß diesen Monat keine Miete zahlen, richtig?«

»Richtig.«

»Also, ich habe rausgefunden, daß noch jemand die Wohnung verwanzt hat. Im Wohnzimmer, meine ich. Sah ganz so aus, als wären das die Cops gewesen.«

»Warum meinen Sie, es wären Cops gewesen?«

»Ich meine, ein Profi hat das gemacht. Nicht so raffiniert wie ich, aber trotzdem einer, der wußte, was er tat. Ich hab's zwar an seinem Platz gelassen, aber ich hab ein bißchen Pisse ins Mikro gespritzt. Das nimmt jetzt zwar immer noch Geräusche auf, aber man braucht 'ne Woche, um die Verzerrung wegzubekommen. Wenn sie's nicht schaffen, haben sie nur komische Töne.« Er runzelte die Stirn. »Sie sehen gar nicht überrascht aus.«

Dill nahm an, daß Clyde Brattle den Einbau der Abhöranlage an dem Ort angeordnet hatte, wo das Treffen mit Senator Ramirez stattfinden sollte, und nichts, was Brattle tun mochte, würde Dill überraschen. Er lächelte Snow an und sagte: »Harold, nur um Ihnen zu zeigen, wie sehr ich Ihre Bemühungen zu schätzen weiß, erlasse ich Ihnen auch die Miete für nächsten Monat.«

Statt erfreut auszusehen, runzelte Snow wieder die Stirn. Er muß das irgendwie ausnutzen, dachte Dill. Er muß der Sache noch einen Dreh geben. »Davon muß Cindy nichts erfahren«, sagte Snow. »Ich meine, wir werden ihr sagen, daß wir diesen Monat keine Miete zahlen müssen, aber nichts über die vom nächsten Monat. Okay?«

»Schön.«

»Na, wir könnten uns eigentlich hinsetzen«, sagte Snow und winkte zu dem cremefarbenen Stuhl hinüber, auf dem Cindy McCabe gesessen und sich ihre Fußnägel lackiert hatte. Als Dill saß, setzte Snow sich auf die Couch gegenüber. Die Couch trug einen mit Monarchfaltern gemusterten Schonbezug. Snow beugte sich mit den Ellbogen auf den nackten Knien nach vorn und sagte in vertraulichem Tonfall: »All das hat irgendwas mit Ihrer Schwester zu tun, richtig?«

»Falsch«, sagte Dill.

Snows vertraulicher Gesichtsausdruck wich einem skeptischen. Aber bevor er seine Zweifel erläutern konnte, kam Cindy McCabe mit einem Tablett zurück, auf dem vier geöffnete Bierdosen standen. Anna Maude Singe folgte ihr mit je zwei Gläsern in jeder Hand.

»Ich hab Gläser mitgebracht, falls jemand eins haben will«, sagte sie.

Niemand wollte eins. McCabe servierte das Bier und setzte sich neben Harold Snow auf die Couch. Singe setzte sich in den einzigen anderen Sessel im Zimmer. Cindy McCabe sah Snow an. »Was ist mit der Miete?« fragte sie.

»Wir müssen diesen Monat keine zahlen.«

»Echt? Wie kommt das denn?«

Sie hatte die Frage an Dill gerichtet, aber Harold Snow antwortete. »Er möchte, daß wir uns um das Haus kümmern, bis er entscheidet, was er damit tun will. Es eventuell sogar Leuten zeigen, verstehst du, die es kaufen wollen.« Er sah Dill an. »Stimmt's?«

»Stimmt.«

»He, das ist okay«, sagte Cindy McCabe und lächelte.

»Aber nächsten Monat müssen wir zahlen«, sagte Harold Snow.

»Na klar, aber ein Monat mietfrei ist nicht von Pappe.« Dann fiel ihr noch etwas ein. »Hast du dich bei ihm bedankt?«
»Natürlich hab ich mich bei ihm bedankt.«
»Manchmal vergißt du's.«
Die Türklingel läutete, und Harold Snow sagte das, was jeder sagt, wenn es nach Einbruch der Dunkelheit an der Tür läutet. Er sagte: »Zum Teufel, wer kann das sein?«
»Vielleicht Rechnungseintreiber«, sagte Cindy McCabe und kicherte.

Mit der Bierdose in der Hand erhob sich Snow, ging durch das Wohnzimmer und verschwand in dem kleinen Vorraum. Sie konnten hören, wie er die Haustür aufmachte. Sie konnten ihn auch sagen hören: »Yeah, was ist?«

Dann hörten sie den ersten Knall einer Flinte. Dann den zweiten. Danach war es absolut still, bis Cindy McCabe zu schreien begann. Sie stand nicht von der Couch auf. Sie saß einfach da, zerdrückte langsam die Bierdose mit beiden Händen und schrie wieder und wieder. Das Bier quoll aus der Dose auf ihre nackten Beine. Anna Maude Singe stand schnell auf, ging zu McCabe hinüber und gab ihr zwei Ohrfeigen. Das Schreien hörte auf. Singe kniete sich neben McCabe, nahm ihr die zerdrückte Bierdose ab und legte die Arme um die schluchzende Frau.

Dill war aufgestanden. Er ging langsam in den Vorraum. Ich will ihn nicht ansehen, dachte er. Ich will nicht sehen, wie er aussieht. Er schluckte, als er Harold Snow sah, und holte viermal sehr tief Luft. Snow lag auf dem Rücken im Vorraum. Die Bierdose war noch in seiner linken Hand. Die rechte Gesichtshälfte war verschwunden, obwohl das linke Auge noch da war und offen stand. Aber es sah nicht mehr schlau aus. Die obere Hälfte von Snows Brustkorb war zum großen Teil eine rote, nasse Vertiefung. Blut, Knochen und Fleisch hatten die

Wände und den Spiegel bespritzt, der ganz hinten hing. Dill kniete sich neben die Leiche und versuchte, sich zu erinnern, in welche Tasche Snow die tausend Dollar gesteckt hatte. Er entschied, daß es die linke war. Aber als er die Hand hineinschob, merkte er, daß er sich geirrt hatte, versuchte es in der rechten Tasche und fand das Geld. Er steckte es in seine Tasche und erhob sich, wobei ihm bewußt wurde, daß er kein einziges Mal Atem geholt hatte, während er neben Harold Snow kniete. Du wolltest ihn nicht riechen, dachte er. Du wolltest die Fäulnis und das Blut nicht riechen. Du wolltest den Tod nicht riechen.

Dill ging zurück ins Wohnzimmer. Cindy McCabe, die immer noch schluchzte, hob ihren Kopf von Anna Maude Singes Schulter. »Ist ... ist er ... «

»Er ist tot, Cindy«, sagte Dill.

»O Scheiße, o Gott, o Scheiße«, jammerte sie, ließ ihren Kopf an Singes Schulter zurücksinken und begann wieder zu schluchzen.

Dill sah sich im Zimmer um und entdeckte Cindy McCabes Portemonnaie oben auf dem Fernsehapparat. Er ging hinüber, machte es auf, nahm die zehn Hundertdollarscheine aus seiner Tasche, überzeugte sich, daß kein Blut daran war, und stopfte sie in das Portemonnaie. Dann ging Dill ans Telefon und rief die Polizei an.

Die ersten, die eintrafen, waren zwei junge uniformierte Beamte in einem grün-weißen Streifenwagen. Sie kamen mit heulender Sirene und eingeschaltetem Blaulicht. Keiner der beiden war viel älter als fünfundzwanzig. Einer von ihnen hatte eine große hübsche Nase. Der andere hatte ein übergroßes Kinn. Sie nannten Dill ihre Namen, die er sofort vergaß und in Gedanken durch das Kinn und die Nase ersetzte. Das

Kinn warf einen Blick auf Harold Snows Leiche und schaute dann schnell weg – als suchte er nach einer Stelle, wo er sich übergeben könnte. Die Nase starrte fasziniert auf die Leiche. Schließlich sah er Dill an.

»Eine abgesägte, wie?«

»Klang so«, sagte Dill.

»Muß eine gewesen sein«, sagte die Nase und wandte sich an seinen Partner, der inzwischen äußerst interessiert an der kleinen Gruppe von Nachbarn schien, die sich draußen in sicherer, respektvoller Entfernung gesammelt hatten. »Geh und rede mit ihnen«, sagte die Nase zu seinem Partner. »Laß dir ihre Namen geben. Frag sie, ob sie irgendwas gehört oder gesehen haben – und sieh auch hinten nach.«

»Warum?«

»Vielleicht ist der mit der abgesägten Flinte noch da hinten.«

»Wer es auch ist, er ist längst abgehauen.«

»Sieh trotzdem nach.«

Als das Kinn sich auf den Weg zu den Nachbarn machte, sah die Nase Dill an. Sie standen immer noch in dem kleinen Vorraum. »Und wer sind Sie?« fragte der Uniformierte.

»Ben Dill.«

»Bendill?«

»Benjamin Dill.«

»Richtig«, sagte die Nase und notierte sich den Namen. »Und der da?«

»Harold Snow.«

Als er das aufgeschrieben hatte, zeigte der junge Polizist zum Wohnzimmer. »Und wer macht da drin so viel Lärm?«

»Seine Freundin und meine Anwältin.«

»Ihre Anwältin?« Das machte die Nase vorübergehend mißtrauisch, doch er ging darüber hinweg und wandte seine Aufmerksamkeit wieder der Leiche von Harold Snow zu. Er schien noch immer davon fasziniert. »Was hat er gemacht – der Verstorbene?«

Dill schüttelte den Kopf. Es war eine kleine bedauernde Geste. »Er hat nach Einbruch der Dunkelheit die Tür aufgemacht, nehme ich an.«

Die richtige Befragung begann erst, als das Morddezernat eintraf, angeführt von Detective Sergeant Meek und Detective ersten Grades Lowe. Als Dill sich ausgewiesen hatte, sah ihn Meek fragend an. »Felicitys Bruder?«

Dill nickte. »Sie haben sie gekannt?«

Meek starrte nachdenklich auf den Boden, bevor er antwortete. Dann sah er Dill wieder an und sagte: »Yeah, ich hab sie ziemlich gut gekannt. Sie war – also, Felicity war okay.«

Es war Meek, der die Befragung übernahm, und Detective Lowe erledigte das Technische. Meek war ein langer, beinahe dünner Mann von Ende Dreißig. Lowe konnte nicht älter sein als ein- oder zweiunddreißig, er war etwas mehr als mittelgroß und mittelschwer, und wenn er ein besonderes Kennzeichen hatte, so war es sein völlig gelangweilter Gesichtsausdruck – mit Ausnahme der Augen. Seine graublauen Augen schienen an allem interessiert zu sein.

Der Gerichtsmediziner war gekommen und gegangen, der Fotograf war fertig, und sie waren dabei, die Leiche Harold Snows wegzukarren, als Captain Gene Colder vom Morddezernat das Wohnzimmer betrat, bekleidet mit einem marineblauen Jogginganzug, Laufschuhen von Nike und eine Halbliterpackung Eis in der Hand – Vanille mit Schokostückchen, sagte er. Er gab die Packung Detective Lowe und forderte ihn auf, sie in den Tiefkühler zu tun. Das Kinn bot sich an, es zu tun, und Detective Lowe sah dankbar aus.

Cindy McCabe hatte endlich aufgehört zu schluchzen. Sie

saß auf der Couch mit den Händen im Schoß und den Knien sittsam zusammen. Sie sprach nur, wenn man sie ansprach. Ihre Stimme war leise und fast unartikuliert. Für Captain Colder erzählte sie noch einmal ihre Geschichte. Dann wiederholte Dill seine und Anna Maude Singe ihre. Colder schaute fragend zu Sergeant Meek hinüber, der inzwischen dieselben Geschichten schon zum dritten Mal gehört hatte. Der Sergeant nickte dem Captain knapp zu.

Colder sah Dill nachdenklich an. »Gehen wir zwei mal in die Küche.«

»Offiziell?« sagte Dill.

»Was meinen Sie mit offiziell?«

»Wenn es offiziell ist«, sagte Dill, »kommt sie mit mir.« Mit dem Kopf wies er auf Anna Maude Singe.

»Wenn Sie Ihre Anwältin dabeihaben wollen, bringen Sie sie mit«, sagte Colder und ging zur Küche. Dill und Singe folgten ihm. Sie blieben stehen und sahen zu, wie Colder den Tiefkühler öffnete, seine Packung Eis herausnahm, sich einen Löffel suchte, sich an den Küchentisch setzte, den Deckel des Bechers abnahm und anfing, sein Vanilleeis zu essen, wobei er als Erklärung nur angab: »Ich hab nichts zu Abend gegessen.«

Sie blieben auch stehen und sahen zu, wie Colder fast das halbe Eis verputzte, den Deckel wieder auf den Becher drückte und ihn in den Tiefkühler zurückstellte. Als er sich wieder an den Tisch setzte, sah er zu Dill hoch und fragte: »Was wissen Sie über Harold Snow?«

»Nicht viel.«

»Hat Felicity ihn in einem Brief an Sie erwähnt?«

»Nein«, sagte Dill und wandte sich zu Singe. »Möchtest du dich setzen?«

Sie schüttelte den Kopf. »Ich bleibe lieber stehen.«

Colder schob einen Stuhl unter dem Küchentisch hervor, aber weder Singe noch Dill setzten sich. »Wir haben kurz nach Felicitys Tod angefangen, Harold näher unter die Lupe zu nehmen«, sagte Colder. »Und wissen Sie, was wir gefunden haben?« Er beantwortete seine Frage selbst. »Harold war völlig aus der Fassung geraten.«

»Unredlich meinen Sie«, sagte Singe mit einem leichten höflichen Lächeln.

»Sehr«, sagte Colder.

Dill schüttelte offenkundig skeptisch den Kopf. »Mir hat er erzählt, er verkaufe Heimcomputer.«

»Das hat er auch zeitweilig«, sagte Colder, »aber er hat auf Kommissionsbasis gearbeitet, und wenn er an manchen Tagen keine Lust zum Arbeiten hatte, nun, dann mußte er nicht. Er konnte zu Hause bleiben. Oder irgendwo hingehen und das sein, worin er wirklich gut war, nämlich ein Dieb.«

»Was hat er denn gestohlen?« fragte Dill.

»Zeit.«

»Zeit?«

»Computerzeit«, sagte Colder, »Großrechner, und deren Zeit ist ziemlich teuer.«

»Das hab ich gehört«, sagte Dill.

»Also, Snow machte sie ausfindig, kriegte raus, wie man sie stahl, und verkaufte sie. Mit Computern und Elektronik war er eine Art Genie. Manche Leute sind so. Sie sind vielleicht nicht besonders intelligent, was die meisten Dinge angeht, aber sie sind echte technische Genies. Sie kennen solche Leute, Dill, oder?«

»Ich glaube nicht«, sagte Dill.

»Und Sie, Miss Singe?«

»Ich genausowenig.«

»Ach. Ich dachte, jeder kennt so einen. Na ja, wenn also

Snow nicht gerade Computerzeit stahl und verkaufte, dann machte er etwas anderes, was ebenfalls nicht nett war. Er zapfte die Telefone von Leuten an, verwanzte Büros und Schlafzimmer und so, obwohl ich bezweifle, daß wir es jetzt wirklich beweisen könnten. Aber raten Sie mal, wer sein letzter Kunde war?«

»Sie wollen nicht, daß ich rate«, sagte Dill.

»Sie haben recht. Will ich nicht. Nun, sein letzter Kunde war Clay Corcoran – der Ihnen gestern auf dem Friedhof tot vor die Füße fiel. Und jetzt fällt Ihnen heute abend der arme alte Harold tot vor die Füße. Ist das nicht ein Zufall, Mr. Dill?«

»Merkwürdig und seltsam«, sagte Dill. »Aber ich habe eine Frage: Was zum Teufel haben Snow und Corcoran damit zu tun, wer Felicity umgebracht hat?«

Colder starrte Dill mehrere Sekunden an. Es war ein Starren, das nach Dills Eindruck nichts enthielt als Mißtrauen und Mißfallen. »Daran arbeiten wir«, sagte Colder schließlich. »Tatsächlich arbeiten wir daran sehr, sehr hart.«

Colder stand vom Tisch auf, nahm seinen Eisbecher aus dem Tiefkühler und ging zurück ins Wohnzimmer. Dill und Singe folgten ihm. Cindy McCabe saß noch immer auf der Couch, die Hände im Schoß und die Knie fest zusammengepreßt. Colder ging zu ihr.

»Miss McCabe?«

Sie sah zu ihm hoch. »Ja?«

»Gibt es jemanden, den wir für Sie anrufen können – wegen Harold?«

Sie senkte den Blick. »Da ist sein Bruder«, sagte sie.

»Wie heißt er?«

»Jordan Snow.«

»Haben Sie seine Nummer?«

»Nein, aber Sie können sie von der Fernsprechauskunft bekommen. Zu Hause ist er der einzige Jordan Snow im Telefonbuch.«

Colder wandte sich an Sergeant Meek. »Jemand soll den Bruder anrufen und ihm sagen, was passiert ist.«

»Wo ist zu Hause?« fragte Sergeant Meek.

»Kansas City«, sagte Colder.

»Richtig«, sagte Sergeant Meek.

31

Sie zankten sich den ganzen Weg bis zum Hawkins Hotel. Es wurde unangenehm, als sie in der Tiefgarage des Hotels aus dem gemieteten Ford stiegen und zum Fahrstuhl gingen. Sie stritten sich im Fahrstuhl. Sie stritten sich noch immer, als Dill die Tür zum Zimmer 981 aufschloß und sie für Anna Maude Singe aufhielt, die in das Zimmer schwebte und den Vorwurf »gottverdammter Idiot« hinter sich herzog.

»Es wird funktionieren«, sagte Dill und schloß die Tür.

»Niemals«, schnauzte sie.

»Paß auf«, sagte er und ging zum Telefon. Als er den Hörer abgenommen hatte, sah er sie fragend an. »Na?«

»Was soll das überhaupt mit dir?« wollte sie in aufgebrachtem Ton wissen, das Gesicht unter der Sonnenbräune gerötet und wütend. »Bin ich dir irgendwas schuldig? Wofür? Weil wir's ein paarmal getrieben haben? Ich schulde dir nichts, Dill. Keinen feuchten Dreck.«

Dill war gerade dabei zu wählen. »Natürlich tust du das«, sagte er. »Du bist mein Schätzchen.«

»*Dein Schätzchen!* Herrgott, ich kann dich nicht mal mehr leiden. Ich bin deine Anwältin. Das ist alles. Und alles, was ich tun muß, ist, dich vernünftig beraten. Das tu ich hiermit: Mach diesen Anruf nicht. Wenn du jemanden anrufen willst, ruf das FBI an.«

»Die hat schon jemand angerufen«, sagte Dill, während er das Freizeichen hörte. »In Washington. Wenn ich sie anriefe und mich irre, dann verpfusche ich nur den Deal, den der Senator mit ihnen macht. Aber so – nun, wenn ich mich irre, passiert nichts.«

»Nichts Gutes«, sagte sie, als Daphne Owens beim fünften Läuten den Hörer abnahm. Dill nannte seinen Namen, und einige Sekunden später meldete sich Jake Spivey. »Ich hab deine Nachricht bekommen, Pick – die am Ende des Tonbands. Ich glaube, du hast den alten Chief Strucker ein bißchen umgehauen. Du glaubst wirklich, er weiß, wer Felicity umgebracht hat?«

»Er glaubt, er weiß es.«

»Und was hast du vor?«

»Wie fändest du's, wenn du Clyde Brattle endgültig vom Hals hast?«

Spivey antwortete nicht sofort. Als er es tat, stellte er eine vorsichtige Frage: »Du meinst, einen Deal mit ihm machen?«

»Irgendwas in der Art.«

»Was für ein Deal?«

»Nicht am Telefon, Jake. Aber ich glaube, ich hab eine Idee, über die ihr zwei reden solltet – nur du, er und ich.«

»Wann?«

»Morgen abend, wenn ihr beide mit dem Senator fertig seid.«

»Wo?« fragte Spivey. »Wo ist wichtig, Pick. Bei einem Treffen mit Clyde ist wo fast genauso wichtig wie das, worüber wir reden. Wo also soll das stattfinden?«

»Moment mal«, sagte Dill. Er drückte den Hörer an die Brust und schaute Anna Maude Singe an, die jetzt auf dem Bett lag und zur Decke hochstarrte. »Nun?« sagte Dill.

Sie sah ihn nicht an. Sie starrte immer noch an die Decke, als sie sagte: »Okay. Bei mir.«

Dill hielt den Hörer wieder ans Ohr. »Ich denke an Anna Maudes Wohnung im Old Folks Home, aber es gibt noch ein paar Details zu klären. Ich werde dich in fünfzehn oder zwanzig Minuten zurückrufen.«

»Ich bin hier«, sagte Spivey und legte auf.

Als Dill den Hörer auf die Gabel gelegt hatte, drehte er sich zu Singe um und sagte: »Gehn wir.«

Sie sagte zur Decke: »Ich frage mich, warum ich ja gesagt habe.«

Dill schloß die Tür zu der schmalen Treppe auf, die zur Wohnung seiner toten Schwester über dem Kutschenhaus führte. Das stickige Treppenhaus war mindestens fünf Grad heißer als die Außentemperatur, die für die Nacht bei 33 Grad zu bleiben schien.

Gefolgt von Anna Maude Singe, ging Dill langsam die Treppe hoch, schloß die Tür an dem kleinen Treppenabsatz auf, ging hinein und knipste die Leselampe aus Messing an. Als Singe die Tür schließen wollte, sagte er: »Laß sie offen.«

Er ging zum Telefon, nahm den Hörer ab und rief wieder Jake Spivey an. Als Spivey selbst an den Apparat kam, sagte Dill: »Ich bin's.«

»Hast du es ausklamüsert?«

»Also, ich finde, die Wohnung ist sowohl neutral als auch ziemlich sicher.«

»Ziemlich reicht nicht, Pick, aber ich hab nachgedacht und, gut, das Old Folks Home ginge vielleicht. Wir bräuchten nur jemanden an der Treppe und am Fahrstuhl. Das kriegen meine Mexikaner hin. Und ich rechne damit, daß der alte Clyde Harley und Sid dabeihaben will, also werden wir so was wie ein mexikanisches Unentschieden haben, was mir ganz recht ist. Welche Zeit schlägst du vor?«

»Morgen abend um zehn.«

»Wann treffen wir den Senator?«

»Er kommt morgen nachmittag um vier hier an«, sagte Dill. »Warum kommst du nicht mit mir zum Flughafen? Ich reserviere ihnen eine Suite im Hawkins. Wir könnten alle zusammen zurückfahren, uns im Auto unterhalten und dann oben in der Suite weiterreden.«

Spivey machte einen Gegenvorschlag. Das hatte Dill gewußt. »Ich sag dir was. Warum soll ich dich nicht um drei in meinem Rolls-Royce abholen, und wir fahren zusammen zum Flughafen? Ich hab noch nie gehört, daß ein bißchen Show bei einem Deal wie dem hier geschadet hätte.«

»Okay«, sagte Dill, »aber kein Fahrer.«

»Junge, du erklärst uns Trotteln wirklich gern die Welt, wie?« sagte Spivey und hängte ein.

Fünfundzwanzig Minuten später saßen sie in Anna Maude Singes Wohnzimmer auf der Couch. Sie hielt ein Glas mit Scotch und Wasser in der Hand und sah sich in dem Raum um, als sähe sie ihn zum allerersten Mal. »So«, sagte sie, »hier willst du es durchziehen – im einzigen Zuhause, das ich habe.«

Vom anderen Ende der Couch sagte Dill: »Genau hier.«

»Du meinst immer noch, das mit den Anrufen hat geklappt? Was ist, wenn keins der Telefone angezapft war? Wie stehst du dann da?«

»Ich glaube, mein Telefon im Hotel wird abgehört«, sagte Dill. »Und das von Jake, da bin ich ziemlich sicher. Und ich bin absolut sicher – na ja, fast –, daß Felicitys Telefon in der Garagenwohnung angezapft ist. Muß es inzwischen sein. Wer also die aufgezeichneten Gespräche abhört, wird wissen, daß Jake Spivey sich morgen abend hier mit Clyde Brattle trifft. Ich glaube, sie wollen nicht, daß dieses Treffen stattfindet.«

»Warum nicht?« sagte sie.

»Ich glaube, das ist es, was Corcoran rausgefunden hat. Das Warum. Ich glaube, deshalb hat man ihn umgebracht.«

»Aber du bist dir nicht sicher, oder?«

»Nein.«

Sie sah sich noch einmal im Zimmer um. »Irgendwas Niederträchtiges wird passieren, nicht wahr?«

»Ja. Vermutlich.«

»Hier. Ich meine, hier in diesem Zimmer.«

»Ja.«

»Und was wirst du machen, wenn es passiert?«
»Das weiß ich noch nicht«, sagte Dill.
»Vielleicht denkst du besser mal drüber nach.«
»Ja«, sagte er. »Sollte ich vielleicht.«

Dill war am nächsten Morgen um sieben auf und kochte in Anna Maude Singes Küche Wasser für Pulverkaffee. Er trug zwei Becher davon in ihr Schlafzimmer. Sie schlug die Augen auf und setzte sich barbusig in ihrem Bett auf. Dill setzte sich auf die Bettkante, gab ihr einen der Becher, beugte sich hinab und küßte ihre rechte Brust. Mit einem Ruck zog sie sich das Laken bis zum Hals hoch, nippte an ihrem Kaffee und starrte auf den Druck eines Stillebens an der gegenüberliegenden Wand. Dann sagte sie: »Ich frage mich, was ich mache, wenn man mir die Anwaltslizenz entzieht.«

»Du könntest eine Weile in Washington leben, und wenn dir das zuviel wird, könnten wir irgendwo anders leben.«

Sie starrte ihn verwundert an. »Warum glaubst du, daß ich das tun will?«

»Weil du mein Schätzchen bist.«

»Rechne nicht damit, Dill.«

Um 7:49 Uhr an diesem Montag, dem 8. August, blieb Dill in einem Stau nahe der Kreuzung Our Jack Street und Broadway stecken. Während er wartete, beobachtete er die Digitalanzeige an der First National Bank, wie sie von 7:49 und 33 Grad auf 7:50 und 34 Grad weiterrückte. Der Nachrichtensprecher im Radio sagte mit müder Stimme für 15 Uhr 41 Grad voraus.

Nachdem er den Ford im Untergeschoß geparkt hatte, fuhr Dill mit dem Fahrstuhl ins Foyer und sah an der Rezeption nach, ob Post oder Nachrichten auf ihn warteten. Das war nicht der Fall. Die ältere Frau, die er für einen Dauergast des

Hotels gehalten hatte, stand neben ihm. Als sie sich umdrehte, schaute sie ihn an, zögerte und sprach dann.

»Sie sind Henry Dills Junge, nicht?« sagte sie mit leiser Stimme.

»Ja, der bin ich. Kannten Sie ihn?«

»Vor langer Zeit«, sagte sie. »Ich bin Joan Chambers.« Sie musterte Dill einen Moment. »Wissen Sie, Sie sehen aus wie Ihr Vater. Dieselbe Nase. Dieselben Augen. Er und ich sind einen Sommer lang zusammengewesen. Das war 1940 – der vorletzte Sommer vor dem Krieg. Manchmal denke ich, es war der letzte gute Sommer überhaupt.« Sie hielt inne und fügte dann hinzu: »Ich habe von Ihrer Schwester gelesen. Felicity. Es tut mir sehr leid.«

»Danke«, sagte Dill.

»Entschuldigen Sie, Ma'am«, sagte eine Männerstimme. Die Chambers-Frau machte einen Schritt zurück. Dill drehte sich um. Die Stimme gehörte zu Captain Gene Colder. Er trug weder seinen blauen Jogginganzug noch seine Nike-Laufschuhe. Statt dessen trug er einen gut gebügelten hellbraunen Mohair-Anzug, eine Foulard-Krawatte und ein blaues Hemd, dessen Kragenecken mit einem Goldstift zusammengehalten wurden. Colder war auch frisch rasiert, aber unter seinen Augen waren Ringe, und der Ausdruck um seinen Mund war grimmig.

»Ich hab auf Sie gewartet«, sagte er, und es schien ihm nichts auszumachen, daß die Frau ihm noch zuhörte.

»Warum?« sagte Dill.

»Wir wissen, wer Ihre Schwester getötet hat«, sagte Colder.

»Das wurde auch höchste Zeit«, sagte die Frau, die ihren letzten guten Sommer mit Dills Vater verbracht hatte. Dann drehte sie sich um und ging.

32

An einem Ecktisch im Café des Hawkins Hotel erklärte Colder, daß es nicht seine Idee gewesen sei, Dill über das Ergebnis der Ermittlungen des Dezernats zu informieren. Er sei nur, sagte er, auf Drängen des Chief of Detectives John Strucker gekommen. »Ich bin hier seit sieben«, fügte er hinzu.

»Wer hat sie getötet?« fragte Dill.

In diesem Moment erschien die Kellnerin, und Colder bestellte Kaffee, Orangensaft und Roggentoast. Dill sagte, er wolle nur Kaffee. Als die Kellnerin gegangen war, zog Colder einen kleinen Notizblock heraus und begann zu reden, wobei er weitgehend von seinen Aufzeichnungen ablas.

»Am Sonntag, dem siebten August, wurde um 23 Uhr 57 ein Durchsuchungsbefehl vom Bezirksrichter F. X. Mahoney ausgestellt. Der Durchsuchungsbefehl wurde vollstreckt und eine gründliche Durchsuchung der Wohnräume in 3212 Texas Avenue, im Besitz von Felicity Dill, verstorben, und bewohnt von Harold Snow, verstorben, dem Mieter, und von Lucinda McCabe, ebenfalls Mieterin und nach Gewohnheitsrecht Ehefrau des verstorbenen Snow, wurde durchgeführt. Die Durchsuchung wurde vorgenommen von Detective Sergeant Edwin Meek und Detective Kenneth Lowe unter Leitung von Captain Eugene Colder. Ebenfalls anwesend war Chief of Detectives John Strucker.«

»Wer hat sie getötet?« sagte Dill.

Colder antwortete nicht. Statt dessen begann er wieder, von seinem Notizblock abzulesen, wurde aber von der Kellnerin unterbrochen, die Kaffee vor Dill stellte und Kaffee und Saft vor Colder, den sie informierte, der Toast komme ruckzuck. Colder nahm das Glas mit Orangensaft und trank es aus. Dann griff er wieder zu seinem Notizblock.

»Etwa gegen 00:41 Uhr wurde ein verschlossener Werkzeugkasten aus grauem Stahl entdeckt. Der Werkzeugkasten war unter beziehungsweise hinter zwei Bettlaken sowie drei Koffern im Wandschrank des Schlafzimmers versteckt, das von dem verstorbenen Snow und seiner Ehefrau McCabe bewohnt wurde. Auf Befragen bestand McCabe darauf, sie habe keine Ahnung, wie der Werkzeugkasten in den Wandschrank gekommen sei.«

Colder unterbrach seinen Vortrag, weil die Kellnerin mit dem Roggentoast ankam. Er legte den Notizblock ab, um die Toastscheiben mit Butter zu bestreichen. Er aß eine Scheibe, trank etwas Kaffee und nahm den Block wieder zur Hand. Dill beobachtete ihn schweigend und fragte sich, was zwischen Colder und Strucker vorgefallen und wie schlimm der Streit gewesen war.

Colder las wieder von dem Notizblock ab. »Das Schloß des Werkzeugkastens wurde von Sergeant Meek aufgebrochen, der den Kasten dann im Beisein von Chief Strucker, Captain Colder, Detective Lowe und Lucinda McCabe öffnete.« Colder schaute zu Dill hoch. »Dann kommt eine Liste von Gegenständen, die wir im oberen Fach gefunden haben, aber die lese ich nicht vor.«

Dill nickte.

»Im unteren Fach wurden die folgenden Dinge gefunden, herausgenommen und von Sergeant Meek gekennzeichnet:

Eins – zehntausendzweihundert Dollar in Einhundertdollarnoten.

Zwei – vier Zündkapseln mit Knallquecksilber.

Drei – eine Selbstladepistole Llama vom Kaliber .25, Seriennummer –« Colder brach ab und schaute Dill wieder an. »Wollen Sie die Seriennummer wissen?«

Dill schüttelte den Kopf.

Colder klappte den Notizblock zu. »Nun, das war's. Die spanische Knarre ist bei den Ballistikexperten. Sie untersuchen, ob es die ist, mit der Clay Corcoran getötet wurde. Falls ja, heißt das, daß Snow gegen eine bestimmte Summe Felicitys Wagen präpariert und dann Corcoran getötet hat, der ihm auf den Fersen gewesen sein muß. Ihre nächste Frage wird lauten, wer Harold Snow erschossen hat. Das wissen wir noch nicht. Und deshalb war ich dagegen, Ihnen zu sagen, was wir rausgefunden haben. Sie haben ein loses Mundwerk, Dill, und Sie bewegen sich in ziemlich komischen Kreisen. Ich habe Strucker gesagt, ich glaubte, Sie würden diese Sache nicht für sich behalten, aber er hat mich aufgefordert, es Ihnen trotzdem zu sagen. Vielleicht denkt er, Sie können ihm ein paar Stimmen zuschanzen, wenn er sich zur Bürgermeisterwahl stellt. Aber das geht mich auch nichts an. Nun denn. Irgendwelche Fragen?«

Dill ließ einige Sekunden verstreichen, schüttelte den Kopf und sagte: »Ich glaube nicht.«

»Ich weiß nicht, ob Sie jetzt, wo Sie wissen, wer Felicity getötet hat, ein besseres Gefühl haben als vorher. Ich hoffe es.«

»Ich schätze, meine Gefühle sind dieselben.«

»Meine auch. Snow war bloß ein Auftragnehmer. Den Dreckskerl zu erwischen, der ihn angeheuert hat, wäre für mich das einzige, was bewirkt, daß ich mich besser fühle.«

»Harold Snow«, sagte Dill nachdenklich.

»Harold Snow«, stimmte Colder zu.

»Zehntausend Dollar.«

»Zehntausendzweihundert.«

»Irgendwie«, sagte Dill, »dachte ich, daß es eine ganze Menge mehr kosten würde, Felicity zu töten.«

Dill fuhr allein mit dem Fahrstuhl zu seinem Zimmer hinauf. Im selben Moment, in dem er am fünften Stockwerk vorbeifuhr, verzog er das Gesicht zu einem schiefen, fast traurigen Lächeln und sagte laut: »Nun, Inspektor, ich schätze, das bringt diesen Fall zum Abschluß.«

In seinem Zimmer duschte und rasierte er sich. Nur mit seiner Shorts bekleidet, legte er sich aufs Bett, die Hände hinter dem Kopf verschränkt, und starrte zur Decke hoch. Um 10 Uhr bestellte er eine Kanne Kaffee. Um 13 Uhr ließ er sich ein Schinkensandwich und ein Glas Milch kommen. Als er seinen Lunch beendet hatte, stellte er das Tablett in den Flur hinaus, setzte sich an den Schreibtisch und schrieb alle Fakten nieder, soweit sie ihm bekannt waren. Als er damit fertig war, warf er den Kugelschreiber auf den Schreibtisch, fast überzeugt, daß er nie erfahren würde, wer tatsächlich die Bombe ins Auto seiner toten Schwester hatte einbauen lassen.

Um 14:30 Uhr nahm er den Hörer ab und rief die Auskunft an, um sich die Nummer der Polizei geben zu lassen. Er wählte die Nummer und fragte nach John Strucker, Chief of Detectives. Dill mußte zwei Beamten, einem Mann und einer Frau, seinen Namen nennen, bevor er verbunden wurde.

Struckers Hallo quittierte Dill mit der Frage: »Es war nicht Harold Snow, nicht wahr?«

»Er war's nicht?«

»Nein«, sagte Dill. »Harold war aus Kansas City.«

»Kansas City«, sagte Strucker.

»Das ist Ihnen nicht aufgefallen – Kansas City?«

Strucker stieß wieder einen seiner Seufzer aus – ein langer schwermütiger, der endlos zu sein schien. »Es ist mir aufgefallen.«

»Wann?«

»Vor rund achtzehn Monaten.«

»Sie sind mir weit voraus, nicht wahr?«

»Es ist das, was ich tue, Dill. Das, worin ich gut bin.« Strucker seufzte wieder, diesmal ein wenig müde. »Versauen Sie mir nicht alles, Dill«, sagte er und legte auf.

Dill stand vom Schreibtisch auf, nahm seinen blauen Beerdigungsanzug aus dem Wandschrank und legte ihn aufs Bett. Aus der Kommodenschublade nahm er das vorletzte saubere weiße Hemd. Er zog sich schnell an, mixte sich einen Scotch mit Wasser ohne Eis und trank ihn vor dem Fenster stehend, während er auf die Kreuzung Broadway und Our Jack Street hinunterstarrte. Als er sein Glas geleert hatte, war es fünf Minuten vor drei. Er wandte sich ab und ging auf die Tür zu. Er kam an der Kommode vorbei, blieb stehen und ging noch einmal zurück. Nach kurzem Zögern öffnete er die Schublade und zog unter einem Haufen schmutziger Hemden den .38er Revolver heraus, der mal Harold Snow gehört hatte. Dill starrte mehrere Sekunden auf den Revolver. Du brauchst ihn nicht, sagte er sich. Du würdest ihn auch dann nicht benutzen, wenn du ihn brauchtest. Er schob den Revolver zurück unter die schmutzigen Hemden, machte die Schublade zu, stand da eine oder zwei Sekunden, zog die Schublade noch einmal auf, nahm den Revolver heraus und schob ihn in die rechte Gesäßtasche. An der Tür, die zum Korridor führte, war ein großer Spiegel angebracht. Dill stellte fest, daß der Revolver unter seiner Jacke fast nicht zu sehen war.

Als Jake Spiveys grauer Rolls-Royce Silver Spur vor dem Hawkins Hotel vorfuhr, war es der Anzeige an der First National Bank zufolge 15:01 Uhr und 41 Grad.

Dill stieg in den klimatisierten Wagen und wartete, bis Spivey sich in den Verkehr eingeordnet hatte, bevor er sagte: »Wie lange kennen wir uns schon, Jake?«

Spivey dachte nach. »Dreißig Jahre, schätze ich. Warum?«

»Hast du dir in all diesen dreißig Jahren mal vorgestellt, daß du mich eines Tages vor dem Hawkins Hotel in einem Rolls-Royce abholst?«

»Es war nie ein Rolls«, sagte Spivey. »Damals hab ich immer geglaubt, es wäre ein Cadillac.«

Sie fuhren auf der Forrest, die nach dem konföderierten General Nathan Bedford Forrest benannt worden war, nach Westen. Einige der Alteingesessenen, vor allem die aus dem tiefen Süden, hatten sie »Fustest Street« genannt, zu Ehren der Strategie – oder Taktik – des Generals, die darin bestanden hatte, *to get there fustest with the mostest*, am schnellsten mit den meisten an Ort und Stelle zu sein. Dill hatte die Geschichte von seinem Vater gehört, obwohl er selbst noch nie jemanden sie Fustest Street hatte nennen hören. Als er Spivey danach fragte, sagte der, sein Opa habe sie so genannt, aber sein Opa war ein echt alter Knacker gewesen, der ungefähr 1895 geboren war.

Als sie durch das umgebaute Innenstadtgebiet fuhren, versuchten sie sich zu erinnern, was dort mal gestanden hatte, wo die neuen Gebäude emporragten – oder noch immer in die Höhe wuchsen. Manchmal konnten sie sich erinnern, manchmal nicht. Spivey sagte, er fühle sich alt, wenn er es nicht konnte.

»Warum bist du hierher zurückgekommen, Jake – wirklich? Nicht nur, um dir einen Dornbusch wachsen zu lassen. Das hättest du überall tun können.«

Spivey dachte eine Weile darüber nach. »Teufel noch mal, ich schätze, ich bin aus demselben Grund zurückgekommen, aus dem Felicity nie weggegangen ist. Es ist mein Zuhause. Du, Pick, hast es ja immer gehaßt. Ich nie. Ich erinnere mich an den Sommer, als du elf warst und dein alter Herr dich mit nach Chicago genommen hat und du das erste Gewässer gesehen hast, bei dem du nicht das andere Ufer sehen konntest. Ich dachte, du würdest nie aufhören, davon zu schwärmen. Chicago. Herrgott, das klang bei dir wie ein verdammtes Paradies. Aber als ich siebzehn oder achtzehn war, bin ich selbst dagewesen, und alles, was ich gesehen hab, war eine große Stadt voll Pferdescheiße, die von irgendwelchen Leuten, die komisch sprachen, an einen großen alten dreckigen See gebaut worden ist.«

»Ich mag Chicago immer noch.«

»Und ich mag's immer noch hier, weil ich die Hurensöhne hier verstehe, und wie der Bursche Hickey sagt, heißt das, es ist mein Zuhause. Und ich schätze, zu Hause ist da, wo ich meinen Dornbusch wachsen sehen und damit angeben wollte, wie reich der arme kleine alte Jake Spivey geworden ist.« Er grinste. »Das gehört dazu. Den Hurensöhnen unter die Nase reiben, wie reich man geworden ist.«

»Rache«, sagte Dill.

»Mach es nicht runter.«

»Tu ich nicht«, sagte Dill. »Ich mache es überhaupt nicht runter.«

Auf halbem Weg zum Gatty International Airport stellte Dill eine Frage, deren Antwort er bereits zu kennen glaubte. Es war die erste einer Reihe von Fragen, deren Beantwortung vielleicht darüber entschied, wer am Leben blieb, wer starb und wer im Knast landete.

Dill stellte die erste Frage so beiläufig wie möglich. »Wann hast du Brattle noch mal zuletzt gesehen?«

»Vor ungefähr anderthalb Jahren – in Kansas City.«

»Du hast gesagt, du bist nur hingefahren, um ein paar Schriftstücke zu unterzeichnen.«

»Na ja«, sagte Spivey gedehnt, »es könnte noch ein bißchen mehr gewesen sein als das, Pick.«

»Wieso?«

»Clyde war ziemlich sauer auf mich. Er dachte, ich schuldete ihm was – schuldete ihm jedenfalls genug, um dem FBI gegenüber für ihn zu lügen. Ich mußte ihm sagen, soviel wäre ich niemandem schuldig. Nun, wir hatten etwas getrunken, und er fing an, rumzuschimpfen von wegen, wenn ich nicht für ihn aussagen wollte, würde ich todsicher nie gegen ihn aussagen. Also sagte ich ihm, er solle es auf einen Versuch ankommen lassen. Und er sagte zu mir, damit könnte ich rechnen. Da hab ich ihm eine geschmiert, und er schlug zurück, und in dem Moment kamen Sid und Harley reingestürmt und machten der Sache ein Ende, bevor wir beide einen Herzschlag bekamen. Und dann schaute der alte Clyde Harley und Sid an, zeigte auf mich und sagte: ›Seht ihr den da?‹ und sie sagten, yeah, sie sähen mich gut. Dann wird Clyde ganz dramatisch und sagt: ›Also, seht ihn euch gut an, weil er ein toter Mann ist, versteht ihr, was ich sage?‹ Dann war es entweder Harley oder Sid, ich weiß nicht mehr genau wer, der etwas sagte wie: Klar, Clyde, wir verstehen dich gut. Ich glaube, es muß Harley gewesen sein, der das gesagt hat. Na ja, unser Geschäft war erledigt, die Papiere waren alle unterzeichnet, also machte ich mich auf den Weg und flog zurück nach Hause und heuerte mir einen Haufen Mexikaner an.«

»Hat Brattle schon mal was versucht?« fragte Dill.

»Ich bin mir nicht ganz sicher. Ungefähr ein Jahr nachdem ich meine Mexikaner eingestellt hatte, hab ich auch einen Mann namens Clay Corcoran angeheuert – den, der auf Felicitys Beerdigung umgebracht wurde.«

Dill nickte. »Was sollte er für dich tun?«

»Sehen, ob er an meinen Mexikanern vorbeikommen könnte.«

»Konnte er?«

»Er sagte, er könnte es nicht, aber er wollte einen Schritt weitergehen und einen anderen Typ anheuern, der im Anzapfen von Telefonen und im Anbringen von Wanzen und all diesem

Scheiß Spitze sein sollte. Also sagte ich, nur zu. Ungefähr einen Monat oder so, bevor er umgebracht wurde, rief mich Corcoran an und erzählte mir, dieser Typ, den er angeheuert hatte, hätte ihm gesagt, es sei unmöglich, an mein Haus ranzukommen. Danach habe ich mich ein bißchen wohler gefühlt, aber als Corcoran umgelegt wurde, hatte ich das Gefühl nicht mehr.«

»Hat Corcoran je den Namen des Typs erwähnt, den er angeheuert hatte?«

»Er hat ihn nicht erwähnt, und ich hab nicht gefragt. Warum?«

»Ist nicht so wichtig«, sagte Dill. »Wer hat Kansas City als Ort für euer Treffen gewählt – du oder Brattle?«

»Brattle.«

»Warum?«

»Warum? Zum Teufel, Pick, Clyde ist dort geboren. Es ist sein Dornbusch, seine Heimatstadt.«

»Das wußte ich nicht«, log Dill. »Oder falls ich es wußte, muß ich es vergessen haben.«

33

Der Minderheitsberater des Unterausschusses Tim Dolan und Jake Spivey waren sich nie begegnet. Als sie sich vor der Bronzestatue von William Gatty die Hand gaben, war Dill verblüfft von der Ähnlichkeit des Paars. Was sie anhatten, trug dazu bei. Beide trugen ausgebeulte und zerknitterte Seersucker-Anzüge (einer blau, der andere grau), Hemden, die am Kragen offen waren, von dem gelockerte Krawatten herabhingen wie ein nachträglicher Einfall. Beide hatten sieben bis zehn Kilo Übergewicht, und das meiste davon steckte in ihren Bäuchen. Beide schwitzten trotz der Klimaanlage stark. Beide sahen durstig aus.

Doch die Ähnlichkeit war mehr als äußerlich. Als sie sich die Hand gaben, spürte Dill, daß jeder im anderen den verwandten Geist mit Gemeinsamkeiten in Einstellung, Vorgehensweise und Anpassungsfähigkeit erkannte. Ihr Instinkt schien ihnen zu sagen, daß hier ein Deal gemacht, eine Vereinbarung getroffen, ein vernünftiger Kompromiß ausgehandelt werden könne. Hier, schienen beide zu denken, ist jemand, mit dem man Geschäfte machen kann.

Zuerst mußte man die Banalitäten hinter sich bringen. Als Spivey fragte, ob Dolan einen guten Flug gehabt habe, sagte dieser, er sei sich nicht sicher, weil er die ganze Strecke von Herndon, Virginia, bis hierher geschlafen habe. Als Dolan Spivey fragte, ob das Wetter hier denn immer so wäre, sagte Spivey, es sei für August eigentlich noch ein bißchen kühl, würde aber gegen Ende des Monats vermutlich etwas wärmer werden. Jeder lachte still in sich hinein, als er im anderen ein langjähriges Mitglied der Dummschwätzer-Internationale erkannte.

Dann wandte sich Dolan an Dill, und als er sich nach seinem Wohlbefinden erkundigt hatte, informierte er ihn, daß sich die Maschine des Senators um zwanzig oder fünfundzwanzig Minuten verspäten werde. Er schlug vor, daß sie sich alle auf ein kühles Naß zur Flughafenbar verfügen sollten. Dill sagte, gut, und Spivey sagte, das klinge für ihn nach einer verdammt guten Idee. Kein Mal gab Dolan die leiseste Überraschung über Spiveys unerwartete Anwesenheit zu erkennen.

Sie setzten sich in eine runde Ecknische und bestellten drei Flaschen Budweiser. Jake Spivey bezahlte. Niemand protestierte. Alle hoben ihre Gläser, sagten Cheers oder etwas ähnlich Sinnloses, tranken lange und redeten dann über Baseball, oder besser gesagt, Spivey und Dolan redeten über Baseball, während Dill so tat, als höre er zu. Dolan schien beeindruckt von Spiveys scharfsinniger Analyse, wie die Red Sox es doch noch in die Endspielserie schaffen könnten. Da sie noch durstig waren, bestellten sie noch eine Runde Bier, und als sie gerade damit fertig waren, wurde die Maschine des Senators angekündigt. Das war der Moment, als Dill seinen zweiten Zug machte.

Er wandte sich an Spivey und sagte: »Jake, ich muß dringend ein paar Sachen mit Tim hier besprechen, und ich frage mich, ob du was dagegen hättest, den Senator in Empfang zu nehmen.«

Spivey zögerte nur einen Moment. »Klar«, sagte er. »Mach ich gerne. Ich bin ihm zwar nie begegnet, wie du weißt, aber ich hab sein Bild in der Zeitung und im Fernsehen gesehen, also werd ich ihn wohl erkennen.«

»Halten Sie einfach nach dem jüngsten Knaben Ausschau, der die Maschine verläßt«, sagte Dolan.

Spivey schmunzelte, sagte, das werde er tun, und ging. Dolan wandte sich an Dill und ließ die Überraschung in seinen

Tonfall einfließen, wenn nicht in seine Miene. »Was zum Teufel war das denn gerade?«

»Erzähl mir zuerst von dir und dem FBI. Was für einen Deal hast du mit denen gemacht?«

»Kein Deal, Ben.«

»Keinen?«

»Keinen.«

»Warum zum Teufel nicht?«

Dolan runzelte nachdenklich, vielleicht sogar besonnen die Stirn. Jetzt kommt der Bostoner Heuchler, dachte Dill. Dolan sagte: »Zwei Gründe. Eins: undichte Stellen.«

»Beim FBI?«

»Wie eine feuchte Papiertüte.«

»Was ist zwei?«

»Zwei. Na ja, zwei ist politischer Einfluß. Falls der Knabe das hier ganz allein durchzieht, kommt er ganz groß raus.«

»Und falls nicht«, sagte Dill, »sitzt er ganz tief in der Scheiße – und du mit ihm.«

»Wir haben das besprochen«, sagte Dolan. »Wir sind uns einig, daß das Risiko akzeptabel ist.«

»Hör mir zu, Tim. Fürs Protokoll, ich glaube, ihr beide habt einen Fehler gemacht. Einen schweren. Ich finde, ihr hättet das FBI hinzuziehen sollen – fürs Protokoll.«

Dolan zuckte mit den Achseln. »Okay. Du stehst im Protokoll. Und jetzt sag mir, warum du Spivey geschickt hast, um den Knaben zu empfangen?«

»Ist dir aufgefallen, wie gern er gegangen ist?«

Dolan nickte.

»Das heißt, daß er keine Bedenken hat, durch den Metalldetektor zu gehen.«

Diesmal machten sich sowohl Überraschung als auch Schock auf Dolans rundlichem, hübschem, irischem Gesicht breit.

Und Angst ebenfalls, dachte Dill. Nur eine Spur. »Herrgott«, sagte Dolan. »Meinst du, es geht hier unten so zu?«

»Genauso«, sagte Dill.

Der Senator und Jake Spivey schienen freundschaftlich miteinander zu plaudern, während sie auf dem Laufband für Passagiere durch den langen Korridor bis dahin fuhren, wo Dill und Dolan auf sie warteten. Spivey trug den Kleidersack des Senators; seine Aktentasche trug der Senator selbst.

Nachdem der Senator Dill und Dolan begrüßt hatte, gab Spivey den Kleidersack Dill und ging das Auto holen. Die drei Männer warteten unmittelbar vor dem Haupteingang des Flughafens drinnen. »Sieht heiß aus draußen«, sagte Senator Ramirez.

»Das ist es«, sagte Dill.

Ramirez wandte sich zu Dolan. »Nun?«

»Ben hat zu Protokoll gegeben, daß er meint, wir hätten das FBI an Bord holen sollen.«

Der Senator nickte, als wäre Dills Einstellung erwartet, wenn auch nicht ganz vernünftig. »Kein Gewinn ohne Risiko, Ben«, sagte er und schaute sich prüfend in dem weniger als zwei Jahre alten Flughafen um. »Wer war Gatty überhaupt?« fragte er.

»Er ist einunddreißig mit Wiley Post um die Welt geflogen«, sagte Dill, wobei es ihn nicht interessierte, ob der Senator wußte, wer Post war.

Offenbar schon, denn er sagte in anerkennendem Ton »Oh«, umfaßte den Flughafen noch einmal mit einem Blick und fügte hinzu »Hübscher Flughafen«, bevor er sich wieder an Dill wandte. »Was ist Jake Spiveys letzter Preis?«

»Immunität.«

»Was meinen Sie?«

»Nehmen Sie an«, sagte Dill.

»Tim?«

»Nehmen Sie unter Vorbehalt an.«

Wieder nickte der Senator, diesmal nachdenklich, und sagte: »Zumindest bis wir rausfinden, was Clyde Brattle für sich zu sagen hat.«

»Richtig«, sagte Dolan. »Erteile nie den Auftrag, bevor du weißt, was Paddy zahlt.«

Eine der eleganten Augenbrauen des Senators ging nach oben. »Bostoner Folklore?«

»Es steht im Katechismus.«

»Nun«, sagte der Senator, »wir werden mit beiden sprechen und dann unsere Entscheidung treffen.« Er drehte sich noch einmal zu der Bronzestatue um und musterte sie. »William Gatty, wie? Sieht wie ein guter Typ aus.«

Während sie darauf warteten, daß Jake Spivey mit dem Wagen kam, musterte Dill den Senator, der immer noch die Statue musterte. Du kommst, junger Herr, dachte Dill, unberührt von irgendwelchen Bedenken oder Gewissensbissen, ganz abgesehen von gesundem Menschenverstand. Du kommst, bewaffnet nur mit Ehrgeiz von der rücksichtslosen, brennenden Sorte, was genug sein mag oder nicht. Es wird interessant sein, sie aufeinandertreffen zu sehen. Es wird noch interessanter sein, zu sehen, wer gewinnt.

»Herr im Himmel«, sagte Tim Dolan, als Spivey sein Hunderttausend-Dollar-Auto vor dem Flughafeneingang zum Stehen brachte.

Der Senator lächelte leicht. »Irgendwie«, sagte er, »wußte ich, daß es ein Rolls sein würde.«

Es war keine richtige Suite, die Dill für Senator Ramirez und Tim Dolan im fünften Stock des Hawkins Hotel reserviert hatte. Es waren nur zwei zusammenhängende Zimmer – eins davon mit einem Doppelbett, das andere mit einem Einzelbett, einer Couch und einigen zusätzlichen Sesseln. Sie hatten sich Kaffee kommen lassen. Die leeren Tassen standen jetzt zusammen mit den Aschenbechern auf dem runden niedrigen Tisch, daneben lag Tim Dolans gelber Notizblock, auf den noch kein Wort geschrieben worden war. Spivey rauchte eine Zigarre, Dolan seine Zigaretten, der Senator und Dill rauchten nicht. Sie waren alle in Hemdsärmeln, mit Ausnahme von Dill, der den Revolver immer noch in seiner Gesäßtasche stecken hatte. Die erst fünfundvierzig Minuten dauernde Besprechung war bereits in einer Sackgasse gelandet.

Jake Spivey lehnte sich in seinen Stuhl zurück, steckte sich die Zigarre in einen Mundwinkel und lächelte fröhlich darum herum. »Tim, was Sie von mir verlangen, ist, daß ich aufs Schafott steige, den Kopf in die Schlinge stecke, euch Burschen ein bißchen daran reißen lasse – nur damit ihr sicher sein könnt, daß sie richtig sitzt –, und dann soll ich sagen, welche Ehre es für mich ist, bei meiner eigenen Hinrichtung dabeisein zu dürfen. Dann, je nachdem, wie euch an dem Tag zumute ist, laßt ihr vielleicht die Falltür aufklappen und vielleicht auch nicht.«

»Niemand läßt irgendeine Falltür aufklappen, Jake«, sagte Dolan.

Spivey sah ihn forschend an. »Haben Sie die Stimmen vom gesamten Ausschuß?«

»Die haben wir«, sagte Senator Ramirez.

Spivey drehte sich zum Senator um und musterte ihn voll Interesse. »Nun, Sir, ich bin sicher, Sie können so gut addieren wie ich, und vermutlich besser, weil ich nicht wirklich gut darin bin. Aber ich hab mir in Washington ein paar Anwälte genommen, die, wie jeder sagt, im Addieren und Subtrahieren verdammt gut sind. Gott weiß, das sollten sie auch. Sie verlangen genug. Nun, diese Anwälte dort – nachdem sie dieses addiert und jenes subtrahiert haben –, nun, sie sagen, daß Ihnen noch so zwischen zwei und drei Stimmen fehlen. Wahrscheinlich drei.«

»Dann schlage ich vor, daß Sie andere Anwälte beauftragen«, sagte Ramirez.

»Senator, ich möchte Ihnen eine simple Frage stellen.«

»Natürlich.«

»Was Sie von mir wollen – wenn man es auf den Punkt bringt –, ist doch, daß ich Ihnen helfe, Clyde Brattle ans Messer zu liefern, stimmt's?«

Der Senator nickte.

»Was springt für mich dabei raus?«

»Sie verlangen uneingeschränkte Immunität.«

»Die verlange ich. Aber was bekomme ich?«

»Immunität ist eine klare Möglichkeit«, sagte Ramirez.

Spivey lächelte. »Möglichkeit reicht mir nicht, ob klar oder sonstwie.«

»Es wäre verfrüht, wenn wir zu diesem Zeitpunkt irgend etwas anderes sagen, Mr. Spivey. Das wissen Sie.«

»Jake«, sagte Tim Dolan.

Spivey drehte sich zu ihm um. Dolan beugte sich vor, im Verkauf tätig. »Ich möchte es so formulieren, Jake. Brattle ist ganz schlimm, und wir wollen ihn unbedingt haben. Sie, nun, Sie sind nur halb schlimm, oder vielleicht sogar nur ein Viertel so schlimm wie er, und wenn wir wählen müßten zwischen Ihnen und Brattle – wählen, wen wir aufs Kreuz legen –, dann entscheiden wir uns für ganz schlimm und Brattle, und das Justizministerium wird es auch tun, und ich kann Ihnen fast sicher totale Immunität garantieren.«

Spivey lächelte wieder, und Dill merkte, daß sein Lächeln jedes Mal kälter wurde. »Da ist schon wieder dieses ›fast‹«, sagte

Spivey, »was fast so schlimm ist wie ›klare Möglichkeit‹.« Das kalte Lächeln wurde eisig. »Wissen Sie, was ihr Jungs meiner Meinung nach wirklich mit mir vorhabt?« Das kalte Lächeln war immer noch da, als er zuerst Dolan, dann den Senator und dann wieder Dolan ansah. Sein Blick ging über Dill hinweg.

Es war der Senator, der schließlich sagte: »Was?«

»Ich glaube, ihr wollt mich *und* den alten Clyde fertigmachen. Ich glaube, ihr wollt einen Deal mit Clyde festklopfen, bei dem er ein Jahr oder zwei in einem dieser bundesstaatlichen Country Clubs verschwindet, und im Austausch dafür liefert er euch mich – und vielleicht noch zwei andere Typen, die mir in den Sinn kommen. Oder er behauptet, daß er uns liefern wird. Clyde lügt viel, wißt ihr. Eigentlich lügt er die ganze Zeit – morgens, mittags und abends. Aber ich sage euch, wie's ist: Clyde kann mich nicht ausliefern – egal, was er behauptet.«

»Was ist mit all dem Kram in Vietnam, Jake?« sagte Dill.

Spivey schien dankbar für die Frage. »Nun, all das ist vor langer Zeit passiert, nicht wahr? Und das kümmert heute sowieso niemand mehr einen Dreck. Aber was ich dort getan habe, hab ich als Beauftragter der Regierung der Vereinigten Staaten getan. Und obwohl das, was ich dort getan habe, nicht schön gewesen ist, war es kein bißchen schlimmer als das, was einige der anderen dort getan haben. Falls ihr also glaubt, ihr könntet mich dafür zum Sündenbock machen, liegt ihr verdammt schief. Um das zu tun, braucht ihr mehr als Clyde Brattle. Ihr braucht die Unterstützung der Agency, und die kriegt ihr nie und nimmer.«

»Und danach?« sagte Dill.

»Du meinst, als der letzte Hubschrauber vom Dach der Botschaft abgehoben hat und wir verloren hatten und nach Hause gegangen sind? Danach hab ich Zeugs gekauft und verkauft. Das ist alles.«

»Manche würden das natürlich als Handel mit dem Feind bezeichnen«, sagte der Senator.

Das kleine halbe Lächeln, das auf Spiveys Gesicht erschien, war gemein für seine Größe. Jetzt kommt es, dachte Dill. Das, was er sich aufgespart hatte. Er sah zu Dolan und Ramirez hinüber und erkannte, daß sie es auch gespürt hatten.

Spiveys Stimme war leise und beinahe sanft, als er sagte: »Bisher hat man es noch nicht als Handel mit dem Feind bezeichnet – und wollen Sie wissen, warum?«

Dill glaubte nicht, daß es jemand wirklich wissen wollte. Schließlich war es der Senator, der leise fragte: »Warum?«

»Man hat mich dazu aufgefordert«, sagte Spivey.

»Wer hat Sie dazu aufgefordert?«

»Langley.« Das halbe Lächeln war wieder da, nicht mehr gemein, sondern triumphierend. Oder rachsüchtig, dachte Dill. »Das ist lange her, Senator«, fuhr Spivey fort, »fast zehn Jahre, und vielleicht erinnern Sie sich nicht, aber –«

Der Senator unterbrach ihn. »Ich erinnere mich.«

»– wir sind Knall auf Fall abgezogen und haben es rumliegen lassen. Tonnenweise. Schweres Gerät, leichtes Gerät, was immer Sie wollen – es lag einfach rum. Die Beute. Es war vorbei, und die Leute vom alten Ho hatten am Ende gewonnen, genau wie jeder mit einer Spur Verstand es vorher gewußt hatte. Allerdings brauchten sie nicht den *ganzen* Kram. Manches schon, natürlich, aber nicht alles. Aber Langley kannte Leute, die Bedarf hatten. Leute in Afrika und im Nahen Osten und in Südamerika und Mittelamerika und wo sonst noch. Also bestand unser Job, der von mir und Clyde, darin, das Zeug mit Bargeld von Hos Leuten zu kaufen und es für Bargeld denen zu verkaufen, die ihre eigenen Probleme hatten – einen kleinen Aufstand hier, eine Konterrevolution da, einen halbherzigen Putsch und so was. Es waren alles Leute, die Langley irgendwie betreute und ermutigte. Das hat man uns also aufgefordert zu tun, und das haben wir getan, und so sind wir bei Gott reich geworden. Wenn Sie mich also deshalb anklagen wollen, müssen Sie halb Langley und einen ganzen Haufen anderer Leute anklagen, und um Ihnen die Wahrheit zu sagen, Senator, ich glaube nicht, daß Sie den Mumm haben, das durchzuziehen.«

»Aber was war danach, Jake?« sagte Dill. »Nach Vietnam.«

»Danach, was? Nun, danach wurde Clyde gierig, geriet auf die schiefe Bahn und wurde immer reicher, und ich stieg aus. Später hatte ich nichts mehr damit zu tun, aber ich weiß, was passiert ist. Falls ihr also den alten Clyde Brattle hängen wollt – wenn's nur das ist, Scheiße, Jungs, liefere ich den Strick.« Er machte eine Pause und fügte mit einer leisen, harten Stimme hinzu: »Aber mich faßt ihr nicht an.«

Ein Schweigen entstand, bis der Senator lächelte und sagte: »Gut. Ich würde sagen, wir haben zumindest ein Verständnis unserer wechselseitigen Positionen erreicht, nicht wahr, Tim?«

Dolan sah Spivey an und grinste. »Ich würde sagen, wir wissen ziemlich gut, wo Jake steht.«

Der Senator stand auf. Das Treffen war zu Ende. Als Spivey aufgestanden war, reichte ihm der Senator die Hand. »Sie sind mit uns sehr offen gewesen, Jake – Sie haben nichts dagegen? Gegen das Jake?« Spivey schüttelte den Kopf. »Und wir wissen das zu schätzen. Wir werden das alles noch mal untereinander durchsprechen, und ich bin sicher, daß wir eine Lösung finden, die uns alle einigermaßen zufriedenstellt.« Der Senator lächelte, als er Spiveys Hand drückte. Es war ein freundliches, beinahe warmes Lächeln, aber nicht warm und freundlich genug, um irgendwas zu garantieren.

Spivey lächelte zurück – sein schnelles, kurzes, halbes Lächeln –, drehte sich um, griff nach seinem Seersucker-Jackett, warf es sich über die Schulter und ging zur Tür. Er blieb stehen, als er Dills Stimme hörte: »Ich fahre mit dir, Jake.«

Als sie auf den Fahrstuhl warteten, sagte Spivey: »Ich glaube, ich mache besser diesen Deal mit dem alten Clyde.«

»Ich glaube, das machst du besser«, sagte Dill.

34

Um 18 Uhr an diesem Montagabend, dem heißen 8. August, betrug die Außentemperatur immer noch 38 Grad. Kurz nach sechs liebten sie sich auf dem großen alten Eichenschreibtisch. Der Schreibtisch stand in ihrem Büro in der Suite, die Anna Maude Singe sich mit einer amtlich zugelassenen Buchprüferin teilte. Die Buchprüferin hatte aufgegeben und war um kurz nach vier Uhr am – wie sich herausstellen sollte – heißesten Tag des Jahres nach Hause gegangen. Die Sekretärin, die sie und Singe sich ebenfalls teilten, hatte es bis Viertel nach vier ausgehalten, bis sie auch aufgab und nach Hause ging.

Dill hatte zuerst die Papiere unterschrieben. Sie machten Singe zu seiner Bevollmächtigten und ermöglichten ihr, sich die Lebensversicherung seiner Schwester auszahlen zu lassen und, falls möglich, das gelbe Zweifamilienhaus zu verkaufen. Nachdem er seinen Namen ein letztes Mal schwungvoll hingeschmiert hatte, legte Dill den Kugelschreiber hin und berührte Singes nackten gebräunten Arm. Plötzlich standen sie und küßten sich wild, wobei sie an seinem Gürtel und er an ihrem Slip arbeitete, den er ihr über die Hüften und die nackten Beine streifte. Es gelang ihr, seinen Gürtel zu öffnen, und er nahm sich gerade noch die Zeit, seine Jacke abzuschütteln. Hose und Shorts fielen scheppernd zu Boden, und die Pistole rutschte aus seiner Gesäßtasche. Beide bemerkten davon nichts, weil sie zu sehr mit der Mechanik der Sache beschäftigt waren. Aber sie hatten bald den Bogen raus, und dann war alles Ausfall und Vorstoß und kleine Schreie und schließlich gemeinsame Explosion und süße Erlösung.

Dill stand nach einer Weile auf, seine Hose und seine Shorts immer noch um die Knöchel. Anna Maude Singe setzte sich auf der Kante des Schreibtischs auf, zog ihren Rock nach unten über die Knie und lächelte, offenbar mit sich zufrieden. Sie schaute nach unten und war bereit, über die um Dills Knöchel geringelte Hose mit Shorts zu lachen. Aber als sie den Revolver auf dem Parkett liegen sah, verzog sich ihr Lächeln, und sie lachte nicht. Stattdessen sagte sie: »Ach du Scheiße.«

Dill griff nach unten und zog Shorts und Hose hoch, schnallte den Gürtel zu, bückte sich wieder, hob den Revolver auf und stopfte ihn in die rechte Gesäßtasche. Dann hob er sein Jackett dort auf, wo es hingefallen war, und streifte es über.

»Wen willst du denn erschießen?« fragte sie.

»Wen würdest du vorschlagen?«

»Das ist klugscheißerisch«, sagte sie, rutschte von dem Schreibtisch und ging zu einem Fenster hinüber, das fünf Stockwerke tief auf die Ecke Second und Main hinabschaute. »Ich mag klugscheißerisch im Augenblick nicht. Was wir auf dem Schreibtisch hier fünf oder zehn oder fünfzehn Minuten oder wie lange auch immer getan haben, nun, das war die erotischste und befriedigendste Vögelei, die ich je erlebt habe, und das ist, wie du dir vielleicht gedacht hast, beträchtlich.« Sie machte eine Pause. »Warum es so war, weiß ich nicht, aber es war so.«

Dill nickte fast ernst. »Ich hab es auch so empfunden.«

»Dann sah ich die Waffe da unten liegen, und es verschwand. Dieses Nachglühen – oder was auch immer. Jetzt werde ich mir diesen Schreibtisch anschauen, und ich werde mich erinnern, daß wir uns darauf geliebt haben, aber ich werde mich nicht daran erinnern, wie phantastisch es war. Alles, woran ich mich erinnern werde, ist die gottverdammte Waffe.«

»Es tut mir leid«, sagte er. »Wegen der Waffe.«

Sie drehte sich um, setzte sich an den Schreibtisch und öffnete eine Schublade. Sie nahm ihre Handtasche heraus, zog einen Schlüsselbund hervor und hielt ihn Dill hin. »Der mit dem Fleck rotem Nagellack ist für meine Tür.« Er nahm die Schlüssel, sah sich den mit dem roten Fleck an und steckte sie in die Hosentasche. Sie schaute auf ihre Uhr. »Du gehst besser.«

»Ich hab noch ein paar Minuten«, sagte er.

»Du gehst besser.«

»Okay.«

Sie runzelte die Stirn. »Wann darf ich nach Hause kommen?«

Dill dachte darüber nach. »Halb zwölf würde ich sagen. Nicht später.«

»Wirst du dort sein?«

»Klar, falls du es möchtest.«

Ihre Stirn war immer noch gerunzelt, als sie sagte: »Ich weiß selbst nicht, ob ich es möchte.«

»Falls nicht, kannst du mich rauswerfen.«

Sie nickte und sagte: »Du gehst besser.«

»Richtig«, sagte er, machte kehrt und ging zur Tür.

»Dill«, sagte sie.

»Ja?«

»Ich wünschte, du hättest die Waffe nicht dabeigehabt.«

»Ich auch«, sagte er, öffnete die Tür und ging.

Um fünf Minuten vor sieben an diesem Abend war die Temperatur auf 37 Grad gesunken. Der gemietete Ford mit Dill am Steuer parkte etwas mehr als zehn Meter vor der Einfahrt, die an der Ecke 19th und Fillmore hinter dem großen alten Haus verlief. An der Durchfahrt lag die Garagenwohnung oder das Kutschenhaus, wo Dills tote Schwester manchmal gewohnt hatte und wo er um sieben Uhr mit Clyde Brattle verabredet war.

Auf dem Beifahrersitz saß Tim Dolan. Auf dem Rücksitz saß Joseph Emilio Ramirez, der Child Senator aus New Mexico, dessen schwarze Augen vor Erregung glitzerten, wie Dill vermutete.

»Wie heißen die beiden doch gleich?« fragte der Senator, der zu dem dunkelblauen Oldsmobile 98 hinüberstarrte, der ein Stück weiter die Straße herauf in falscher Richtung geparkt war, auf der anderen Seite der Zufahrt. Zwei Männer saßen auf der Vorderbank des Olds. Ihre Gesichter waren undeutlich.

»Harley und Sid«, sagte Dill. »Sie arbeiten für Brattle. Soweit ich weiß, schon immer.«

»Was machen sie?«

»Was immer er ihnen sagt. Im Moment wollen sie wohl nur sichergehen, daß das FBI nicht eingeladen ist.«

»Wo ist Brattle?« fragte Dolan.

»Er wird kommen.«

Minutenlang saßen sie schweigend da. Ein Taxi bog um die Ecke 20th und Fillmore und fuhr auf Dills Ford zu und parallel zu dem aus einem Ziegelwerk entstandenen Park auf der anderen Straßenseite.

»Ich würde sagen, das ist Brattle in dem Taxi«, sagte Dill.

Kurz bevor es das Oldsmobile erreichte, beschleunigte das Taxi. Als es an Dills geparktem Ford vorüberfuhr, hatte es mindestens achtzig Stundenkilometer drauf. »Das war Brattle«, sagte Dill.

»Warum hat er nicht angehalten?«

»Er wird zurückkommen. Harley und Sid haben ihm vermutlich mit den Bremslichtern Zeichen gegeben.« Dill schaute auf seine Uhr. »Nun, wir haben noch genau eine Minute Zeit. Ich finde, wir sollten gehen.«

Er stieg aus und ging um den Wagen herum. Der Senator rutschte rüber und stieg auf der rechten Seite aus, die Aktentasche in der Hand. »Tun Sie die wieder zurück«, sagte Dill, »es sei denn, Sie wollen, daß Harley und Sid darin herumkramen.«

»Oh«, sagte der Senator. »Ja. Ich verstehe.« Er legte die Aktentasche auf den Rücksitz des Ford. Dill vergewisserte sich, daß alle vier Türen abgeschlossen waren. Sie gingen auf das Kutschenhaus zu. Das Oldsmobile blendete kurz auf. Dill winkte.

»Brattle wird sich überzeugen wollen, daß keiner von uns verkabelt ist«, sagte Dill, während er den Schlüssel in das Schloß der Tür schob, die in das stickige Treppenhaus führte. Bevor er die Tür aufmachte, drehte er sich noch einmal zu Ramirez und Dolan um. »Sie sind es nicht, oder?«

Der Senator schüttelte den Kopf. Dolan sagte: »Scheiße, nein.«

»Vermutlich werden wir unsere Hemden trotzdem aufknöpfen müssen.«

»Was ist mit ihm?« fragte Dolan.

»Brattle? Nun, der muß seins eben auch aufknöpfen.«

Es war fünf Minuten nach sieben, als Brattle in Begleitung von Harley und Sid eintraf. Dill hatte die Klimaanlage eingeschaltet, und die Temperatur von 27 Grad war fast angenehm. Der Senator und Dolan hatten ihre Jacketts abgelegt. Als Tim Dolan Dill fragte, warum er seins nicht auszöge, sagte er, er fände es gar nicht so warm. Dolan sah ihn neugierig an, sagte aber nichts, weil es an der Tür klopfte.

Es war Dill, der sie öffnete. Der Mann, der geklopft hatte, war der große, Harley. Hinter Harley stand Sid, und noch weiter hinten, halb auf der Treppe, war Clyde Brattle.

»Nur ihr drei?« sagte Harley.

Dill nickte. »Nur wir drei.«

»Sie haben nichts dagegen, wenn Sid und ich uns überzeugen?«

»Nichts dagegen.«

Harley und Sid kamen herein, langsam gefolgt von Clyde Brattle, der dem Senator und Dolan zunickte, Dill aber ignorierte. Harley ging in den hinteren Teil der Wohnung und untersuchte Schlafzimmer und Bad. Sid übernahm das Wohnzimmer und die Küche. Dill ging mit ihm und sah ihm bei seiner Arbeit zu. Er fand, daß Sid sehr gut war. Er wußte, wo er nachsehen und wonach er Ausschau halten, und auch, wo er nicht nachsehen mußte. Er verschwendete keine Zeit. Nach weniger als fünf Minuten war Sid wieder im Wohnzimmer. Er sah Brattle an und schüttelte den Kopf. Harley kam einen Moment später und machte dasselbe.

Brattle lächelte Ramirez fast entschuldigend zu und sagte: »Senator, falls Sie nichts dagegen haben, hätten wir gern, daß Sie und Mr. Dolan Ihre Hemden aufknöpfen – nur um spätere Unannehmlichkeiten zu vermeiden.«

»Natürlich«, sagte Ramirez und begann, sein Hemd aufzuknöpfen, das, wie Dill bemerkte, maßgeschneidert war. Unter dem aufgeknöpften Hemd zeigte Ramirez eine sonnengebräunte Brust und einen flachen Bauch. Dolans geöffnetes Hemd enthüllte einen weichen, weißen, seltsam haarlosen Körper.

»Sie auch, Clyde«, sagte Dill, während er sein eigenes Hemd aufknöpfte. Brattle lächelte, zog seine Jacke aus und machte sein Hemd auf. Sein Bauch war flach und nicht gebräunt. Dill behielt sein Jackett an, zog aber das Hemd aus der Hose und hielt es weit offen, so daß jeder seinen nackten Oberkörper sehen konnte.

Brattle lächelte Sid an und wies mit dem Kopf auf Dill. »Taste ihn trotzdem ab, Sid.«

Sid fand den Revolver fast sofort und zeigte ihn Brattle. »Er hat nur dieses Schießeisen hier«, sagte Sid.

Nachdem Brattle kurz über diesen Fund nachgedacht hatte, zuckte er mit den Achseln und sagte: »Ich glaube, wir können uns jetzt alle wieder anziehen.«

Sid gab Dill den Revolver zurück, der ihn einsteckte und sein Hemd wieder in die Hosen schob, während er sich zu Harley und Sid wandte und sagte: »Auf Wiedersehen, Jungs.« Sie schauten zu Brattle hinüber. Er nickte. Harley und Sid gingen. Aus irgendeinem Grund sagte niemand ein Wort, bis ihre Schritte im Treppenhaus nicht mehr zu hören waren.

Dann ergriff der Senator die Initiative. Er bat Brattle, auf einem Stuhl Platz zu nehmen, und setzte sich mit Dolan auf die Couch. Er fragte Dill, ob vielleicht etwas Kaltes zum Trinken da wäre, notfalls Wasser. Dill sagte, er glaube, es sei noch Bier da.

Dill kam mit den letzten vier Flaschen von Felicitys Bier und vier Gläsern aus der Küche. Er stellte alles auf den Couchtisch und ließ die anderen sich selbst bedienen. Brattle goß sich Bier ein, probierte es, lächelte anerkennend, wandte sich an den Senator und sagte: »Nun denn. Ich vermute, Sie haben mit Jake schon gesprochen.«

»Sie meinen heute?« sagte Ramirez, ohne etwas preiszugeben.

»Wie geht's ihm denn – beteuert er noch immer seine Unschuld?«

Der Senator lächelte. »Zumindest ist er nicht flüchtig.«

Tim Dolan beugte sich nach vorn, beide Hände um sein Bierglas gelegt. »Sie sind doch hier, um einen Deal zu machen, Mr. Brattle. Lassen Sie uns hören, was Sie zu bieten haben.«

Brattle machte eine kleine ablehnende Geste. »Ich biete natürlich mich an. Ein Schuldbekenntnis zu bestimmten Unbesonnenheiten im Austausch gegen eine gewisse Nachsicht.«

»Wieviel Nachsicht?« fragte Dolan.

»Sagen wir, oh, achtzehn Monate.«

Dolan lächelte, obwohl fast soviel Hohn in dem Lächeln lag. »Anstatt neunundneunzig Jahre, richtig?«

»Ich bin noch nicht fertig«, sagte Brattle.

»Fahren Sie fort«, sagte der Senator.

»Außer mir selbst kann ich Ihnen noch Jake Spivey geben, dessen Schuld nur wenig geringer ist als meine eigene.«

»Spivey«, sagte der Senator. »Nun, ich denke, Spivey hängt schon am Haken. Wir könnten ihn an Land ziehen, ihn uns ansehen und ihn entweder behalten oder zurückwerfen.«

»Spivey gehört zu meinem Paket«, sagte Brattle. »Ich fürchte, Sie müssen ihn behalten – kleiner Fisch oder nicht.«

Der Senator schaute Tim Dolan an, der die Mundwinkel nach unten zog, als wolle er sagen: Wenn Spivey ein oder zwei Jahre absitzt – wen kümmert das? Das leichte Nicken des Senators erwiderte: mich nicht.

»So weit, Clyde«, sagte Dill, »bieten Sie uns Jake an und sich selbst. Ich weiß nicht, ob Jake ein Bringer ist oder nicht. Aber Sie sind der echte Gewinn. Der große Fisch. Sie schießen den Vogel ab. Trotzdem müßten wir nur aufstehen, zum Telefon gehen, das FBI anrufen, ihnen sagen, daß Sie hier sind, und sie bitten, das Netz mitzubringen. Und dazu wäre kein Verhandeln oder Feilschen erforderlich. Nur ein Anruf.«

»Das ist mir in den Sinn gekommen«, sagte Brattle.

Dill lächelte. »Jede Wette.« Er wandte sich an den Senator. »Ich glaube, Clyde hat noch etwas zu bieten. Etwas Unwiderstehliches.«

»Einen Anreiz«, sagte Brattle mit freundlichem Lächeln.

Der Senator lächelte nicht zurück. »Was?« fragte er statt dessen.

Brattle griff in seine Jackentasche und zog eine Karteikarte heraus. Er reichte sie zuerst Dolan, dessen Augenbrauen hochfuhren, als er gelesen hatte, was darauf stand, und dessen Überraschung ihn sagen ließ: »Heilige Mutter Gottes.« Er gab die Karte dem Senator, der sie ausdruckslos las und in die Tasche stecken wollte, bis er Dills ausgestreckte Hand sah. Nach leichtem Zögern reichte der Senator die Karte an Dill weiter, der die vier Namen darauf mit klarer, lauter Stimme vorlas.

Zwei der Namen waren jedem geläufig, der gelegentlich die Abendnachrichten hörte, den Nachrichtenteil mindestens einer Tageszeitung las und Käufer oder Abonnent fast jeder beliebigen Zeitschrift außer dem *TV Guide* war. Die beiden anderen Namen waren weniger bekannt, standen aber trotzdem bei denen hoch im Kurs, die sich für politische Strippenzieher in Washington hielten. Der erste weniger bekannte Name gehörte einem Mann, der noch immer ein äußerst hochrangiger CIA-Beamter war. Der zweite nicht so bekannte Name war der eines Mannes, der ebenfalls der CIA als Spitzenagent gedient hatte, inzwischen aber ein teurer Lobbyist in Washington war. Der erste geläufige Name war der eines stellvertretenden Stabschefs im Weißen Haus. Der zweite geläufige Name war der Hauptgewinn: Es war der eines ehemaligen CIA-Superstars, der es inzwischen zum US-Senator gebracht hatte.

»Damit wollen Sie uns sagen, Clyde«, hielt Dill fest, »daß Sie all diese Burschen in der Tasche haben.« Und wieder las Dill die vier Namen vor, doch diesmal mit normaler, fast gleichgültiger Stimme.

»Ich hab alle vier reich gemacht«, sagte Brattle. »Auf jeden Fall wohlhabend.«

»Sie können das natürlich beweisen«, sagte der Senator.

»Ich kann's beweisen.«

Von Tim Dolans nächster Frage war besonders Dill überrascht. Und er nahm an, daß die Jungs in Boston nicht nur überrascht gewesen wären, sondern auch enttäuscht. Dolans

Frage lautete: »Und jetzt möchten Sie, daß wir Ihnen helfen, diese vier Typen einzubuchten?«

Der Senator konnte die Verärgerung nicht ganz aus seiner Stimme verbannen, als er sich an Dolan wandte und blaffte: »Herrgott noch mal, Tim!«

Dolan starrte den Senator an, und dann breitete sich auf seinem hübschen irischen Gesicht ein Ausdruck von Verständnis und Anerkennung aus. Dill glaubte auch eine Spur von Ehrfucht in seiner Miene festzustellen, als Dolan sich langsam zu Brattle umdrehte und sagte: »Oh. Yeah. Ich verstehe. Sie wollen sie nicht unbedingt im Gefängnis haben. Sie bieten die Gelegenheit, sie draußen zu halten.«

Brattle lächelte Dolan etwa so an, wie er einen leicht beschränkten Schüler angelächelt hätte, der zu unerwarteten Hoffnungen Anlaß gab. »Genau«, sagte er und wandte sich an Ramirez. »Nun, Senator?«

Dill glaubte zu wissen, welchen Kurs der Senator einschlagen würde. Trotzdem gab er ihm stillschweigend einen guten Rat. Wenn du wichtige Männer ins Gefängnis bringst, junger Herr, gewinnst du nur vergänglichen Ruhm. Wenn du wichtige Männer vor dem Gefängnis bewahrst und dafür sorgst, daß sie wissen, du bist es, der sie davor bewahrt, gewinnst du unermeßliche Macht. Und Macht ist natürlich das, worum sich in deinem erwählten Beruf alles dreht: wie man sie bekommt; wie man sie behält; wie man sie verwendet.

Zehn Sekunden mußten verstrichen sein, bevor der Senator auf Clyde Brattles Frage antwortete. »Ich glaube«, sagte er langsam, »daß wir zu einer Übereinkunft gelangen können, Mr. Brattle.«

Und im selben Moment wußte Dill, daß Jake Spivey, vorausgesetzt, der tote Harold Snow hatte ihn nicht belogen, keinen einzigen Tag im Gefängnis verbringen mußte.

35

Dill brachte Clyde Brattle die Treppe hinunter. Als sie auf der letzten Stufe standen, sagte Dill: »Jake möchte ein Treffen. Er will mit Ihnen einen Deal machen.«

Brattle wandte sich zur Seite und musterte Dill gründlich. Er begann bei Dills Schuhen und arbeitete sich bis zu den Augen hoch. Er schien Dills Augen besonders interessant zu finden. »Wann?« fragte Brattle.

»Heute abend um zehn.«

»Wo?«

»In der Wohnung meiner Anwältin. Hier ist die Adresse.« Dill reichte Brattle einen Zettel, auf den Anna Maude Singes Namen und Adresse geschrieben waren. Brattle las ihn nicht. Er steckte ihn stattdessen in die Jackentasche.

»Wie sieht es da aus?« sagte Brattle.

»Der einzige Weg nach oben sind die Treppe und ein Fahrstuhl. Jake bringt zwei seiner Mexikaner mit. Sie können sich von Harley und Sid begleiten lassen. Sie können alle herumstehen und sich anstarren.«

»Wer wird sonst noch da sein?« fragte Brattle.

»Nur Sie, Jake und ich.«

»Warum Sie?«

Dill zuckte mit den Achseln. »Warum nicht?«

Nach einer kleinen Pause nickte Brattle mit seinem feinen Römerkopf. »Ich werde drüber nachdenken«, sagte er, drehte sich um, ging zur Tür und hinaus in den Augustabend.

Es war noch nicht ganz acht Uhr, als Dill in das Wohnzimmer seiner toten Schwester zurückkam. Indem er mit Brattle nach unten gegangen war, hatte er dem Senator und Tim Dolan

Zeit gegeben, den Plan auszuhecken, der es ihnen ermöglichen würde, Brattles Vorschlag anzunehmen. Doch zuerst müßten sie Dill behutsam loswerden. Er fragte sich, wie sie das anpacken würden. Er wußte, sie würden unaufrichtig sein; er hoffte fast, sie würden clever sein.

Als er wieder ins Wohnzimmer kam, stellte ihm Tim Dolan eine Frage, und Dill schloß clever sofort aus. Dolan fragte: »Glaubst du, er hat uns unsere Nummer abgekauft?«

»Brattle?«

»Yeah.«

»Es sah so aus«, sagte Dill.

Der Senator lächelte. »Ich finde, wir haben alle diese Show vor ihm virtuos abgezogen, Sie nicht?« Bevor Dill antworten konnte, fuhr der Senator fort: »Besonders, als Tim hier in seine Rolle als Trottel geschlüpft ist.«

Dill nickte. »Das war allerdings überzeugend.«

»Er hat's mir abgekauft«, sagte Dolan mit zuversichtlicher Miene, aber leicht zweifelndem Ton.

»Doch, doch, das hat er«, sagte Dill und fragte den Senator: »Was jetzt?«

»Jetzt? Nun, jetzt lassen wir ihn ein oder zwei Tage zappeln, und dann ziehen wir ihn an Land. Ich finde allerdings«, fügte er langsam hinzu und ließ einen weisen, gedankenvollen Ausdruck auf das fast perfekte Gesicht treten, »ich finde, von jetzt an sollten wir Tim hier alle Verhandlungen mit Brattle überlassen, nicht wahr?«

»Er ist der Berater«, sagte Dill. »Das sollte seine Aufgabe sein.«

»Gut«, sagte Ramirez. »Übrigens, Ben, ich möchte Ihnen ein Kompliment wegen der Art machen, wie Sie alles hier unten erledigt haben. Wirklich hervorragend. Erstklassig.«

»Danke.«

Der Senator hatte noch eine Frage. Er stellte sie so beiläufig wie möglich. »Glauben Sie, es ist wahr?«

»Sie meinen das mit den vier Männern, die er reich gemacht hat?«

Der Senator nickte.

»Klar«, sagte Dill. »Es ist wahr. Warum hätte Brattle sie sonst ins Spiel gebracht? Was sollte ihm das nützen?«

»Genau meine Meinung.«

»Meine auch«, sagte Dolan.

»Nun, dann«, verkündete der Senator mit einer zu munteren, zu fröhlichen Stimme. »Ich habe einen Bärenhunger. Warum gehen wir nicht alle irgendwo ein großes Steak essen?«

»Ein andermal«, sagte Dill und bemerkte den Anflug von Erleichterung im Gesicht des Senators, der aber fast sofort durch leisen Argwohn ersetzt wurde. Dill schob rasch seine Erklärung nach. »Ich will morgen oder übermorgen nach Washington zurückfliegen, und das hier ist vermutlich meine letzte Chance, mich hier noch mal umzusehen, ob unter Felicitys Sachen irgendwas ist, das ich haben will – Familienfotos, Briefe und Ähnliches. Nehmen Sie doch den Wagen, und ich ruf mir später ein Taxi.«

Nachdem Dill die Autoschlüssel Dolan ausgehändigt und ihn gebeten hatte, sie in seinem Postfach im Hotel zu hinterlegen, schaute sich der Senator ein letztes Mal im Wohnzimmer um und sagte: »Ihre Schwester hat hier eine ganze Weile gelebt?«

»Nein, nicht sehr lange.«

»Gemütliche kleine Wohnung, nicht wahr?«

Als der Senator und Dolan gegangen waren, trug Dill den Küchenhocker zurück ins Schlafzimmer. Er schob die Tür des Wandschranks auf, schob Felicitys Sachen zur Seite und stellte den Hocker im Wandschrank unter die Deckenklappe, die auf den Speicher des Kutschenhauses führte.

Auf dem Küchenhocker stehend, drückte Dill mit der Innenhand gegen die Falltür. Sie gab leicht nach. Er klappte sie auf eine Seite zurück. Der Küchenhocker war nur neunzig Zentimeter hoch, und Dill stieß mit dem Scheitel an die zwei Meter siebzig hohe Decke. Er packte die Kante der Klappenöffnung, sprang hoch, bekam seine Ellbogen über den Rand, und nach einigem wilden Gestrampel schaffte er es, ein Knie nachzuziehen. Danach war es ziemlich einfach.

Die Deckenbalken waren mit Stücken Sperrholzabfall bedeckt, die eine Art Pfad bildeten. Dill holte die Kerze aus der Tasche, die er in der Küche gefunden hatte, und zündete sie mit einem Streichholz an. Er folgte der Spur der Sperrholzstücke, bis er über der Wohnzimmerdecke war. Als er auf dem Sperrholz entlangkroch, redete er schweigend mit dem toten Harold Snow: Du hast mich nicht belogen, Harold, oder? Nein, du nicht. Niemals. Tausend Dollar für fünfzehn Minuten Arbeit. Warum solltest du mich also anlügen?

Als Dill nach seiner Schätzung etwa auf der Mitte der Wohnzimmerdecke war, machte er halt, hielt die Kerze hoch und stellte fest, daß Harold Snow nicht gelogen hatte. Das kleine sprachgesteuerte Tonbandgerät war genau da, wo Snow behauptet hatte. Dill drückte die Rücklauftaste, nahm die Kassette heraus und steckte sie in die Tasche. Er ließ das Tonband, wo es war, und kroch auf dem Sperrholzweg zurück zu der Falltüröffnung. Es war viel leichter, hinab- als hinaufzusteigen. Wieder auf dem Küchenhocker stehend, ließ er die Klappe in ihre Halterung einrasten.

Als er den Hocker in die Küche zurückgetragen hatte, blieb er lauschend stehen. Es war kein bestimmtes Geräusch, das ihn dazu gebracht hatte, sondern die Abwesenheit eines Geräuschs.

Er ging zum Küchenfenster und schaute hinaus. Man sah auf die Zufahrt, und gegenüber lag ein Garten, der sechs hohe Silberpappeln aufwies. Normalerweise schwankten, rauschten und zitterten die Pappeln schon bei der leisesten Brise. Sie waren jetzt vollkommen still, weil kein Wind ging – gar keiner. Dann plötzlich kam er herab aus dem Norden, von Kanada und Montana und den Dakotas. Anfangs zitterten die Pappeln, dann schwankten sie, und schließlich tanzten sie wie verrückt in dem kalten scharfen Nordwind.

Bis Dill alle Lichter gelöscht, sich vergewissert hatte, daß die Fenster geschlossen waren, die Treppe hinab und aus der Tür gegangen war, war es 20:33 Uhr und dunkel. Die Temperatur war innerhalb der vergangenen fünfunddreißig Minuten um 17 Grad gefallen und betrug jetzt nur noch 18 Grad. Der Nordwind begann böig zu wehen. Es roch nach Regen. Dill fröstelte in der plötzlichen Kühle, was er merkwürdig fand. Aber schließlich, dachte er, gilt das für jeden kalten Augusttag.

Dill ging quer durch das alte Ziegelwerk, das in einen Park umgestaltet worden war. Gerade als er auf der Höhe des städtischen Schwimmbads war, wo er und Jake Spivey schwimmen gelernt und Dill sich das Kunstspringen beigebracht hatte, begann der Regen – große, dicke, spritzende Tropfen, die den Staub niederschlugen und einen herrlich sauberen Geruch in die Höhe trieben. Dill blieb stehen und hielt sein Gesicht in den Regen. Das angenehme Gefühl dauerte nur wenige Sekunden, bis das Frösteln einsetzte. Dill eilte durch den Regen, jetzt im Trab. Er wurde feucht, dann pitschnaß, und als er in der Nähe der Ecke 18th und TR Boulevard den Park verließ, war er durchgeweicht, zitterte und wünschte, es würde aufhören zu regnen.

Jahrelang war an der Ecke 18th und TR Boulevard ein Drugstore gewesen, erinnerte sich Dill. Er fragte sich, ob der Laden immer noch dort war. Die King Brothers, entsann er sich. Wir liefern nach Hause. Sie hatten ihren Getränkespender behalten, lange nachdem alle anderen Drugstores sie abgeschafft hatten. Die King Brothers hatten erklärt, ihrer Ansicht nach sei ein Drugstore ohne »soda fountain« kein richtiger Drugstore. Als Dill aus dem Park kam, entdeckte er das alte Neonschild mit der ökonomischen Abkürzung King Bros Drugs. Er trabte über den Bürgersteig und suchte in dem Geschäft Schutz vor dem Regen.

Es war ein Laden, der immer noch von allem etwas im Angebot hatte, und als erstes nahm Dill sich ein Badehandtuch. Er benutzte es, um sich abzutrocknen, während er an den Regalen vorbeiging und nach einem kleinen Kassettenrecorder Ausschau hielt. Er fand einen, einen Sony Super Walkman, eingeklemmt zwischen den Kartons mit Mr. Coffee und den Sätzen verchromter Steckschlüssel. Dill nahm den Sony mit zur Ladentheke. Ein Mann von etwa sechzig stand hinter der Registrierkasse. Dill dachte, er könne einer der King-Brüder sein, doch war er sich nicht sicher und führte sein nachlassendes Gedächtnis auf zunehmende Senilität zurück.

Der Mann nahm das Sony-Gerät, sah nach dem Preis, nickte zustimmend und sagte: »Diese Japaner sind nicht zu schlagen«, während Dill ihm einen Hundertdollarschein gab.

Der Mann steckte den Walkman in einen Beutel und schob ihn zusammen mit neunundneunzig Cents Wechselgeld über die Theke. »Ich habe ihn in einen Plastikbeutel gesteckt«, sagte er. »Das hält den Regen ab.«

»Danke«, sagte Dill. »Haben Sie hier ein Münztelefon? Ich muß mir ein Taxi rufen.«

»Sie können ja versuchen, eins zu rufen, aber es wird nicht kommen. Nicht an so einem Abend.«

»Dann ruf ich jemand anders an«, sagte Dill.

»Das Telefon ist hinten«, sagte der Mann und nickte zur Rückseite des Ladens hin. Er starrte Dill einen Moment an. »Sagen Sie, sind Sie nicht früher oft hierhergekommen, als Sie ein Junge waren? – Teufel auch, das müssen jetzt fünfundzwanzig, dreißig Jahre her sein –, Sie und Ihr Kumpel, der damals ein bißchen pummelig war?«

»Ist er immer noch«, sagte Dill.

»Ich erinnere mich an Ihre Nase«, sagte der Mann. »In letzter Zeit habe ich Sie allerdings nicht mehr gesehen. Was haben Sie gemacht, sind Sie hier weggezogen?«

»Ein bißchen nach Norden und Osten gezogen«, sagte Dill.

Der Mann nickte. »Yeah, eine Menge Leute ziehen in die Richtung.«

Dill steckte ein Zehncentstück in den Münzschlitz und rief Anna Maude Singe in ihrem Büro an. Sie nahm beim zweiten Läuten ab. Er berichtete ihr, wo er festsaß, und sie sagte, sie würde ihn abholen kommen. Dills zweiter Anruf galt Jake Spivey.

Nach Spiveys Hallo sagte Dill: »Es läuft.«

»Clyde sagt, er wird da sein?«

»Er sagte, er denkt drüber nach.«

»Das heißt, er wird da sein. Wer noch? »

»Nur ich«, sagte Dill. »Komm besser um halb statt erst um zehn.«

»Also, das wird eine echt interessante Nacht«, sagte Spivey und legte auf.

Dill ging zur Vorderseite des Drugstores und stieg auf einen Hocker am Getränkespender. Er fragte sich, ob man sie immer noch »soda jerks« – Sodawichser – nannte. Egal wie man sie nannte, Dill bat den hinter der Theke um eine Tasse Kaffee. Während er wartete, sah er in dem Walkman nach, ob Batterien drin waren. Da keine drin waren, kaufte er welche,

347

setzte sie ein, schob den Stecker des Ohrhörers in die richtige Buchse, legte die Kassette ein, hielt den Ohrhörer ans Ohr und drückte die Starttaste.

Das erste, was er hörte, war: »Neunundsechzig ist sehr prächtig, Kontrolle, Kontrolle. Zehn, neun, acht, sieben, sechs, fünf, vier, drei, zwei, und jetzt wird gezündet. Kontrolle... Kontrolle... Kontrolle und leck mich, Dill.« Es war die Stimme des toten Harold Snow, die sehr sehr lebendig klang. Danach war es kurze Zeit still. Dann hörte Dill Tim Dolans Stimme: »Willst du nicht dein Jackett ausziehen?« Und seine eigene Antwort: »Ich finde es gar nicht so warm.« Darauf folgte Harleys Stimme, die sagte: »Nur ihr drei?« Und wieder Dill: »Nur wir drei.« Danke, Harold, dachte Dill, drückte die Stopptaste und ließ das Band dann schnell vorlaufen.

Mit einem vernünftigen Aufwand an Hin und Her fand Dill bald die Stelle auf dem Band, auf die es ihm ankam – die, wo die Unterhaltung zwischen Senator Ramirez und Tim Dolan stattfand, während Dill Clyde Brattle auf der Treppe des Kutschenhauses nach unten begleitet hatte. Hinterher konnte sich Dill nie an das Gespräch erinnern, ohne daß ihm ein Wort ungebeten in den Sinn kam: erhellend.

Dolan sprach zuerst: »Ist er weg?«

Dann der Senator: »Ja. Nun?«

DOLAN: »Jesus.«

SENATOR: »Verstehen Sie es jetzt?«

DOLAN: »Klar versteh ich's jetzt. Ein Kind könnte es verstehen.«

SENATOR: »Ich will diese vier Burschen haben, Tim.«

DOLAN: »Himmel, ich verüble es Ihnen nicht. Sie kriegen die ganzen Lorbeeren in der Presse dafür, daß Sie Brattle und Spivey dem Justizministerium übergeben, und diese anderen vier Typen werden immer fragen wie hoch, wenn Sie sagen: Hopp.«

SENATOR: »Aber da ist noch Dill.«
DOLAN: »Sie könnten ihn feuern.«
SENATOR: »Nicht klug.«
DOLAN: »Ihm einen bequemen Job in Rom oder Paris oder sonstwo verschaffen. Ihn zur Dankbarkeit verpflichten.«
SENATOR: »Besser. Ich glaube, ich werde heute abend anfangen, ihn loszuwerden. Folgen Sie einfach meinem Beispiel.«
DOLAN: »Er kommt zurück.«
SENATOR: »Richtig.«
Man hörte, wie eine Tür geöffnet und geschlossen wurde, und dann Dolans Frage: »Glaubst du, er hat uns unsere Nummer abgekauft?« und Dills Gegenfrage: »Brattle?« Danach drückte Dill auf die Stopptaste und ließ das Band zurücklaufen. Er steckte den Walkman und den Ohrhörer zurück in den Plastikbeutel. Sein Kaffee fiel ihm ein, und er hob die Tasse an die Lippen und probierte ihn. Er hatte den Zucker vergessen, also tat er welchen hinein. Er blieb an der Marmortheke mit dem Getränkespender sitzen, derselben Theke, an der er als Kind Stunden verbracht hatte, und dachte über die Grube nach, die er sich selbst gegraben hatte. Er staunte darüber, wie tief sie und wie rutschig ihre Ränder waren, und fragte sich, wie er jemals aus ihr hinausklettern sollte.

36

Wieder in seinem Zimmer im Hawkins Hotel, duschte Dill und zog sich sein Seersucker-Jackett und eine graue Hose an, während Anna Maude Singe das Band auf dem Walkman abhörte. Das Band war fast zu Ende, als Dill sich das Jackett überstreifte, zum Schreibtisch ging und anfing, Münzen, Schlüssel, Flugticket und Brieftasche auf seine Taschen zu verteilen. Als letztes kam der .38er Revolver. Er schob ihn wieder in seine rechte Gesäßtasche. Sie beobachtete ihn dabei, machte jedoch keine Bemerkung dazu und lauschte weiter den letzten Worten auf dem Band, die über den Ohrhörer kamen. Als kein Wort mehr kam, drückte sie die Stopptaste, spulte zurück und sagte: »Das ist Dynamit.«

»Ich weiß.«

»Hast du eine Kopie?«

»Nein.«

»Du solltest dir Kopien machen lassen.«

»Das lasse ich Spivey tun.«

»Du willst es ihm geben?«

»Ich glaube schon.«

Sie nickte langsam. »Dann hast du eine ziemlich schwere Entscheidung getroffen, oder?«

»Hab ich das?«

»Klar. Du mußtest dich zwischen deinem Freund und deiner Regierung entscheiden und hast dich für deinen Freund entschieden.«

»Das war keine sehr schwere Entscheidung«, sagte Dill. »Das ist eigentlich gar keine Entscheidung.«

Er nahm den Hörer ab und wählte die Auskunft. Als sich schließlich jemand meldete – nachdem eine Stimme vom

Band ihm erst einmal geraten hatte, im Telefonbuch nachzuschlagen –, fragte Dill nach der Privatnummer von John Strucker, dem Chief of Detectives. Die Frau in der Auskunft sagte ihm einige Sekunden später, daß eine solche Nummer nicht eingetragen sei. Dill legte auf.

»Nicht eingetragen?« sagte Singe.

Er nickte.

»Laß mich mal versuchen.« Sie nahm ein Adreßbuch aus ihrer Handtasche, blätterte darin, fand eine Nummer und wählte sie. Als sich jemand meldete, sagte sie: »Mike?«, und als Mike sich meldete, sagte sie: »Hier ist Anna Maude.« Sie plauderten einen Moment, und dann sagte sie, sie müsse John Strucker zu Hause erreichen. Mike hatte die Nummer offenbar griffbereit, denn sie schrieb sie auf die Rückseite eines Briefumschlags, den sie auf dem Schreibtisch gefunden hatte. Sie dankte Mike, sagte Wiederhören und legte auf.

»Wer ist Mike?« fragte Dill.

»Mike Geary, der AP-Geary.«

»Der, mit dem du früher in den Presseclub gegangen bist?«

»Stimmt.«

»Ich bin eifersüchtig«, sagte Dill, während er den Hörer abnahm und die Nummer wählte, die sie auf den Umschlag geschrieben hatte.

»Nein, bist du nicht«, sagte sie.

Das Telefon klingelte dreimal, bevor sich eine Frauenstimme meldete. Dill nahm an, es sei Dora Lee Strucker, die reiche Ehefrau. Er sagte, wer er sei, entschuldigte sich für den späten Anruf und fragte, ob er ihren Mann sprechen könne. Sie sagte, es sei jederzeit nett, von Dill zu hören, und daß Johnny den Anruf in seinem Arbeitszimmer entgegennehmen würde.

Strucker meldete sich mit einem unverbindlichen »Ja«.

»Wie würde es Ihnen gefallen, Clyde Brattle zu verhaften?«

»Brattle, wie?«

»Brattle.«

Strucker seufzte. Es war der düsterste Seufzer, den Dill bisher von Strucker gehört hatte. »Aus Kansas City?« erwiderte Strucker, fast als hoffe er, Dill würde sagen: Nein, dieser spezielle Brattle ist aus Sacramento oder Buffalo oder Des Moines.

»Aus Kansas City«, sagte Dill. »Ursprünglich.«

»Wo?« fragte Strucker.

Dill nannte ihm Haus und Apartmentnummer von Anna Maude Singe.

»Wann?«

»Punkt zehn.«

»Zehn, wie?«

»Zehn.«

»Ich werde drüber nachdenken«, sagte Strucker und legte auf. Es war nicht ganz die Reaktion, die Dill erwartet hatte. Eigentlich, dachte er, hätte sich Strucker darum reißen müssen. Es sei denn natürlich, er müßte sich vorher noch mit jemandem absprechen. Dill wählte Struckers Nummer noch einmal. Sie war besetzt. Er unterbrach die Verbindung und wählte Jake Spiveys Nummer. Auch sie war besetzt. Dill legte langsam den Hörer zurück. Sie konnten miteinander sprechen, sagte er sich, oder mit einem von einer Million anderer Leute.

»Du siehst komisch aus«, sagte Singe.

»Tu ich das?«

»Du siehst aus, als hätte er nein gesagt.«

»Er sagt, er will es sich durch den Kopf gehen lassen.«

»Das ist nicht das, was ein Cop sagen sollte. Er sollte sagen: Halten Sie Brattle hin, bis ich komme, und lassen Sie ihn nicht aus den Augen – oder so was Ähnliches.«

»Es sei denn, er ...« Dill ließ den Gedanken fallen, weil er noch unfertig und extrem häßlich, sogar grotesk war.

»Es sei denn, er was?« wollte Singe wissen.

»Er wußte schon, daß Brattle dort sein würde.«

Ihre Augen öffneten sich sehr weit, und Dill bemerkte wieder, wie schön sie waren. Besorgnis macht sie noch dunkler, dachte er. Fast rein violett.

»Falls er über Brattle Bescheid wußte, bevor du angerufen hast«, sagte sie, »bedeutet das, daß jemand übers Ohr gehauen wird. Du wahrscheinlich.«

»Vielleicht«, sagte Dill. »Vielleicht auch nicht.«

In dem Moment begann der neue Streit. Anna Maude Singe bestand darauf, Dill zu begleiten. Er lehnte ab. Sie machte geltend, es sei ihr gottverdammtes Apartment und sie könne zu jeder gottverdammten Zeit, die ihr paßte, dort hingehen. Dill erwiderte, sie würde gottverdammt gewiß nicht mit ihm kommen. Sie drohte damit, den Senator anzurufen und ihm von dem Tonband zu erzählen. Dill hielt ihr den Hörer hin. Sie nahm ihn, wählte 0 und bat, mit Senator Ramirez' Zimmer verbunden zu werden. Dill riß ihr den Hörer aus der Hand und knallte ihn auf die Gabel. Kurz darauf gelangten sie zu dem Kompromiß: Sie würde mitkommen, aber sie würde nicht hineingehen. Statt dessen würde sie in Dills Wagen warten und beobachten, wer reinging und rauskam. Sie sagte, sie glaube, das höre sich gottverdammt bescheuert an. Dill sagte, falls er nicht in einer Stunde rauskäme, wäre das nicht gottverdammt bescheuert, es wäre eine gottverdammte Schande. Sie wollte wissen, was sie tun solle, falls er in einer Stunde nicht rauskäme. Er sagte ihr, sie solle irgendwen anrufen, aber als sie ihn fragte, wen, sagte er, er wisse es nicht. Irgendwen. Dabei beließen sie es.

Es regnete immer noch, als sie in Dills gemietetem Ford auf der anderen Straßenseite vor den Van Buren Towers anhielten. Ihm wurde plötzlich klar, daß er das Apartmenthaus zuerst immer als Old Folks Home betrachtete und es erst dann in seinen richtigen Namen übersetzte. Der Regen war beständig und unerbittlich und wie alles Beständige und Unerbittliche langweilig. Dill fand eine Parklücke direkt gegenüber dem Eingang des Apartmenthauses, aber Anna Maude Singe sagte: »Du kriegst dieses Ding dort nicht rein.«

»Paß auf«, sagte Dill, der sich etwas auf seine Fähigkeit einbildete, große Autos in unmögliche Lücken hineinzubugsieren. Er parkte den Ford unverzüglich und sogar ein bißchen schwungvoll ein. Als er stand, waren vorn und hinten vielleicht noch fünfzehn Zentimeter Platz. Singe blieb unbeeindruckt. »Was ist, wenn ich hier schnell raus muß?« fragte sie.

»Ich nehme an, das kannst du nicht«, sagte er.

Sie schaute auf ihre Uhr. »Fünf vor halb zehn.«

»Ich gehe besser.«

»Hast du einen Regenmantel?«

»Nein.«

»Du solltest einen Regenmantel haben.«

»Nun, ich hab keinen.«

Sie runzelte die Stirn. »Ich will nicht, daß du da reingehst.«

»Warum nicht?«

»Ach, Herrgott noch mal, laß deine Phantasie spielen.«

Er lächelte, legte einen Arm um sie und zog sie sanft zu sich. Sie gab gern nach. Sie küßten einen langen und irgendwie besorgten Kuß, und als er vorüber war, lehnte sie sich zurück und musterte ihn nachdenklich.

»Ich weiß nicht, Dill«, sagte sie.

»Was?«

»Vielleicht bin ich doch dein Schätzchen.«

Mit dem kleinen Walkman in der Plastiktüte von King Brothers rannte Dill im Regen über die Straße und in die Van Buren Towers. Im Foyer stellte er fest, daß er feucht geworden war, aber nicht naß. Er fuhr mit dem einzigen Fahrstuhl bis in den vierten Stock, ging durch den Korridor, schloß die Tür zu Anna Maude Singes Apartment auf und ging hinein. Nachdem er zwei Lampen eingeschaltet hatte, warf er einen prüfenden Blick auf seine Uhr und sah, daß es 21:29 Uhr war. Er ging ins Badezimmer, blieb aber stehen, um den Maxfield-Parrish-Druck kurz zu mustern. Wieder kam er zu dem Schluß, daß die beiden Figuren auf dem Druck Mädchen waren.

Im Badezimmer benutzte er ein Handtuch, um sich Hände und Gesicht und das kupferfarbene Haar abzutrocknen. Er schaute in den Spiegel und sah eine Spur Lippenstift an seinem Mund. Er rieb ihn mit dem Handtuch ab und starrte sein Spiegelbild an. Du siehst müde, alt und ängstlich aus, und deine Nase ist zu groß, sagte er sich und ging zurück ins Wohnzimmer.

Er musterte wieder den Maxfield-Parrish-Druck, als er das Klopfen hörte. Er ging zur Tür, öffnete sie, und Jake Spivey kam in einem Burberry-Trenchcoat herein.

»Herrgott, Jake, du siehst aus wie jemand aus *Die fünfte Kolonne*.«

»Nein, tu ich nicht«, sagte Spivey. »Ich seh aus wie ein fetter Typ in einem Trenchcoat, und das einzige, was dümmer aussieht, ist eine Sau im weißen Hemd. Aber Daffy hat ihn für mich gekauft, und, zum Teufel, es regnete, also hab ich das Scheißding angezogen.«

Spivey war schon dabei, den nassen Trenchcoat aufzuknöpfen, und sah sich dabei in dem Wohnzimmer um. »Verdammt, wenn's hier nicht aussieht wie in den vierziger Jahren. Sie war nicht in diesem Stock, oder?«

»Wer?«

»Tante Louise. Du erinnerst dich an Jack Sacketts Tante Louise.«

»Ich erinnere mich.«

Spivey machte die Augen zu und lächelte. »Neunzehnter Juli 1959. Gegen halb drei nachmittags.« Immer noch lächelnd, schlug er die Augen auf. »An all das kann ich mich erinnern, aber nicht mehr daran, in welchem Stock sie gewesen ist.«

»Im dritten«, sagte Dill, der sich plötzlich erinnerte. »Nummer vier-zwei-acht.«

Spivey nickte. »Glaube, du hast recht.« Er hielt den nassen Trenchcoat hoch. »Wo soll ich damit hin?«

Dill nahm den Mantel und sagte, er werde ihn hinter der Badezimmertür aufhängen. Als er zurückkam, saß Spivey auf der Couch und starrte auf den Parrish-Druck. Dill fragte ihn, ob er einen Drink wolle. Spivey schüttelte den Kopf und sagte: »Schnaps und Clyde Brattle vertragen sich nicht.« Er wandte sich von dem Druck ab und Dill zu. »Klang Clyde so, als wollte er eine Vereinbarung treffen?«

»Könnte sein – je nachdem, was du zu bieten hast.«

»Ich hab darüber nachgedacht, Pick, und es ist nicht verdammt viel. Was ich habe, könnte Clyde fünfundzwanzig Jahre einbringen, aber, Mist, was sind fünfundzwanzig Jahre, wenn man sich hundert Jahren gegenübersieht?«

Dill nahm die King-Brothers-Plastiktüte vom Deckel des alten Plattenspielers und reichte sie Spivey, der ihn fragte: »Was ist das?« Sowohl sein Tonfall als auch seine Miene wirkten absolut mißtrauisch.

»Vanille mit Schoko.«

Spivey starrte Dill einige Sekunden an und öffnete die Tüte dann, als enthielte sie eine Bombe oder eine Schlange. Er zog den kleinen Sony-Walkman heraus. »Sony-Vanille hab ich schon immer gemocht.« Er schaute wieder Dill an. »Soll ich das jetzt abspielen?«

»Das ist richtig.«

Spivey blickte kurz auf die Bedienungselemente, stellte den Walkman auf den Couchtisch und drückte die Starttaste. Diesmal kam der Ton aus dem kleinen Zweieinhalb-Zentimeter-Lautsprecher des Apparats. Die Stimmen waren klar, aber blechern. Dill beobachtete Spivey beim Zuhören. Und Spivey hörte total gebannt und konzentriert zu, stellte nur zwei Ein-Wort-Fragen, und sie lauteten »Ramirez?« und »Dolan?«, als die Stimmen des Senators und des Minderheitsberaters zum ersten Mal zu hören waren. Er zeigte keine Überraschung, stellte Dill fest. Keine Überraschung, keine Euphorie, keine Freude. Nichts als der merkwürdig leere und neutrale Gesichtsausdruck, der eintritt, wenn der Verstand absolut konzentriert ist.

Aber als es vorbei war, erschien das Lächeln – das Spivey-Lächeln: voll Schurkerei und Jubel, Bosheit und Humor. Das Lächeln eines Spitzbuben, dachte Dill.

Mit weiterhin strahlendem Lächeln und einem Ausdruck leichter Wehmut dazu sagte Spivey: »Du würdest mir dieses kleine alte Band nicht verkaufen, Pick, oder?«

»Vielleicht.«

»Wieviel willst du dafür?«

»Wieviel würdest du denn dafür zahlen, Jake?«

»So ziemlich jeden Dollar, den ich habe – und Daffy und den Pickup noch als Zugabe.«

»Mit diesem Band«, sagte Dill, »würdest du nicht ins Gefängnis müssen.«

»Du weißt nicht, was das Band wirklich ist, Pick, oder?«

»Was?«

»Mensch, das ist der ultimative Dornbusch, das ist es. Scheiße, mit dem Ding müßte ich mir nicht mal *Gedanken* über das Gefängnis machen.« Das Lächeln erschien. »Komm schon, Pick, wieviel verlangst du wirklich?«

»Mein allerletzter Preis?«

»Sag nur wieviel, ich bezahle.«

Da spürte Dill, wie die Spannung in ihm wuchs. Sie begann oben in seinen Schultern, wanderte seinen Hals hinauf und setzte sich um seinen Mund fest. Seine Lippen fühlten sich steif an, seine Mundhöhle trocken. Nun mach schon, sagte er sich. Spuck's aus, und falls du keine Spucke mehr hast, schreib es auf.

»Was ich will, Jake«, sagte Dill langsam, überrascht, wie ruhig und vernünftig er sich anhörte. »Was ich will, ist derjenige, der Felicity umgebracht hat.«

Das Spivey-Lächeln verzog sich. Eine Grimasse nahm seinen Platz ein. Es war eine Grimasse des Bedauerns. Spivey schaute nach links auf den Parrish-Druck. Er musterte ihn mehrere Augenblicke, dann schaute er nach unten auf den Walkman und kaute mindestens drei- oder viermal an seiner Unterlippe. Schließlich schaute er wieder zu Dill hoch. Die Grimasse war verschwunden. Das Lächeln war wieder da, und die Augen waren randvoll mit etwas, das Dill für eine Mischung aus List und Wohlwollen hielt.

»Nun?« sagte Dill.

»Kein Problem«, sagte Jake Spivey.

37

Ein fast überschwenglicher Jake Spivey wollte nun doch einen Drink. Dill ging in die Küche und stöberte herum, bis er Anna Maude Singes begrenzte Spirituosenvorräte fand. Er machte zwei Wodka on the rocks und trug sie hinüber ins Wohnzimmer. Eins der Gläser reichte er Spivey, der sitzen geblieben war, und sagte: »Laß hören.«

Spivey nahm einen großen Schluck aus seinem Glas, wischte sich den Mund mit dem Handrücken ab, schüttelte – die ganze Zeit lächelnd – den Kopf und sagte: »Du lehnst dich einfach zurück und läßt mich das machen, Pick.«

»Ich soll dir vertrauen.« Dill machte keine Frage daraus.

Spivey nickte. »Vertrau mir.«

»Ich vertraue niemandem, Jake.«

»Du mußt einsam sein«, sagte Spivey und wollte noch etwas sagen, als es an der Wohnzimmertür klopfte. Dill schaute auf seine Uhr. Es war genau zehn. Spivey erhob sich und sagte: »Warum läßt du den alten Clyde nicht rein?«

Dill ging zur Tür und machte auf. Draußen im Flur stand mit leicht verträumtem Lächeln, perlweißem Regenmantel, dazu passendem Regenhut und nassem Regenschirm Clyde Brattle. Dill dachte, Brattle ähnele einem lange verschwundenen römischen Konsul mehr denn je. Vielleicht lag es an der Art, wie er den Regenmantel unbekümmert über die Schultern drapiert hatte. Wenige Männer konnten einen Mantel so tragen, ohne lächerlich auszusehen. Dill fand, daß Brattle ganz und gar nicht lächerlich wirkte. Er wirkte eher wie ein Patrizier, den das Schicksal gezwungen hat, sein Heil bei den Geldverleihern zu suchen, und der entschlossen ist, das Beste daraus zu machen.

»Kommen Sie rein«, sagte Dill.

Brattle kam herein, und gerade als er das Zimmer betrat, kam Spivey hinter der geöffneten Tür hervor und rammte ihm eine Pistole ins Kreuz. Brattle lächelte und blieb stehen. »Ah, Jake, wie nett, noch mal von dir zu hören.«

»Rüber zu dem hübschen Bild da, Clyde«, sagte Spivey.

Brattle schaute sich um. »Du meinst den Parrish?«

»Das mit den beiden Schwuchteln.«

»Ich glaube, es sind in Wirklichkeit Mädchen«, sagte Brattle, ging zur Wand und lehnte sich mit beiden Händen dagegen, den Regenschirm noch immer in der rechten.

»Nimm den Mantel, den Hut und den Schirm, Pick«, sagte Spivey. »Langsam und vorsichtig. Wenn du die Sachen hast, geh rüber und häng sie in den Wandschrank.«

Dill folgte seinen Anweisungen, trat wieder neben Spivey und fragte: »Was jetzt?«

»Jetzt taste ihn richtig gut ab. Fußknöchel, Schritt, überall. Vielleicht lassen wir ihn sogar den Mund aufmachen und gucken rein.«

Brattle schüttelte den Kopf und seufzte. »Manchmal bist du so ein Bauerntrampel, Jake.«

»Schlechte Manieren sorgen für ein langes Leben, Clyde.«

»Ein Aphorismus, bei Gott. Nun, fast jedenfalls.«

Als er bei Brattles Taille ankam, fand Dill die kleine Walther. Die Pistole war in einem Lederholster, das am Bund von Brattles gürtelloser Hose festgemacht war. Er würde nie einen Gürtel tragen, dachte Dill, als er die Waffe untersuchte. Vielleicht Hosenträger zu einem dreiteiligen Anzug, aber niemals einen Gürtel.

»Die nehm ich«, sagte Spivey. Dill gab ihm die Walther. Spivey steckte sie in seine linke Jackentasche.

»Du kannst dich jetzt aufrichten und umdrehen, Clyde«, sagte Spivey. »Nimm dir einen Sessel. Der da drüben sieht bequem aus. Pick holt dir sogar einen Drink. Ich weiß, es gibt Wodka, aber ich weiß nicht, was er sonst noch hat.«

»Wodka genügt völlig«, sagte Brattle, während er sich aufrichtete, zu dem Sessel hinüberging und sich setzte. Spivey nahm wieder seinen Platz auf der Couch ein. Er legte seine Pistole auf den Couchtisch neben den Walkman. Dill bemerkte, daß es eine .38er Colt war.

»On the rocks?« fragte Dill.

Brattle lächelte. »Perfekt.«

Während er in der Küche den Drink machte, konnte Dill aus dem Wohnzimmer keine Stimmen hören. Als er mit Brattles Drink zurückkam, kam ihm das Schweigen wie eins zwischen sehr alten Freunden vor, die vor langer Zeit alle Themen von gemeinsamem Interesse erschöpft hatten und deren einziges Band inzwischen eine lähmende Vertrautheit war.

Brattle hob sein Glas an die Lippen, nippte fast geziert, setzte es ab und sagte: »Der Regen war doch höchst willkommen, nicht wahr?«

»Clyde«, sagte Spivey.

Brattle drehte den Kopf ganz knapp, um Spivey anzusehen. »Ja?«

»Wir werden heute abend eine Vereinbarung treffen, du und ich, aber vorher mußt du dir etwas anhören.«

»Etwas Interessantes?«

»Ich denke schon«, sagte Spivey und drückte die Starttaste des Walkman. Dill beobachtete Brattle beim Zuhören – genauso wie er Spivey beobachtet hatte. Zuerst runzelte Brattle kurz die Stirn, aber bald entspannte sich seine Miene, als hätte er gerade ein Musikstück identifiziert, vielleicht eine Sonate, sicher ein altes Lieblingsstück, das er vor langer Zeit zum letzten Mal gehört hatte. Brattle legte den Kopf zurück. Er schloß die Augen. Er lächelte leicht. Er nahm jedes Wort in sich auf.

Als es vorüber war, öffnete Brattle die Augen, sah Dill an und fragte: »Ihre Arbeit?«

»Ja.«

»Genial.« Brattle richtete seinen Blick auf Spivey. »Also, Jake, Glückwunsch. Sehen wir mal, was für ein Abkommen wir treffen können. Was verlangst du?«

»Zwei Dinge«, sagte Spivey. »Erstens, wir müssen alles vergessen, was mich betrifft und was ich während der Jahre getan oder nicht getan haben mag, die wir zusammen rumgepfuscht haben.«

»Natürlich. Das ist offensichtlich. Was sonst – Geld?«

»Bei Gott, daran hab ich noch nicht mal gedacht. Aber nein – kein Geld. Ich habe genug Geld.«

Brattle zog die linke Augenbraue hoch, die einen sanft geschwungenen Bogen bildete. »Weißt du was, Jake? Ich glaube, das habe ich noch nie in meinem Leben jemanden sagen hören. Jedenfalls keinen, der es auch gemeint hat. Aber okay. Ich akzeptiere das. Was ist es denn, was du willst?«

»Ich will den Namen von dem blöden Arsch, der die Schwester von Pick hier umgebracht hat.«

Diesmal schossen beide Augenbrauen Brattles nach oben. Seine Verwunderung schien echt, als er den Kopf drehte und Dill musterte. »Ihre Schwester?«

»Felicity Dill. Detective zweiten Grades im Morddezernat.«

»Wie ich schon gesagt habe. Ich habe davon gelesen. Dann gab es diese große Beerdigung. Jemand wurde dabei getötet. Aber davon abgesehen, bin ich absolut unwissend.« Er machte eine Pause. »Tut mir leid. Aber das bin ich.«

»Was du bist, Clyde«, sagte Spivey, »ist der verdammt beste Lügner, der mir je untergekommen ist.«

»*Willst* du jemanden dafür, Jake? Ist es das? *Brauchst* du jemanden? Wenn es so ist, kannst du Harley haben. Oder Sid.

Oder alle beide. Natürlich waren sie es nicht, aber nimm sie dir, meinen Segen hast du. Vielleicht könnten sie sogar einen gemeinsamen Abschiedsbrief hinterlassen, in dem sie alles gestehen. Du bist mit solchen Abschiedsbriefen mal ziemlich gut gewesen, Jake.«

Spivey schüttelte den Kopf und lächelte. »Mein Gott, du bist schon was Besonderes, Clyde, wirklich. Ich sag dir jetzt mal, was ich denke. Du hast mir jemanden auf den Hals gehetzt vor – oh, vor etwa anderthalb Jahren, würde ich sagen. Woher ich das weiß? Ich weiß es auf dieselbe Weise, wie du es wissen würdest, falls jemand hinter dir her wäre. Man kann es fühlen. Riechen. Spüren. Fast schmecken. Der, den du geschickt hast, hat sich Zeit gelassen, nichts überstürzt, hat auf den perfekten Ort gewartet, den richtigen Zeitpunkt und all das. Das hab ich auch gespürt. Aber dann stolpert Picks Schwester irgendwie darüber und wird mit ihrem Wagen in die Luft gejagt. Also sag mir, wen du angeheuert hast, um mich plattzumachen, Clyde, und ich kann Pick hier sagen, wer seine Schwester umgebracht hat.«

Brattle nahm wieder einen winzigen Schluck von seinem Drink. Während er sein Glas absetzte, schüttelte er bedauernd den Kopf. »Ich weiß nicht, was ich dazu sagen soll, Jake, außer einfach abstreiten –«

Das laute Klopfen an der Wohnungstür unterbrach Brattle. Niemand rührte sich. Sekundenlang starrten Spivey und Brattle sich mißtrauisch an, und dann richteten sich ihre mißtrauischen Blicke fast synchron auf Dill. Das Klopfen kam wieder, obwohl es diesmal mehr als ein Klopfen war, es war ein lautes Hämmern, und das Hämmern wurde von einer barschen Stimme übertönt, die schrie: »Polizei! Aufmachen!«

Es war Dill, der zur Tür ging und öffnete. Gene Colder, Captain beim Morddezernat, kam mit gezogener Waffe hereingestürmt. »Niemand bewegt sich!« blaffte er. »Jeder bleibt, wo er ist.«

Niemand bewegte sich. Colder stand halb gebückt, beide Hände um den Revolver gelegt. Er trug eine kurze Regenjacke und eine braune Gabardinehose, die teuer aussah, wie Dill fand. Windjacke und Hose waren feucht, aber nicht naß. Colders Füße steckten in braunen Schnürschuhen. Sie waren teilweise von Gummiüberschuhen bedeckt. Dill konnte sich nicht erinnern, wann er zuletzt jemanden gesehen hatte, der im Sommer Überschuhe trug.

Colder sah Dill an. »Los, mit dem Rücken zur Wand«, befahl er.

»Soll ich die Hände hochnehmen?« fragte Dill.

»Halten Sie sie so, daß ich sie sehen kann.« Colder schaute kurz auf Jake Spivey, der immer noch auf der Couch saß. »Und du, Fettsack, bleibst einfach da sitzen. Spivey, nicht?«

Spivey nickte. »Jake Spivey.«

Immer noch in gebückter Haltung und beide Hände um den Revolver gelegt, drehte sich Colder zu Clyde Brattle um. »Und wer zum Teufel sind Sie?« wollte er wissen.

Brattle saß immer noch mit übereinandergeschlagenen Beinen in dem Sessel. Er lächelte und stellte seinen Drink ab. Er bewegte die linke Hand zur Innentasche seines Jacketts, während er sagte: »Wenn Sie gestatten, werde ich Ihnen meinen Auswei–«

Er hörte zu sprechen auf, als Captain Gene Colder ihn unmittelbar über dem linken Auge in die Stirn schoß. Die Wucht der Kugel stieß Brattle zurück in den Sessel. Als er zusammensackte, schoß Colder noch einmal auf ihn, diesmal in die Brust.

Sekundenlang rührte sich niemand. Keiner sagte etwas. Langsam erhob sich Captain Colder aus seiner gebückten Haltung und steckte den Revolver zurück in das Gürtelholster unter seiner Windjacke. Er wandte sich an Dill. »Ich hatte keine andere Wahl«, erklärte er. »Er hat nach seiner Knarre gegriffen.«

»Klar«, sagte Dill. »Absolut.«

Spivey erhob sich und ging langsam hinüber zu dem toten Clyde Brattle. Er stand da und sah ihn mehrere Sekunden an, schüttelte dann den Kopf und sagte: »Scheiße, Clyde, was hast du erwartet?«

Er kniete sich neben die Leiche und schaute von dem toten Brattle zu dem stehenden Captain Colder hinüber, als wolle er Entfernung und Winkel abschätzen. Dann griff Spivey in seine linke Jackentasche. Er zog die Walther heraus, die Brattle gehört hatte. Er richtete die Pistole auf Colder und jagte ihm wenige Zentimeter über dem Bund seiner kurzen Regenjacke eine Kugel in den Leib.

Colder taumelte erst einen, dann zwei Schritte zurück und preßte beide Hände auf die Wunde. Er ging in die Knie und starrte auf das Blut hinab, das ihm durch die Finger sickerte. Langsam hob er den Kopf und schaute zu Jake Spivey hin, der mit ausdruckslosem Gesicht dastand. Er schien in Spiveys Gesicht nach einer Antwort auf eine wichtige Frage zu suchen, und als er sie nicht fand, drehte er den Kopf so weit nach links, wie es nur ging, und schrie einen Namen. Der Name, den er schrie, war Strucker.

Chief of Detectives John Strucker schlenderte eine Sekunde später gepflegt und trocken aussehend durch die noch offene Wohnungstür. In der linken Hand hielt er eine angezündete Zigarre. Er trug einen grauen Seidenanzug, den Dill aus irgendeinem Grund mit einem Achthundert-Dollar-Preisschild versah. Strucker drehte sich um, schloß die Tür, nickte Dill zu und ging zu dem noch am Boden knienden Captain Colder hinüber.

Colder starrte zu ihm hinauf. »Spivey ... es war Spivey«, flüsterte er.

Strucker schüttelte bekümmert den Kopf. »Wissen Sie, was Sie sind. Gene? Sie sind eine verdammte Schande.«

Strucker drehte sich um, ging zu Spivey und streckte seine Hand aus. Spivey gab ihm die Walther. Strucker zog sein Ziertaschentuch heraus und wischte die Pistole sorgfältig ab.

»Hat die Brattle gehört?« fragte er Spivey.

Spivey nickte.

»War er Rechts- oder Linkshänder?«

»Rechts«, sagte Spivey.

Der immer noch kniende Colder stöhnte und murmelte: »Verdammt noch mal, Strucker, tun Sie doch was.«

»Ich bin dabei«, sagte Strucker, seufzte einen seiner schwereren Seufzer, steckte sich die Zigarre zwischen die Zähne und beugte sich über den toten Clyde Brattle. Er legte Brattles rechte Hand um den Griff der Walther und schob Brattles rechten Zeigefinger in den Abzugsbügel und um den Abzug. Vom Lauf der Pistole sah er zu dem noch knienden, starrenden Captain Colder hin. Strucker zog mit dem Finger des toten Mannes den Abzug durch und schoß Captain Gene Colder durch die Brust, ungefähr an der Stelle, wo das Herz sein mußte. Colder zuckte mit dem Aufprall zurück, kippte dann nach vorn und fiel auf die linke Seite. Ein Zittern durchfuhr seinen Körper. Dann war er still.

Strucker nahm die Zigarre aus dem Mund und ging auf die Leiche des Captains zu. Er starrte eine Weile auf ihn hinunter, kniete sich hin und zog vorsichtig Colders Revolver aus seinem Holster und legte ihn neben die leblose rechte Hand. Strucker erhob sich, drehte sich zu Dill um und sagte: »Zufrieden?«

»Ich weiß nicht«, sagte Dill. »Erzählen Sie mal.«

38

Strucker schaute auf seine Armbanduhr. »Sie werden die Zwei-Minuten-Version bekommen«, sagte er, »denn wenn das Morddezernat hier durch die Tür kommt, werde ich Colder in einen tapferen und engagierten Cop verwandeln, der sich mit dem meistgesuchten Mann in Amerika einen Schußwechsel geliefert hat.« Er wandte sich an Spivey: »Wie klingt das?«

»Ganz gut«, sagte Spivey.

Strucker wandte sich wieder an Dill. »Sie hat für mich gearbeitet, Ihre Schwester. Für mich und niemanden sonst. Sechs Monate, nachdem man Colder von Kansas City hierher versetzt hatte, begann er mir komisch vorzukommen. Er veränderte sich. Seine Einstellung verschob sich. Sein Interesse war nicht mehr dasselbe. Einem Zivilisten ist das schwer zu erklären, aber ich wußte, daß mit ihm etwas nicht koscher war. Er kaufte ein Haus, das um eine Spur zu schick war. Seine Anzüge waren hundert Dollar zu teuer. Er war nicht so blöd, sich einen Mercedes zu kaufen, aber immerhin schaffte er sich einen Olds achtundneunzig an. Dann kam diese üble Geschichte mit seiner Frau. Sie haben davon gehört.«

Dill nickte. »Er hat sie einweisen lassen.«

»Ungefähr um diese Zeit ließ ich Felicity kommen, erzählte ihr von meinen Vermutungen und Befürchtungen und sagte ihr, was sie für mich dagegen unternehmen sollte. Nun, Ihre Schwester war eine brillante Frau und schön, und wenn ich nicht so alt wäre und so glücklich mit Dora Lee – dann hätte ich ihr vielleicht selbst den Hof gemacht, auch wenn Felicity arm wie eine Kirchenmaus war. Aber sie erzählte mir, das hätte Tradition bei den Dills – arm zu sein.«

»Sie hatte recht«, sagte Dill.

»Also verwandelte sie sich in einen Honigtopf, und Gene Colder fiel direkt in ihn hinein, und, Scheiße, wer konnte ihm das verdenken? Ich nicht. Aber ich wollte wissen, wieviel Geld er hatte, wo es herkam und was er tat, um es sich zu verdienen. Felicity brauchte fast verdammte sechs Monate, nur um herauszufinden, wieviel er hatte, und das waren immerhin sieben- oder achthunderttausend. Er gab ihr das Geld für die Anzahlung auf das Haus und nebenher noch eine ganze Menge mehr, aber ich nehme an, das haben Sie sich schon zusammengereimt.«

»Einiges davon«, sagte Dill.

»Aber was Ihre Schwester nicht herausfinden konnte, war, wo das Geld herkam, weil es nirgendwo herkam. Ich meine, Colder hatte es einfach, verstehen Sie?«

»Ja«, sagte Dill. »Ich verstehe.«

»Und dann, eines Tages, erwähnte sie ihm gegenüber Jake Spivey und Sie, Dill, und wie Sie zusammen aufgewachsen wären und so weiter. Davon konnte Colder gar nicht genug hören. Dann, ein paar Monate später, war sie bei ihm zu Hause, bei Colder, und es war Samstagnachmittag, wie ich mich erinnere, und er ging noch mal raus in den Laden, um Bier oder so was zu holen, und Felicity fing an, bei ihm herumzustöbern. Dann fand sie ein Journal, ungefähr so groß.« Struckers Hände zeigten ein kleines Format von 18 mal 23 Zentimeter an. »Also las sie es, und was sie las, war alles, was sie ihm über Jake erzählt hatte. Nicht über Sie. Nur über Jake. Also stattete ich Jake draußen in Ace Dawsons alter Villa einen Besuch ab.«

»Es war Liebe auf den ersten Blick«, sagte Spivey grinsend.

»Und Sie zwei sind dann dahintergekommen, richtig?« sagte Dill. »Hinter die Kansas-City-Connection zwischen Colder und Clyde Brattle.«

Strucker nickte.

»Wieviel hat Brattle Ihrer Ansicht nach Colder gezahlt, damit er Jake umbringt?« fragte Dill. »Eine Million?«

Strucker nickte. »Mindestens. Also, wir – Jake und ich – wir kamen dann zu dem Schluß, daß Brattle, falls es uns gelang, Jake am Leben zu halten, früher oder später hier auftauchen müßte, um sich darüber Klarheit zu verschaffen, wieso er das nicht bekam, wofür er bezahlt hatte. Und wenn er hier aufkreuzte, würde ich ihn verhaften, und das hätte meiner politischen Zukunft ganz und gar nicht geschadet. Jake und ich hatten schon ein wenig darüber geplaudert.«

»Und Felicity haben Sie einfach hängenlassen«, sagte Dill.

»Colder hatte noch nichts angestellt«, sagte Strucker. »Das dürfen Sie nicht vergessen.«

»Und Sie sagen, er tötete Felicity, als er herausfand, was sie vorhatte.«

Strucker nickte düster. Und auf das Nicken folgte einer seiner langen traurigen Seufzer. »Wir konnten es aber nicht beweisen. Wir hatten nichts in der Hand.«

»Quatsch«, sagte Dill. »Sie hätten Colder wegen Felicity verhaften können. Oder, wie hieß er doch noch, wegen ihres Exfreunds Clay Corcoran. Oder wegen des armen alten Harold Snow. Herrgott. Bei Harold war es wirklich einfach. Aber Sie haben's nicht getan, nicht wahr, weil Sie immer noch auf Brattle warteten. Ihr Kerle habt meine Schwester für Clyde Brattle eingetauscht.«

Mit zwei schnellen Schritten stand Strucker neben Dill. Er packte Dill am linken Arm und riß ihn herum. Der Chief of Detectives zeigte nach unten auf den Boden. Sein Gesicht war nur noch ein wütender faltenreicher Knoten. Seine Stimme ein Krächzen. »Wer liegt denn da unten am Boden in seinem Blut und seiner Pisse und Scheiße? Das ist Gene Colder, *Captain* Gene Colder, der der verdammt beste Cop im Morddezernat war, der mir je begegnet ist. Er hat ihre Schwester getötet, ohne die geringste Spur zu hinterlassen, und dann auf ihrer Beerdigung gepredigt. Er hat Clay Corcoran aus zwölf Metern Entfernung mit einer Pistole Kaliber fünfundzwanzig glatt durch die Kehle geschossen, während sechshundert andere Cops mit den Daumen im Arsch rumstanden. Bei Harold Snow hat er eine abgesägte Schrotflinte benutzt und kam dann reinspaziert mit einer Riesenportion Eis, übernahm die Ermittlung und brachte die Indizien unter, die beweisen würden, daß Snow Felicity umgebracht hätte. Glauben Sie, er hätte nicht gewußt, was er tat? Warum zum Teufel hat Ihrer Ansicht ein Kerl wie Clyde Brattle ihm eine Million Dollar gezahlt. Und mit nur einem bißchen mehr Glück hätte Gene heute abend Brattle umnieten und das Geld behalten können, und kein Gericht der Welt hätte etwas gegen ihn in der Hand gehabt. Aber da liegt er. Am Boden. Tot.«

Dill machte sich aus Struckers Griff frei. Dann ging er hinüber zum Couchtisch. »Was ist, falls er es nicht getan hat?« fragte Dill.

Strucker schoß einen schnellen Blick zu Jake Spivey hinüber, der verblüfft aussah. »Worauf will er hinaus?« fragte Strucker.

»Auf irgendwas«, sagte Spivey.

»Sie sagen, daß Sie nicht beweisen können, daß er Felicity getötet hat – oder Corcoran oder sogar Harold Snow. Und wenn Sie nicht beweisen können, daß er sie umgebracht hat, dann ist er unschuldig.«

»Er hat sie getötet«, sagte Strucker. »Sie alle.«

»Sie glauben, daß er es getan hat.«

»Du doch auch, Pick«, sagte Spivey.

»Vielleicht«, sagte Dill, streckte die Hand, hob den Kassettenrecorder auf, ließ das Kassettenfach aufspringen und steckte das Band in die Tasche.

Spivey stand auf. »Du hast nicht vor, mit der Kassette aus der Tür zu gehen, oder?« fragte er.

»Sie sollte dein Dornbusch sein, Jake. Der ultimative. Aber jetzt ist sie meiner.« Dill sah Strucker an und dann wieder Jake Spivey, der nach unten griff und die .38er Pistole vom Couchtisch nahm. »Ich mache mir Sorgen wegen euch beiden«, sagte Dill. »Ich überlege mir, wo euer Weg nach oben enden wird und was ihr tun werdet, wenn ihr angekommen seid. Und wenn ihr weit genug und hoch genug kommt, dann erinnert ihr euch vielleicht eines Tages an mich und denkt daran, daß ich hier mit euch an dem Abend in diesem Zimmer war, an dem ihr getan habt, was ihr getan habt. Und dann könntet ihr euch fragen, ob ihr meinetwegen nicht vielleicht etwas unternehmen solltet. Wenn ihr also anfangt, solche Überlegungen anzustellen, dann denkt daran: Ich hab das Band.«

Spivey schüttelte bekümmert den Kopf und hob die Pistole, bis sie auf Dill zielte. »Pick, ich kann dich mit dieser Kassette nicht aus der Tür gehen lassen.«

»Was ist drauf?« sagte Strucker.

»Alles, was wir brauchen, um mich aus dem Gefängnis rauszuhalten und Sie zum Bürgermeister und später zum Senator zu machen.«

»Aha«, sagte Strucker.

Dill sagte: »Ich gehe jetzt, Jake.«

»Wir müssen dich einfach auf die eine oder andere Weise aufhalten«, sagte Spivey mit besorgter, trauriger Stimme. Er schaute hinüber zu Strucker.

Der Chief of Detectives schüttelte langsam den Kopf. »Nein.«

»Was soll das heißen, nein?« sagte Spivey.

»Wenn wir ihm diese Kassette abnehmen, wird er reden«, sagte Strucker. »Über heute abend. Und wenn wir ihn gehenlassen, wird er den Mund halten.« Er sah Dill an. »Stimmt's?«

»Stimmt.«

»Es sei denn, natürlich«, sagte Strucker zu Spivey, »Sie wollen ihm eine Kugel verpassen und es hinter sich bringen. Irgendwie könnten wir das schon deichseln.«

Dill wartete darauf, daß Spivey etwas sagte oder tat. Spivey sah wieder hinab auf die Pistole und richtete sie auf Dill. Während er auf ihn zielte, breitete sich ein Ausdruck echter Trauer langsam auf seinem Gesicht aus. Dill fragte sich, ob er wohl den Knall der Pistole hören würde. Die Trauer verschwand aus Spiveys Gesicht, und Bedauern schien sie zu ersetzen. Langsam senkte er die Waffe und sagte: »Mist, ich kann's einfach nicht.«

Dill drehte sich um, öffnete die Tür und ging.

39

Als er den Flur entlang zum Fahrstuhl schritt, wurden vorsichtig Türen geöffnet, und verängstigte Gesichter von Leuten mittleren Alters spähten hinaus. Dill blickte die Gesichter finster an und blaffte: »Polizei.« Die Türen knallten zu.

Im Foyer waren nur die beiden Mexikaner, die für Jake Spivey arbeiteten. Beide trugen gepflegte, sehr dunkelgraue Anzüge. Sie sahen einander an, als Dill aus dem Fahrstuhl trat, und der ältere der beiden schüttelte den Kopf, als wolle er sagen: Spar dir die Mühe. Dill ging zu ihm hin und sagte auf spanisch: »Wo sind die beiden anderen Männer – der große und der dünne mit den toten Augen?«

Der Mexikaner lächelte. »Als wir ankamen, haben wir sie davon überzeugt, daß sie woanders wichtige Geschäfte hätten. Sie sind fortgegangen, um sich darum zu kümmern.«

Der Mexikaner lächelte noch zufrieden, als Dill durch die Tür der Eingangshalle hinaus in den Regen ging. Er rannte über die Straße, schlängelte sich durch die enge Lücke am Heck des Ford und öffnete die Tür auf der Beifahrerseite. »Du fährst«, sagte er zu Anna Maude Singe.

Sie rutschte zum Steuer hinüber, als Dill einstieg. »Falls das hier die Flucht ist«, sagte sie, »wird es allein eine Stunde dauern, den Wagen hinauszumanövrieren.«

»Ramm den Wagen hinter dir, schlag das Steuer scharf nach links ein, stoß gegen den Wagen vor dir und wiederhol das so lange, bis du mit dem rechten Kotflügel rauskommst.«

»Du meinst, ich soll es so machen wie immer«, sagte sie.

Sie brauchte nur zwanzig Sekunden und fünf Stöße, um den Ford aus der engen Lücke rauszubugsieren. Sie raste die Van Buren hinunter, bis sie zur 23rd Street kam, die Sirene hörte, rechts ranfuhr und anhielt. Ein grün-weißer Streifenwagen quietschte mit aufheulender Sirene und eingeschaltetem Blaulicht um die regenglatte Straßenecke. Singe nahm den Fuß von der Bremse und fuhr vorsichtig an die Kreuzung heran. Aber beim Anblick eines schwarzen Zivilfahrzeugs trat sie wieder auf die Bremse. Der Wagen jagte auf der entgegengesetzten Fahrbahn auf sie zu. Hinter dem Kühlergrill blitzte ein rotes Licht auf.

Singe blieb bewegungslos hinter dem Steuer sitzen, bis Dill sagte: »Fahren wir.« Langsam setzte sich der Wagen in Bewegung.

»Die Cops«, sagte sie. »Die fahren zu meiner Wohnung, nicht wahr?«

»Ja.«

»Ich habe Jake Spivey und seine beiden Mexikaner hineingehen sehen. Danach kamen noch drei Männer, und einige Minuten später kamen zwei von ihnen rausgerannt.«

»Das waren Harley und Sid. Sie haben für Clyde Brattle gearbeitet.«

»Dann gingen Strucker und Gene Colder zusammen hinein.«

»Ja.«

»Was ist passiert?«

»Brattle und Colder sind tot.«

»Wo?«

»Im Wohnzimmer.«

»Meinem *Wohnzimmer*?«

»Ja.«

»O verdammt, verdammt, verdammt.« Automatisch trat sie das Gaspedal durch. »Erzähl mir nichts davon. Ich will es nicht wissen. Warum auch? Ich weiß noch nicht mal, wo ich hinfahre.«

»Zum Flughafen.«

»Was ist mit deinen Sachen im Hotel?«

»Das kann warten.«

Er griff in seine Tasche und zog die Kassette hervor. »Siehst du das hier?«

Sie warf einen kurzen Blick darauf und nickte. »Dann hast du sie doch nicht Spivey gegeben.«

»Nein. Ich steck sie in deine Handtasche.« Sie sah ihm dabei zu und konzentrierte sich dann wieder aufs Fahren. »Du weißt, wo du Kopien machen lassen kannst?« fragte er.

Sie nickte.

»Laß morgen sechs Kopien machen.«

»Morgen?« sagte sie. »Was ist mit heute nacht? Wo zum Teufel schlafe ich heute nacht?«

»Es gibt am Flughafen ein Holiday Inn, oder?«

»Ja.«

Er holte seine Brieftasche heraus, entnahm ihr drei Hundertdollarscheine – fast die letzten, sah er – und steckte das Geld zu der Kassette in ihre Handtasche. »Zahl den Zimmerpreis in bar. Benutze einen falschen Namen – Mary Borden.«

»Ich sehe nicht wie eine Mary Borden aus.«

»Benutz ihn trotzdem. Behalt den Ford, und geh morgen nur raus, um die Kassetten kopieren zu lassen. Dann geh zurück in dein Zimmer. Ich rufe dich gegen Mittag an.«

»Mittag.«

»Ja.«

»Was ist, falls du es nicht tust?«

Dill seufzte. »Falls ich es nicht tue, nimm das Band und geh zum FBI.«

Im Eingang zum Gatty International Airport küßten sich Benjamin Dill und Anna Maude Singe zum Abschied. Es war ein kurzer, flüchtiger Kuß und fast ohne Zärtlichkeit. Sie sah ihm zu, wie er aus dem Wagen stieg. »Ruf mich an, du verdammter Kerl«, sagte sie.

Im Flughafengebäude schlenderte Dill herum und verschaffte sich einen Überblick über die Abflugzeiten. Schließlich suchte er sich einen Delta-Flug heraus, der in fünfundvierzig Minuten nach Atlanta startete. Er kaufte ein einfaches Flugticket erster Klasse, zahlte in bar und benutzte den Namen F. Taylor. Er wußte, daß er in Atlanta einen Flug zum Washington National Airport bekommen würde.

Dill verbrachte den größten Teil der Wartezeit in einer Kabine auf der Herrentoilette. Dort wischte er Harold Snows Revolver sorgfältig mit einem Taschentuch ab, wickelte die Waffe in eine Zeitung, die er gekauft hatte, und warf sie auf dem Weg aus der Toilette in einen Mülleimer. An Bord der Maschine bekam er einen Platz am Gang neben einem fröhlich aussehenden Mann um die Fünfzig. Der Mann sah aus wie ein Schwätzer. Dill hoffte, er war keiner. Das Flugzeug hob ab und zog eine Schleife über der Stadt. Der Mann starrte durch den Regen nach unten auf die Lichter und wandte sich dann an Dill.

»Das ist vielleicht ein toller Anblick«, sagte der Mann. »Wollen Sie mal raussehen?«

»Nein«, sagte Dill. »Ich glaube, ich will nicht.«

Am Dienstag, dem 9. August, setzte das Taxi Dill um 9:46 Uhr vor seinem Apartmenthaus an der Ecke 21st und N Street Northwest ab. Er schaute sich um und entdeckte sie, die beiden Mercury-Limousinen, unscheinbar und nicht gekennzeichnet, die ebensogut U.S.-Government in Schablonenschrift auf ihren Türen hätten stehen haben können. Die eine, dunkelblau, parkte in der N Street. Zwei Männer saßen darin. Die andere, dunkelgrau, stand im Parkverbot vor dem giftgrünen Apartmenthaus des alten Mannes in der 21st. Auch in diesem Wagen saßen zwei Männer.

Dill betrat das Haus und schaute in seinen Briefkasten. Darin waren drei Rechnungen, neun Werbesendungen, eine Ausgabe der *Newsweek* und ein Brief von seiner toten Schwester.

Mittwoch, 3. August

Lieber Picklepuss:

Die einzige saftige Neuigkeit, die ich diese Woche für Dich habe, betrifft Deine alte Flamme von der High-School, die sehr hochnäsige, sehr großkotzige Barbara Jean Littlejohn (geborene Collins). Und falls Du Dich nicht mehr so recht erinnerst, was für einen Grund sie für ihre Hochnäsigkeit hatte, mußt Du nur dran denken, daß sie die Präsidentin ihrer Studentinnenverbindung an der High-School gewesen ist, der *Tes Trams*. Himmelherrgott, Pick, lies es rückwärts! Inzwischen verheiratet mit Art Littlejohn, dem Manager des *größten* TG&Y der Stadt, wurde die entzückende Barbara Jean letzte Woche wegen Ladendiebstahls hopsgenommen bei – bist Du bereit? – Sears! Sie hat versucht, mit einer Stola aus nachgemachtem Marderfell, die sie sich übergeworfen hatte, aus dem Laden zu spazieren. Wer hätte das auch im Juli bei einer Temperatur von 38° gemerkt?

Was nun Deine kleine Schwester angeht, den genialen Detective, so kommt sie langsam ans Ende einer ziemlich schmutzigen Eskapade, von der ich Dir eines Tages ausführlich berichten werde. Morgen früh werde ich mich aufmachen und das alles dem adretten & langweiligen FBI eröffnen. Warum, fragst Du vielleicht, eröffne ich das nicht alles meinem obersten Cop-Boss, Honest John Strucker, Chief of Detectives und Heirater einer schwerreichen Witwe? Also, ich traue dem alten Honest John nicht mehr, oder seinem neugewonnenen besten Freund, der kein anderer ist als Dein alter Busenfreund und Kumpel Jake Spivey, der inzwischen in Marmorhallen wohnt. Kannst Du Dir Lumpenarsch Jake vorstellen, wie er in der Villa des alten Ace Dawson herumgeistert?

Während der letzten anderthalb Jahre bin ich entweder Doppel- oder Dreifachagent der bodenständigen Sorte gewesen. Mit dem Konzept des Dreifachagenten hab ich Schwierigkeiten, weil es eine mathematische Abstraktion ist und ich ja, wie Du sehr wohl weißt, eher der intuitive Typ bin, dem Abstraktionen einfach zuwider sind, besonders Algebra 3, in der ich zweimal durchgefallen bin.

Die Hauptakteure in diesem unappetitlichen Melodram (mit mir als Star natürlich) sind einmal ich, dann Honest John Strucker, Jake Spivey (bislang in den Kulissen) und mein derzeitiger Liebhaber, Captain Gene Colder vom Morddezernat, der – obwohl von furchtbarem Gebaren – eigentlich eine echte Delpe ist, wie man hier unten eine Kreuzung zwischen einem Depp und einer Nulpe nennt. Geld spielt mit hinein. Tonnenweise. Und Politik. Und ein geheimnisvoller internationaler Mysterioso namens Clyde Brattle, von dem Du gehört haben mußt. Ich habe gerade genug erfahren, um Angst zu bekommen, und vielleicht gerade so viel, um Colder, die Delpe, ins Gefängnis zu bringen. Vielleicht. Also werfe ich das hier heute abend noch ein, und morgen gehe ich dann in aller Frühe zum FBI, wo ich auspacken werde.

Übrigens (was sich schneller schreibt als nebenbei bemerkt) habe ich eine Lebensversicherung über 250.000 Dollar abgeschlossen, in der Du als einziger Begünstigter genannt bist.

Falls mir irgendwas zustößt, ruf meine Anwältin Anna Maude Singe an, die sowohl gut aussieht als auch Köpfchen hat, und da könntest Du es schlechter treffen, was, wie wir beide wissen, Du oft getan hast.

Oh. Noch eins. Falls mir tatsächlich irgendwas zustößt, glaub kein einziges gottverdammtes Wort von dem, was man Dir hier unten erzählt. Und jetzt, nachdem ich Dich ein bißchen aufgemuntert und Dein Interesse geweckt habe, sag ich einfach tschüs und wünsche Dir –

– alles Liebe,
Felicity

Der Brief war auf dem Lieblingsbriefpapier seiner Schwester geschrieben: linierte Blätter von einem gelben Notizblock. Die beiden Blätter waren nicht ganz mit der wunderschönen gestochenen Handschrift vollgeschrieben, die sie sich in jenem Sommerurlaub aus einem Buch selbst beigebracht hatte, als sie zwölf Jahre alt gewesen war. Noch früher hatte sie alles in Druckschrift geschrieben. Oder fast alles.

Dill las den Brief, während er vor seinen hohen, fast bis zur Decke reichenden Fenstern stand, von denen er einen Blick auf das Wohnhaus des alten Mannes auf der anderen Straßenseite hatte. Als er aufsah, sah er, daß der alte Mann mit seiner Polaroid draußen war und eine Aufnahme von dem dunkelgrauen Regierungs-Mercury machte, der im Parkverbot stand. Zwei Männer stiegen aus dem Mercury und gingen auf den alten Mann zu. Sie schienen zu protestieren. Der alte Mann schrie sie an und zeigte auf das Parkverbotsschild. Die beiden Regierungsagenten zeigten auf die Kamera des alten Mannes und sagten noch etwas. Er versteckte die Kamera schnell hinter dem Rücken und schrie wieder auf sie ein. Dill konnte nicht hören, was er schrie. Wahrscheinlich Drohungen und Flüche.

Ein Wagen der Metropolitan Police kam angefahren, und zwei schwarzuniformierte Cops stiegen aus, um nachzusehen, was für ein Problem es gab. Die uniformierten Cops wurden verschwommen, und Dill begriff, daß seine Augen naß waren. Er wandte sich vom Fenster ab und wischte die Tränen weg.

In gewisser Hinsicht hatten alle sie getötet, dachte er, und jetzt werden sie alle eine kleine Anzahlung leisten. Sonst hätte der Geistliche unrecht, und sie wäre tatsächlich sinnlos gestorben, obwohl sinnloses Sterben wirklich nicht so schlimm ist, weil es beinahe jeder tut. Sinnlos zu leben, das ist es, wovor man sich wirklich hüten muß, und Felicity hatte nie einen Tag damit vergeudet, das zu tun.

Er kam zu dem Schluß, daß er rund fünf oder zehn Minuten hatte, bevor die Regierungsagenten, wer immer sie sein mochten, bei ihm anklopften. Er ging zum Wandtelefon in der Küche und rief die Auskunft an, um sich die Nummer des Holiday Inn am Flughafen geben zu lassen, wo Anna Maude Singe wartete. Während das Telefon klingelte, fragte sich Dill, wie gut sie als Rechtsanwältin wirklich war und ob ihr Washington gefallen würde. Vor allem fragte er sich, ob sie ihn vor dem Gefängnis bewahren konnte.

»...three hours to go before the first drink« – Briefwechsel zwischen Jörg Fauser und Ross Thomas

Jörg Fauser
Krumme Str. 70
D-1000 Berlin 12

November 9, 1984

Dear Mr. Thomas:

Progress, not only in politics, is moving erratically, a fact it seems to have in common with correspondance. It is now nearly a year since Martin Compart, your editor at Ullstein Verlag, let me have a copy of your letter to him accepting honorary membership in our little *Oberbaumbrücke* group* – and, sadly, it is my duty now to inform you that this organization is at present defunct, mainly due to the fact that one of it's writer-members split to another and unfriendly publishing house. The group remains presently, with one member (honorary) in Malibu, one other (conditional) in Bangkok and two banner-holders here in Berlin, in a state of blissful non-activist peace, awaiting

---

* 1983 von Martin Compart, Jörg Fauser und dem Krimiautor Peter Schmidt in Berlin gegründet. Die Ehrenpräsidentschaft der »Gruppe Oberbaumbrücke« bekam Ross Thomas verliehen. (Siehe Martin Compart, *Das 13. Arrondissement*, Nachwort in: Jörg Fauser, *Das Schlangenmaul*, Alexander Verlag Berlin 2006, S. 271–287.)

the further blossoming of the political thriller business, which, if one is only looking towards Bonn, must surely happen one of these days. We'll let you know major developments with due swiftness.

In the meantime, I had the great pleasure to read *Missionary Stew [Teufels Küche]*, which I did not know at the time when I wrote the introduction to *Chinaman's Chance [Umweg zur Hölle]*. For me, it is a smasher from the very first line down to the last, with heavy doses of eye-openers regarding the seamier sides of the political business. In short, I think it's one of your best. And you might be pleased to know that Ullstein has put your first and best translator Wilm Elwenspoek to the job – the same Mr. Elwenspoek who gave the McCorkle-Trilogy in his German translation that unique sparkling otherwise associated only with the best of German champagne.

If several hardnosed reporter from the Post have not succeeded in locating Mac's Place, I seem to stand no chance of finding it myself. Let me say this: I'll give up the search any day gladly for just one more story told by the owners.

Let me end this by giving you Mr. Comparts best wishes and remain, on this foggy day in Berlin, three days after Reagan's landslide and with three hours to go before the first drink,

sincerly yours,

Jörg Fauser

January 3, 1985

Dear Mr. Fauser:

I refuse to admit that the *Oberbaumbrücke* group has become defunct. Instead, it has only become more exclusive. With just a few more defections, it may well become the most exclusive organization in the world with a total membership of minus one.

Thank you for your kind and considerate comments about *Missionary Stew* and for the good news that Wilm Elwenspoek will be doing the translation. Hollywood has optioned the book and assigned it to a a 26-year-old British rock & roll musical director. Hollywood, of course, is a very weird place.

Meanwhile, I am enclosing a belated Christmas gift. Something called *Briarpatch*.

Kindest regards.
Sincerly,

Ross Thomas

3930 Rambla Orienta
Malibu, California 90265

Berlin, February 1, 1985

Dear Mr. Thomas,

I can still vaguely remember the contents of packages from America in my early years. These were of course the days of the Care-Paket, and its contents were mostly powdered milk, corned beef and chocolate bars – very tasty and certainly a great help in those hungry times. Still, after having devoured the content of yet another package from America, I can assure you that while the Care-Pakete may have stilled a child's appetite for a more tasty diet than frozen potatoes and wormy cabbage, *Briarpatch* has given a 40-year-old reader and writer all the satisfaction he can expect from good novel – and much more. I think that *Briarpatch* ought to be considered as a master-piece. It is books like these that one draws energy, curiosity, and deep satisfaction from – as well as a lot of survival techniques in the political world as in the world of letters. Thank you very much for this unique Care-Paket. As I plan to write a piece on the occasion of the appearance of *Missionary Stew* in Germany, I would be glad if you would answer me just a few questions then (maybe in April or May).

As to the *Oberbaumbrücke* group, your stern re-assurance of its existence has given the group a new lease on life. You will be given more details by Mr. Compart, so for now I can just say that we had our first Annual Dinner just 2 nights ago with British author Gavin Lyall as Guest of Honour and I can safely say that it was a success promising more of the same.

Many thanks again and kindest regards.

Sincerly, Jörg Fauser

**Die Ross-Thomas-Edition
im Alexander Verlag Berlin:**

Kälter als der Kalte Krieg
Ein McCorkle-und-Padillo-Fall
»Der erste Roman von Ross Thomas in einer neuen, überarbeiteten Ausgabe – eine Blüte des Genres. Mit einem Vorwort von Meisterregisseur Dominik Graf.« Friedrich Ani

Gelbe Schatten
Ein McCorkle-und-Padillo-Fall
»Thomas' Tonfall ist so trocken wie ein Martini, seine Erzählweise so präzise wie die Mechanik eines alten Colt Python, dessen Hahn ganz langsam gespannt wird.« *Stuttgarter Zeitung*

Die Backup-Männer
Ein McCorkle-und-Padillo-Fall
»Intelligent, stilsicher, aktionsreich und unterhaltsam, garniert mit grandiosen Dialogen im Screwball-Muster, ein thrillernder Abenteuerroman ohne jeden Makel.« WDR 5

Dämmerung in Mac's Place
Ein McCorkle-und-Padillo-Fall
»Bei Thomas spürt man: Er war dabei. Er tut nicht nur so, er hat den Arbeitsmief noch im Hemd und kennt die Tricks der Hinterzimmer wirklich. Wer sich in diesen Tagen über das Ausmaß der amerikanischen Telefon- und Internetspionage wundert, hat Ross Thomas nicht gelesen.« Paul Ingendaay, *FAZ*

Am Rand der Welt
Ein Artie-Wu-und-Quincy-Durant-Fall
»Politthriller und Gaunerstück in einem, einer der besten Krimis, die je geschrieben wurden.« *Bücher*

Umweg zur Hölle
Ein Artie-Wu-und-Quincy-Durant-Fall
»Die Dichte der Handlung ist so kunstvoll geknüpft, das Tempo so atemberaubend, die Auswahl der Figuren so raffiniert, daß man keinen Augenblick zögert, diesen Roman neben die besten der amerikanischen Literatur der 70er Jahre zu stellen.« Jörg Fauser

Voodoo, Ltd.
Ein Artie-Wu-und-Quincy-Durant-Fall
»Absurde Komik, geschliffene Dialoge, gesunde Härte.« *stern*

»Ross Thomas hat mit seiner Artie-Wu-Trilogie ein Standardwerk über die Korridore der Macht verfaßt. Mit einer Prosa, die nur so funkelt vor Esprit und Witz.« WDR 5

Die im Dunkeln
»Thomas zeigt gnadenlos, wie Politik funktioniert. Schnörkellos erzählt der ehemalige Politikberater, wie kurz vor der Amtseinführung Präsident Clintons die Spuren einer Unterschlagung verwischt werden. Schlafraubende Nachttischlektüre für mündige Skeptiker.«
Tobias Gohlis, *FOCUS*

Gottes vergessene Stadt
»Einer der besten Thomas-Romane, in dem man alles findet, was seine enormen handwerklichen Fähigkeiten ausmacht: Stilsicherheit, Präzision, Lakonie und nicht zuletzt Witz. *Gottes vergessene Stadt* ist so verwinkelt und so überraschend, daß es bis zur letzten Seite fesselt und immer spannender wird.« MDR FIGARO

Teufels Küche
»Dieses Buch ist definitiv das beste, das ich von Ross Thomas gelesen habe. Es ist bissiger, wundervoller Stoff; die scharfe Beobachtungsgabe gepaart mit derart vergnügt boshaften Handlungssträngen hat Beifall verdient.« Stephen King

Der Yellow-Dog-Kontrakt
»Bloß keine gelben Hunde wecken! Ross Thomas zeigt, wie schmutzig amerikanische Wahlkämpfe sein können.«
Hannes Hintermeier, *FAZ*

Der achte Zwerg
»Plot, Politik, Pointen, alles martini-trocken, lakonisch, gelassen, ohne Illusionen, voller Einsichten.«
Peter Körte, *Frankfurter Allgemeine Sonntagszeitung*

Fette Ernte
»Kein Krimi ist so zeitgemäß wie *Fette Ernte*, aber geschrieben wurde er 1975. Und zwar brillant, dafür garantiert der Name Ross Thomas, ein US-Meister des Politthrillers.« Christoph Huber, *DIE PRESSE*

Der Messingdeal
Der erste Philip-St.-Ives-Fall
»Ein elegantes, hartes Ding, eine fein geschnittene, elegant über alle verfügbaren Schnittstellen einer Gegenwart rasende Geschichte, die eben gar nicht so vergangen wirkt. (…) Man möchte ein Abo abschließen beim Verlag.«
Elmar Krekeler, *DIE WELT*

www.alexander-verlag.com